先を見通す捜査弁護術

犯罪類型別編

編著　服部啓一郎　高木小太郎　淺井健人
後藤晃輔　森山直樹　島　幹彦

第一法規

はしがき

「刑事弁護をやる以上は、無罪を取ってみたい」と思ったことがある人は少なくないと思います。刑事弁護において華々しい成果の１つであるともいえます。しかし、無罪判決を得るまでに、依頼者はどれだけの負担を負うことになるのでしょうか。否認事件では、逮捕から第一審判決まで、半年を超えることはザラですし、１年を超えることも珍しくはありません。在宅事件であればともかく身柄事件では、依頼人の負担が相当大きくなります。

否認事件では、保釈など、身体拘束からの解放が認められにくい現状があります。半年以上、社会から隔離されてしまうことで、職を失ったり、家族関係が破壊されたりすることもあります。

無罪判決は華々しい成果ですが、それよりも、不起訴に持ち込むことができれば、依頼人にとっては、負担が軽く済みます。

また、弁護人にとっても、無罪判決を取るためには、公判の負担が大きいです。検察官請求証拠に対する対応、弁護人請求証拠の収集・検討、検察官請求証人に対する尋問準備、弁護側証人の用意、被告人質問、冒頭陳述、弁論、身体拘束からの解放と事件処理にかかる時間と労力は相当なものがあります。それよりも、不起訴に持ち込むことができれば、これらの負担をせずに済みます。

情状事件では、否認事件ほどの負担はありません。しかし、それでも、身柄事件であれば、保釈等がされるまでは、依頼人は勾留された状態であり、審理期間が否認事件に比べて大幅に短くなるとはいえ、相当の負担を負うことになります。また、判決で執行猶予になると前科になりますし、その後、他の犯罪を犯してしまった際の負担もあります。

不起訴にすることができれば、依頼人にとっては無罪判決や執行猶予判決よりも負担が軽く済みます。実刑判決になることを防ぐことができれば、依頼人にとっては非常に大きな成果です。

もちろん、どれほどの弁護人であったとしても、不起訴にすることができない事件はあります。しかし、不起訴にすることが可能な事件については不起訴に持ち込むことが弁護人に求められています。

2018年３月に『先を見通す捜査弁護術』を刊行しました。これは、捜査弁護にフォーカスした本ですが、不起訴にすることができる事件をしっかり不起訴にすべきであり、そのためには何について気をつけるかということを１つのテーマとしていました。『先を見通す捜査弁護術』は、具体的な事例を挙げ、それを基に、どのような弁護活動を行うかという回答を提示しましたが、切り口としては、総論的な切り口にならざるを得ませんでした。そのため、この事件においてはどのように対処したらよいということを盛り込み切ることができませんでした。

そこで、本書は、『先を見通す捜査弁護術』の続編として、前著で好評であった具体的事例をもとに、先を見通すポイントを挙げ解説するというスタンスは生かしつつ、罪名別に事件のポイントとなりそうな部分を解説するという形で、作成しました。

検察統計の数値によると、平成30年の不起訴率は55.19％とのことです。不起訴に持ち込める事件については、しっかりと不起訴に持っていくことが、弁護人としてまず求められている能力であり、本書がそのための手助けになれば幸いです。

最後に、本書を作成するにあたって、多大なご尽力をいただきました、第一法規株式会社の、宗正人氏、村木大介氏、小林千紘氏に改めて厚く感謝申し上げます。

2020年（令和２年）２月

弁護士　髙木　小太郎

凡　例

1）法令名略語

刑事収容施設法	刑事収容施設及び被収容者等の処遇に関する法律
刑訴法	刑事訴訟法
刑訴規	刑事訴訟規則
児童ポルノ法	児童買春、児童ポルノに係る行為等の処罰及び児童の保護等に関する法律
ストーカー規制法	ストーカー行為等の規制等に関する法律
組織的犯罪処罰法	組織的な犯罪の処罰及び犯罪収益の規制等に関する法律
出会い系サイト規制法	インターネット異性紹介事業を利用して児童を誘引する行為の規制等に関する法律
犯罪収益移転防止法	犯罪による収益の移転防止に関する法律
不正アクセス禁止法	不正アクセス行為の禁止等に関する法律
リベンジポルノ防止法	私事性的画像記録の提供等による被害の防止に関する法律

※「覚醒剤」の表記について

令和元年12月４日付けで公布された「医薬品、医療機器等の品質、有効性及び安全性の確保等に関する法律等の一部を改正する法律」（令和元年12月４日法律第63号）により、「覚せい剤取締法」が「覚醒剤取締法」に表記が改められたことから、本書では「覚醒剤」の表記とした。

2）判例出典略語

刑録	大審院刑事判決録
刑集	最高裁判所刑事判例集
裁判集刑	最高裁判所裁判集刑事

高裁刑集	高等裁判所刑事判例集
刑裁月報	刑事裁判月報
判時	判例時報
判タ	判例タイムズ
東高刑時報	東京高等裁判所（刑事）判決時報
高刑速報	高等裁判所刑事裁判速報集
裁判所HP	裁判所ホームページ

※判例の書誌事項の表示について

判例には、原則として判例情報データベース「D1-Law.com判例体系」（https://www.d1-law.com）の検索項目となる判例IDを〔　〕で記載した。

例：最三小決昭和45・12・22刑集24巻13号1882頁〔24005069〕

3）文献略語

『捜査弁護術』	服部啓一郎ほか編『先を見通す捜査弁護術』第一法規（2018年）

目次　先を見通す捜査弁護術　犯罪類型別編

Ⅲ 詐欺事案

Ⅳ 暴行・傷害事案

Ⅴ 器物損壊事案

Ⅵ 性犯罪事案

Ⅶ 交通事故事案

Ⅷ 薬物事案

イントロダクション

イントロダクション

はじめに

本書は、罪名別という構成をとっているため、それぞれの項目において、一からすべてのことを書いてしまうと、重複する部分が多々生じてしまいます。そのため、本書はまず、総則部分、イントロダクションとして、被疑者段階における弁護活動の基本的な考え方などについて、述べたうえで、各罪名ごとに特に注意する部分、修正する部分、加えるべき部分というのを意識して執筆しました。

「はしがき」にも書いたとおり、近年の刑事弁護の進歩は著しく、数年前の常識が通じないところもあります。そのため、このイントロダクションにおいて記載したことについても、数年後に通じるのか定かではありません。

しかし、重要なのは、「なぜ」そのような弁護方針を立てるかということ、すなわち「獲得目標を考えて、それを獲得できるような弁護活動を行う」ということです。この観点は、刑事弁護が進歩していっても変わることがない基本的な考え方であると断言できます。本書では、できる限り、獲得目標を考えて、その目標を獲得するために、具体的にどのような弁護活動を行うかということについて、意識して執筆しました。

捜査弁護における獲得目標は、基本的には「早期の身体拘束からの解放」と「不起訴の獲得（難しい場合には略式命令で終結）」になります。しかし、事案によっては、どれだけ優秀な弁護人が就任していても、公判請求が避けられない事件もあります。しかし、その場合であっても、捜査弁護段階で行うべき公判を見据えた弁護活動もあります。

甘い見通しを立てずに、他方で、実現が可能なものであれば諦めずに、その目的を達成するためにどのような手段を講じていくかを意識して弁護活動をしていくことが重要です。

1　信頼関係の構築について

はじめに、時系列的な動きの前に意識すべき弁護活動を行ううえで基本となることについて述べる必要があります。

事件の当事者は、あくまで依頼人である被疑者の方であり、弁護人は、その正当な利益の確保のために弁護活動を行う必要があります。そして、充実した弁護活動を行うためには、依頼人との間で、信頼関係を構築する必要があります。

人は、自分をよく見せたがる傾向があります。特によく知らない人に対しては、自分をよく見せるために、嘘ではなくとも、話を盛ったりすることもみられます。しかし、弁護活動を行ううえで、この「よく見せたがる」という点についてはマイナスになることが多々あります。弁護活動を行ううえで、弁護人としては真実にできるだけ近い情報を手に入れておくことが重要ですが、そのためには依頼人が話を盛ってしまったり、虚偽の話をすることは避けなくてはなりません。

また、客観的な証拠があるのにそれに反する話をされ、それに弁護人が乗っかってしまうと、依頼人の話に反する証拠が出されたときにダメージを受けるのは依頼人です。そのため、弁護人に対して見栄を張らないでもらう、嘘をつかないでもらうというのは、非常に重要なことになります。その前提として、弁護人を信頼してもらう必要があります。

もっとも、弁護人だから、信頼してください、すべてを話してくださいといっても、そう簡単に話してくれるものではありません。

どのように、信頼関係を構築するのかということは、まさにケースバイケースです。ただし、少なくとも信頼関係を構築するうえで、この弁護人は頼りになると思ってもらうことは非常に重要なことです。そのためには、依頼人からの質問に対して、適切な回答をきちんと用意しておくこと、仮に用意していなくても、その場で、考えながら説明ができるようにしておくことが必要です。

そのうえで、依頼人の話に疑問があれば、そのことをしっかりと話す必要があります。どの辺りに疑問を感じるのかということを説明し、被疑者という立場の人だから疑っているわけではなく、ストーリーとして、客観証拠との関係から氷解できないところがある等を論理的に説明すべきです。

また、残念ながら、依頼人に対して、無意識に見下している弁護人の話を聞くことがあります。しかし、このような態度は、依頼人に伝わりますし、その結果、適切な弁護活動はできなくなるでしょう。依頼人に対して、社会一般における人と人との関係における敬意の払い方を忘れてはなりません。依頼人が信頼できないという前に、自分が信頼される弁護人として振る舞うことが必要です。弁護人が依頼人と信頼関係を構築しようとせずに、依頼人が信用して話をしないから充実した弁護活動ができないというのは不適切な態度でしょう。

信頼関係の構築は、非常に難しいテーマであり、このように活動したら依頼人から信頼してもらえるという正解はありません。ただし、信頼を損なうような行為というのはあります。信頼を損なう行為をしないように気をつけて弁護活動をしていかなくてはなりません。

2　接見について

(1)　はじめに

初回接見ですが、国選・当番の配点がなされたのであれば、できるだけ直ちに接見に行くべきです。接見が遅れると、その分だけ、依頼人の防御権が侵害されかねません。否認しているのに、自供する内容の調書に署名押印させられたというのでは目も当てられません。一刻も早く、弁護人から取調べにおける心構え、法律上の権利などを教える必要があります。また、否認事件で調書がとられ、公判になってしまった場合に、調書をひっくり返すのは多大な労力を要します。調書を作成させなければ、この労力は不要になります。早期の接見は、弁護人の利益にもなります。単位会によっては、被疑者国選待機が週単位になっているところもありますし、また、支部によっては1か月まるまる被疑者国選待機になるなど、対応が難しいところもありますが、少なくとも待機日が1日単位である場合には、その日の予定は極力入れずに国選事件の配点があれば、すぐに接見に行けるようにしておくべきです。

⑵　初回接見のやり方

逮捕・勾留されている依頼人との初回接見についてですが、初めて会う人なので、そのことを踏まえて、礼儀を忘れずに振る舞うことが必要です。

依頼人が接見室に入ってきた際には、しっかりと挨拶をして、名前を名乗ることは最低限のことです。また、初めて会う人なのですから、こちらが座って挨拶をするというのはあまりよろしくないでしょう。立って挨拶をしてから、座って話をするというのは習慣にした方がよいです。

このような基本的なマナーが冒頭に述べた信頼関係の構築という点でも重要になります。

初回接見で聞くことは、事件以外の点については、健康状態、住所、同居家族、別居家族、仕事先、連絡をとってほしい人とその連絡方法、前科・前歴の有無辺りになります。健康状態、家族や仕事先などは、勾留に対する準抗告など、身体拘束からの解放の際に有益な情報となります。ところで、家族関係などを聞こうとすると気分を害する方もいます。しかし、身体拘束の解放という点から重要な要素になるので確認しなくてはならないことを伝え、詮索するということではないことを理解してもらいましょう。自分が被疑者の立場の場合に、事件のことで来ているのにいきなりプライバシーに関することを聞かれたら、身構えることはないと言い切ることができるでしょうか。依頼人の立場になって、考えて動くことが必要です。

事件関係については、できるだけ自分で回答する内容を考えることを求める質問「オープンクエスチョン」で聞くようにしましょう。被疑者国選であれば、被疑事実の要旨が記載されていますが、「……ということをやったのか？」という聞き方であると、否認事件の際には、弁護人も自分のことを疑っていると思われる危険が高く信頼関係の構築に悪影響が出ますし、また、大まかなレベルで間違いがない場合などは細かな違い（それが場合によっては法律上重要なポイント）に気がつかない危険性があります。そのため、被疑事実については、「どういう嫌疑をかけられてここにいるか教えてください」などと質問したうえで、依頼人が回答したら、「そのことについて、何か間違っているところはありますか、あなたの言い分は何かありますか？」

と聞くことが重要です。単純にYESやNOで答える質問（「クローズドクエスチョン」といいます）ではなく、「どういう嫌疑をかけられてここにいるか教えてください」というような、オープンクエスチョンで聞くようにしましょう。

⑶ 黙秘権について

初回接見で重要なことの１つは、依頼人に黙秘権を教えることです。黙秘権について、「あなたには、取調べに対して何も言わない権利があります」というだけでは不十分です。取調官は、黙秘をしている場合に、供述させるために、あの手この手を使って取調べをしてきます。そのため、取調官がどのようなことを話すのかということを想定して、黙秘権と対応方法を説明する必要があります。

黙秘すると、検察官は、「黙秘は権利だけど、黙秘していることはあなたのためにならない」「黙秘は弁護人の指示だろうけど、弁護人は責任をとらない」などと言ってきます。接見の際に、ただ単に、「あなたには黙秘権があります。取調べにおいて、話したくないことは話さなくても大丈夫です」というだけでは、この不安は払拭されません。

「調書は、あなたを処分するために作成するものです。処分を避けるために、調書の作成を拒否するのです。調書の作成を避けるには、取調べで何も言わないことが最善です。そして、あなたには黙秘権があります。取調べで何も言わないことは権利として認められています」や、「取調官は、弁護人は責任をとらないと言いますが、取調官は、責任を持ってあなたを処分しようとするのです」など、取調官が言いそうなことを踏まえて、アドバイスすることが必要です。また、黙秘した場合には、自分の言い分を伝えられないことに対する不安があります。言い分を伝える方法としては、弁面調書や、弁護人作成の意見書という方法があることを説明し、不安を払拭しましょう。
黙秘権を行使すべきかの判断についてですが、取調べに応じるメリットがあるかという点からメリットがデメリットを上回るのであれば、黙秘権を行使しないという選択をすることになります。逆に、デメリットを上回るメリットが存在しない場合には黙秘をするという、いわゆる「原則黙秘」というスタンスをとることになります。

「原則黙秘」というスタンスは、一見、ほとんどのケースで黙秘をするというイメージを持たれるかもしれませんが、取調べに応じることによって得られるメリットがあるなら供述をしてもよいというものであり、メリットもないのに供述することを容認することは弁護活動として不適当というものにすぎません。しかし、メリットとデメリットについて十分な検討をしたうえで黙秘を解除するかを判断する必要があります。何のために供述させるのかということを意識して黙秘を解除するように指示するのか、供述をさせるのかを考えましょう。獲得目標から検討するというスタンスは、ここでも必要です。黙秘を解除した結果、意図しない供述調書が作成されるなど、予想外の結果になることもあり得ます。黙秘の解除を安易に考えるのではなく、依頼人のキャラクター、能力なども踏まえたうえで、適切な範囲に限定した供述ができるかということを検討し、判断しなくてはなりません。予期しない調書が作成される、調書が作成されなくても、取調べで意図に反することを供述させられ録音・録画されてしまうと、リカバーするのが大変になります。黙秘の解除については慎重に判断することが重要です。

適切に黙秘権の行使ができるかということについては、弁護人の力量が問われます。取調官の黙秘破りをあらかじめ予測して、アドバイスをすることが重要ですが、その前提として、黙秘することのメリットを弁護人が理解していないと、依頼人に黙秘を説明することはできません。

ところで、依頼人が被疑事実を認めているときに黙秘をすることについて抵抗を覚える人もいるかもしれません。しかし、被疑事実に間違いがないからといっても、重要な情状に関する事実について取調官の想定している事実と、依頼人の認識に齟齬があることは珍しくありません。その場合に、黙秘をせずに供述しようとして、依頼人の主張どおりの調書を作成してくれるとは限りません。むしろ、自分たちのストーリーを押しつける調書を作成してきます。また、依頼人が自身の主張を的確に表現することができるかという問題もあります。特に内心について的確に表現することは難しく、取調官の誘導に乗ってしまう危険もあります。録音・録画をしている場合であっても、その様子から任意性を否定できないということもあります。むしろ、うまい取調官の場合には、依頼人が自分の意思で話しているようにみせることすら可能です。

弁護人には、捜査に協力する義務はありません。真実義務について、消極的真実義務は負うものの、積極的真実義務は負いません。そのため、真実を知りながら黙っていることについては何ら問題ありません。他方で、弁護人は真実義務と同時に誠実義務を負っており、依頼人の利益のために動く必要があります。弁護人は、専門家として、依頼人の利益の確保のためにどのような弁護活動を行うかを考え、それを遂行していく必要があります。黙秘権の行使によるデメリットがメリットを上回らない限り黙秘するようにアドバイスをし、実行していくことが誠実義務の点から求められています。

⑷ 事件の見通しについて

また、初回接見では、事件の見通し、身柄解放の見通しについて聞かれます。甘い見通しを立てることは、そのとおりにならなかった場合の信頼関係に影響しますので、くれぐれも甘い見通しは述べないようにしましょう。他方で、すべてに対して無理というのでは、頼りにならない弁護人と思われてしまいます。甘い見通しを立てずに、可能性についてしっかりと考え、見通しについて説明しましょう。

依頼人が事件の関係で気にするのは、どのタイミングで身体拘束から解放されるのか、公判請求はされるのか、実刑になる可能性はあるのかや刑期はどの程度かというところです。本書では、身体拘束からの解放の可能性、公判請求される可能性についても触れるようにしています。見通しの参考としてください。

3 家族との連絡について

⑴ 家族との連絡の意義

接見の際に、家族と連絡をとることを求められることもありますが、家族関係については弁護人から積極的に確認するようにしましょう。

依頼人の家族は、身体拘束からの解放や、不起訴を目指すうえで、非常に重要な資源となりますし、また、公判請求された場合においても情状において重要な役割を果たします。早期に連絡をとることはメリットが大きいです。

もっとも、早期に身体拘束から解放される見込みが高い場合や、被疑事実の内容によっては、連絡をとらないでほしいと求められることもあります。この場合には、連絡をとらないで処理できるかということを検討して、連絡をとった方がメリットが大きい場合にはその旨を説明することが重要です。例えば、公判請求が避けられそうにないケースであれば、別居している家族でも、これを一切隠すことは極めて困難になるでしょうし、他方で、勾留請求を回避できそうな事案であれば、勾留請求が回避できたかを見極めたうえで連絡について判断するという提案をすることが考えられます。

被害者がいる事件では、示談を行うことで、身体拘束からの解放が実現しやすくなりますし、不起訴にもなりやすくなります。依頼人が、示談金相当額の入ったキャッシュカードを持ち歩いているとは限りませんので、家族の協力がないと示談をまとめることができないケースも多く、勾留に対する準抗告の際に身元引受書を作成することもあります。そのため、家族に連絡をとりたくないという心情には配慮しつつ、連絡をとることのメリットを説明していくことが必要です。そのうえで、家族との関係が悪い、発覚した場合には離婚されてしまう等のことであれば最終的には依頼人の意向を尊重することになります。なお、弁護人の動きとは別に、事件の内容によっては、捜査機関が家族に聴取をするということもありますので、家族に話したくないというケースでも家族に伝わらないで済むということは保証できないと説明しておく必要があります。

⑵ 具体的な連絡のとり方

連絡をとる場合には、番号の間違いには十分注意する必要があります。もちろん、依頼人の話した番号に誤りがあるかもしれませんので、はじめに相手の名前の確認をしてから、依頼人の名前と、自分が弁護人であることの説明をするようにしましょう。

特殊詐欺が増えている昨今においては、依頼人の家族も、弁護士からの電話について疑ってかかることもあります。特に、依頼人が逮捕された事実を知らない場合には、急に弁護士を名乗る人からの電話というので警戒されてしまいます。その場合には、弁護士検索で名前が出ること、事務所の住所や電話番号を伝えて、検索することができることなどを説明して、誤解されないようにしていくことが必要です。事務所のホームページが存在する場合には、そのことも説明しておくとよいでしょう。

連絡する内容については、しっかりと依頼人と話を詰めておく必要があります。被疑事実について説明する必要があるか、見通しについて話す必要があるかという点などの確認は怠ってはいけません。捜査の過程で、捜査機関が家族からの聴取を行うこともあります。このときの対応についても検討し、指示を出しておくことも必要です。

接見の可否について聞かれることがありますので、接見禁止がついていないかということの確認は怠ってはなりません。また、接見が可能な時間や差入れについての説明を求められることがあります。一通りのことは説明できるに越したことはありませんが、詳細については警察署に確認してほしいということでもよいでしょう。

⑶ 家族との打合せ

身体拘束からの解放に協力してくれるのであれば、できるだけ早期に打合せを行うように日程調整を行いましょう。

その際には、身元引受書等の作成の可能性もありますので、印鑑を忘れずに持参してもらうようにしましょう。事件の内容によっては、部屋の写真や、通帳などの経済状況を裏付けるものを持ってきてもらうということも考えられます。この段階で、身体拘束からの解放のために、不起訴にするためにどのような主張をしていくか、そのためにはどのような証拠が想定されるのかを考えて、指示を出すようにしましょう。打合せ時に必要な資料が判明することもありますが、可能な限り早期に集めておくことが必要ですので、打合せの前にできるだけ必要な資料等の指示を出しておきましょう。

家族との打合せで話すべきこととしては、依頼人の承諾があることが前提ですが、事件の概要、事件の見通し、示談についてのこと、ご家族に協力してほしいことが挙げられます。

事件の見通しについては、依頼人に説明したことと同様に、公判請求の可能性、身体拘束からの解放の見通しということになります。公判請求の可能性については、当然ですが、示談の成否と併せて説明する必要があります。身体拘束からの解放ということについては、勾留に対する準抗告などの見通しを話し、その中で、家族に協力してもらうことなどがないかを検討します。また、身体拘束からの解放ができた場合には迎えに来てもらうことをお願いします。

示談については、示談が成立しない場合の公判請求の可能性と身体拘束からの解放の可能性ということを踏まえ、具体的にどの程度の金額であれば出してもらえることが可能かを聞いていきます。この中では、示談金として想定している金額を伝えることが多いです。即決はできないというケースも多いので、その場合には、接見で話し合ってきてもらうように伝えることになります。

遠方で身元引受書の作成のために来ることができない場合については、電話にて打合せを行い、電話聴取書を作成することも１つの方法です。この場合には、身体拘束からの解放が行われる際に迎えに来てもらえるかということを確認しておく必要があります。

4　環境調整について

情状事件においては、不起訴を獲得し、早期に身体拘束から解放するためには、環境調整も非常に重要になります。環境調整が依頼人にとって有利な事情となるのは、再犯可能性が低下するからです。そのため、環境調整については再犯防止という観点から検討をしていくことになります。

再犯防止という観点からは、当該事件の動機についての分析が不可欠です。生活苦からの万引きであるか、それともいわゆるクレプトマニアであるかという分析は当然のことですが、さらにその原因についても踏み込んでいくことが必要です。

生活苦からの万引きについて、収入が問題なのか、支出が問題なのか、さらに、それはいかなる原因なのかというところまで踏み込む必要があります。

もっとも、身柄事件について、捜査段階では、十分な環境調整を行うことは容易ではありません。しかし、環境調整についての全体図を描き、その実現に向けて進めていき、現時点でどの程度まで進んでいるかについての関連資料などを添付して報告書という形でまとめておくことは重要です。

黙秘をしている場合には、検察官には動機が判明していないこともあるので、状況によっては、動機が何であったのかを、報告書や依頼人の弁面調書などの形で証拠化して併せて検察官に提出しておく必要もあります。

5　示談交渉について

(1)　示談交渉一般について

個人的法益に対する罪については、示談が成立することで違法性が減少します。そのため、身体拘束からの解放や不起訴を獲得するために、示談を成立させることは非常に重要です。個人的法益に対する罪については、積極的に示談を検討する必要があります。

依頼人に原資がない場合には、家族や知人を頼ることも検討することになります。

示談を成立させるためには、被害者に対して不快な思いをさせないように配慮する必要があります。そのため、被害者の連絡先を知っていても、原則としては検察官を通じて、示談の申入れをしたい旨の連絡をすることにします。原則としてというのは、処分日まで時間がなく、検察官を通じて意向を確認することで時間切れになってしまうことがある場合や、被害者から、依頼人の家族等に連絡が来ている場合などがあるためです。後者の場合には、被害者が不快になることは少ないでしょうが、前者の場合には、いきなり弁護人から連絡が来たということで不快に感じられてしまうケースもありますので、切り出し方については注意が必要になります。

示談交渉の連絡のとり方については、これといった決まりはありませんが、被害者が不快にならないことを意識して連絡をとるようにしてください。リスクを冒すのであればそれ以上のメリットを得るため、そして得られる可能性がある場合に行うようにしましょう。

⑵　示談の行い方

被害者と電話で話すことができた場合には、まずは、依頼人に代わって謝罪の弁を述べることが重要です。いきなり示談金の提示を行うことは、金銭を積むことで解決しようとしていると反感を買うリスクがあります。依頼人が勾留中であれば、「本来は、本人が謝罪すべきところですが、現在勾留中であるため、私が代わりにご連絡させていただいております」と、本人の謝罪の意思を示すことがポイントです。被害者によっては、弁護人が謝る必要はないとおっしゃる方もいますが、謝罪の弁を伝えることで感情を害する人は多くないので、依頼人に代わり謝罪の弁を述べるのが無難です。

被害者から、現在の依頼人の様子について聞かれることがあります。特に反省していると思うかということについて聞かれることがあると思います。この点について、「十分に反省していると思います」と答えることはあまり適当ではないでしょう。本人としては反省しているつもりであっても、それが本当に足りているのかという問題もありますし、また、「何で、十分反省していると思うのか」と聞かれたときに答えるのが難しくもあります。弁護人として十分反省していると思っても、「反省しているように思いますが、反省というのはどこまで反省したらゴールであるというものでもありませんし、まだまだ考えないといけないこともあるのではないかと思います」などと反省をしていることは述べつつ、反省をもっとするように促していることを伝えることなどが考えられます。弁護人の回答に対して、被害者がどのように受け止めるかということを考える必要があります。

示談条件の提示を電話で行うこともあれば、面会したうえで行うこともあります。礼を尽くすということからすると、示談条件の提示を電話で行うよりも、直接お会いして、改めてお詫びを述べたうえで示談条件の提示を行う方が適切であろうとは思います。しかし、被害者も多忙であることも多く、また、依頼人とつながっている弁護人と積極的に会いたくないというケースもあります。直接の面談にするというのは、示談を締結するための手段です。そうすると、直接の面談でなくとも、示談が成立するのであれば構わないということになります。

示談の内容については、金銭的な解決のほかに、被害者が、依頼人から繰り返し同様のことをされないということの確保を行うこともあります。十分な示談金が用意できない場合であっても、被害者に示談のメリットを説明することはできます。「示談によって安心を確保する」ということを伝えることは有用です。性犯罪のケースでは接触しないようにするために、被害者の指定するエリアに立ち入らないという条件などを設けることもあります。

交渉のやり方は、罪名や弁護人のキャラクター、被害者のキャラクターによって変わるものであり、一概に何が正解かということはいえません。しかし、反感を買わないように行うことが、示談を締結させるポイントであることには変わりありません。また、罪名によって示談の内容に盛り込むことを調整する必要があったりします。この辺りは、それぞれの項を参考にしてください。

示談書でポイントとなるのが被害感情に関しての一文です。いわゆる宥恕文言を入れることができるかということになります。もちろん、宥恕文言をとることは簡単ではありません。被害者にしてみると、わざわざ依頼人を許す動機がないわけですので、許してあげてほしいなどと述べるだけではなかなか難しいところがあります。

宥恕文言にこだわるあまり、被害者の感情を害することは避ける必要があります。どうしても宥恕文言が必要なケースであればともかく、そうではないケースでは宥恕文言をもらえないのであれば、無理に宥恕文言をもらうのではなく、「積極的な処分を求めない」「厳罰を求めない」程度の文言の入った示談書をまとめることに切り替えることも必要です。

なお、これらの文言についても、宥恕文言と同様に依頼人を許す方向のものであるため、被害者から抵抗されることがありますが、宥恕文言の示談書と併せて提示することで、宥恕よりは厳しいものであることを印象付けることができます。

示談書の内容の詰め方については、メールを活用するということもあります。被害者と連絡をしてお互いもっともやりやすい方法を選ぶのがよいでしょう。直接面談をした際に、示談書をまとめてしまうということもあります。自分の事務所であれば、その場で作成してプリントアウトができますが、外部の場合には事前に用意したものを使うことになります。しかし、その場合、この内容で押し通すつもりだったのだろうと反感を受けることもあります。事前に用意するのであれば、示談金欄を空欄にしたり、被害感情に関する部分について複数パターンを用意して、選んでもらうなどするのがよいでしょう。

ところで、事件によっては、被害者に代理人がついていることがあります。この場合は、こちらから提示できるものを提示したうえで、難色を示された場合には、率直に理由を聞くことができます。また、宥恕文言が必要なときは、宥恕文言が必要であることをお話ししたうえで、そのための条件を話してもらうことも１つの手段です。

⑶　反省文について

示談の際に、依頼人の反省を示すために、反省文を作成し、持参するというケースもあります。しかし、反省文を作成するというのは非常に難しいところがあります。独りよがりの反省文になってしまうこと、被害者の受けた恐怖などが抜けてしまっていること、ただ単に許しを請うだけの手紙になっていることなどがあります。反省文を提出する場合には、弁護人がチェックすることが必須ですが、反省文の添削を行うことによってその分時間が経過してしまいます。さらに、そもそも、弁護人のチェックが適切に行えるのかという問題もあります。弁護人からみて、一見問題がない反省文であっても、被害者からみると反感を買うものであったりします。被害者の感情という弁護人も想像するしかないところを満たす反省文を書くことはかなり至難の業です。

反省を示すために反省文を作成させるというのは一見正しいようにみえますが、実際のところは非常に危険です。

反省文の提出は、あくまで示談を成立させるための手段にすぎません。被害者から提出を求められているなど、示談を成立させるために必須であればともかく、こちらから積極的に提出することは避けるべきでしょう。

もちろん求められた際にスムーズに提出することが可能となるように用意しておくことは有用です。

⑷ 示談書の作成と提出

示談の内容が合意に至ったときは、示談書を作成することになります。示談書の取り交わしが済んだ後は、検察官に示談が成立したことについて示談書を添付した報告書を提出します。

示談書の取り交わしについては、直接の面談の際に示談書を持参することができれば早いのですが、郵送の場合にはその分の時間がかかることを予定しておく必要があります。また、検察官も弁護人からの報告を受けてから、被害者に示談の確認をとります。その時間を考える必要があります。

郵送の場合の具体的な流れとしては、月曜日に示談をまとめて速達で郵送したとして、火曜日に到着。夜に確認をしてもらい、水曜日に速達で発送してもらい、木曜日に示談書が戻ってきます。木曜日のうちに検察庁に示談書を送り、検察官が被害者に確認をとることができるのが木曜日の夕方以降か金曜日になります。そうすると、郵送の場合には、示談書の合意から検察官の確認が完了するまで早くても４日ないし５日かかることになります。土日や祝日が入る場合にはさらに伸びることになりかねません。満期を意識して、どの時点までに示談をまとめる必要があるかを考えなくてはなりません。

なお、満期が土日祝日に当たる場合には、その前の平日に処分を行います。遅くともその前日の日中には検察庁に報告書を出しておかなくては間に合いません。

⑸ 示談不成立の場合

示談が成立し、示談書を作成できればよいですが、他方で示談がうまくいかなかったケースなどもあります。この場合にも、示談の申入れを行っていること、金額が相当であること等の事情は身体拘束からの解放や不起訴の獲得のために重要な事情になります。また、示談書の取り交わしは未了ではあるものの、示談成立見込みであることについても当然有利な事情になります。報告書や、電話聴取書などを積極的に作成し、また、示談書を郵送した場合には書面のコピーなどを報告書に添付することもあります。

⑹ 示談金の引出し

示談金について、依頼人がキャッシュカードを持っていて、弁護人に引き出してほしいと頼まれた場合についての対応ですが、接見に頻繁に来る身内の方がいる場合にはその方にお願いするのがよいですが、時間がかかったり、頼れる身内がいないなどの場合には、これに応じることは誠実義務からしても当然のことになります。ただし、後々のトラブルを避けるために、事件終了後には、暗証番号を変更することを誓約してもらう書面を作成しておくこと、可及的速やかに（可能であれば当日中に）カードを返却すること等は必須です。

6　否認事件における対応

⑴ 黙秘について

否認事件においては、取調べに応じるメリットは考え難いです。そのため、黙秘の徹底が重要になります。黙秘の指示の方法については、前述のとおりです。

否認事件の場合には、取調官の黙秘破りのための説得は連日になることが多々あります。そのため、当初は黙秘ができていても接見が途切れ途切れになると不安な気持ちから供述をしてしまうこともあります。接見で顔を合わせること自体に意味がありますので、否認のときは、連日接見を行う意味は非常に大きいです。

スケジュールの都合から毎日の接見が不可能なこともあります。しかし、その場合でも次回はいつ来ることができるかということを伝えておけば、依頼人にとっては、その日まで黙秘を実行する支えになります。

⑵ 積極的弁解について

依頼人からは積極的な弁解の必要がないのかということを聞かれる可能性があります。しかし、検察官が公判請求をするには、公判に耐えるためのできるだけの証拠を収集することが必要です。そのため、それだけの証拠がそろっていないのであれば、積極的な弁解は不要ということになります。もちろん、弁護人としては、どれだけの証拠が集まっているのかを把握することはできません。しかし、現場を確認する等によってある程度は存在する証拠を想定することは可能です。そして、依頼人の弁解が想定される証拠とどのような関係にあるかを検討し、積極的な弁解の要否を考える必要があります。

例えば、カメラの窃盗事案で、依頼人に心当たりがないか尋ねたところ、インターネットオークションで落札したものの、生活費に困り中古屋に売却したということであれば、中古屋の記録から依頼人が疑われたことが想像されます。そして、依頼人が中古屋に持ち込んだことが依頼人の犯人性の大きな証拠となっているのであれば、依頼人が中古屋に持ち込んだカメラについて、依頼人がどのような経路で入手したかというのは依頼人の犯人性を否定する重要な事実になります。このようなケースであれば、インターネット履歴などからの裏付けも可能ですし、積極的な弁解の意味はあります。

他方で、その日は、事件現場に行っていないというだけであれば、殊更積極的に弁解する必要はありません。他の場所にいたということでアリバイの立証ができるのであればともかく、そうでないなら、積極的に弁解をすることについて意味はないことになります。

検察官が公判請求することが可能な証拠を集められそうな場合には、それを弾劾するために、積極的弁解をすることに意味が出てきますが、そのような事情がない場合には積極的弁解はすべきではありません。

もっとも、この見極めについては慎重に判断しなくてはなりません。

依頼人の弁解の伝え方ですが、基本的には、弁護人の意見書という形をとるのがよいでしょう。弁面調書も１つの形ではありますが、整理した主張ではなく、あくまで、供述調書の形なので、伝えたいポイントがうまく表現できないこともあります。また、依頼人に取調べで話してもらうというのは、適切に表現できないリスク、取調官が調書に記載しないリスクなどがあるほか、取調官の「説得」により虚偽自白をしてしまい、署名押印していなくてもそれが録音・録画されてしまう危険があるので、弁面調書よりもさらにリスクが大きいです。

公判請求された場合に、積極的弁解と異なる言い分を述べることは難しいでしょうから、積極的弁解をするか否かということについても、慎重に考えるべきです。公判請求を避け難い否認事件において、積極的弁解を被疑者段階で出す必要は基本的にはありません。何のために、積極的弁解をするのか、積極的弁解をすることによって何が期待できるのかを考える必要があります。

⑶　不起訴意見書について

否認事件に限る話ではありませんが、不起訴を狙う場合に、不起訴意見書を検察官に提出することがありますが、その際は慎重に検討をしていく必要があります。

不起訴意見書を提出したものの公判請求された場合に、不起訴意見書と異なる主張をしていくことは事実上困難です。公判請求された場合には証拠を閲覧できますし、公判前整理手続になれば類型証拠や主張関連証拠など様々な証拠を閲覧でき、そのうえで公判における主張を組み立てることが可能です。しかし、不起訴意見書は証拠を閲覧することができない状態で作成せざるを得ないため、不起訴意見書と真っ向から対立する信頼性が高い証拠が出てきたときに受けるダメージは極めて大きいです。

否認事件の場合に、積極的弁解が必要な場合はともかくとして、立証が不十分であると考えられる場合に、そもそも不起訴意見書を提出することが必要かを考えなくてはなりません。そのためには、検察官がどのような立証構造をとり、依頼人について公訴事実を立証することができるかを想定しなくてはなりません。

不起訴意見書を出さないことについて、依頼人としては怖いところもあろうかと思いますし、十分な説明がなければ依頼人としては弁護人が仕事をしていないと思うこともあり得ます。しかし、不起訴意見書を出すことについてリスクが大きいのであれば、不起訴意見書を出さないことも立派な選択肢です。依頼人にはしっかりと説明をしたうえで出すかどうかを決定するべきです。

7　身体拘束からの解放について

身体拘束からの解放は、被疑者段階における弁護活動の大きな獲得目標の1つです。どのタイミングで何を行うかということについて、まず、理解しておく必要があります。

逮捕後、勾留請求前であれば、検察官に勾留請求をしないように求める意見書を出すことになります。検察官が勾留請求を行った場合には、裁判所に勾留請求却下を求める意見書を提出します。

勾留が認められてしまった場合には、勾留に対する準抗告を行います。理論的には、勾留取消請求も可能なのですが、勾留取消請求は、検察官への求意見が必要とされていることから、時間がかかるという問題もあるので、被疑者段階で積極的に勾留取消請求をする理由はありません（被告人段階では保釈と異なり保釈保証金が不要なので使う意味はあります）。ただし、準抗告と異なり何回でも使えるので、勾留に対する準抗告が蹴られた後に改めて勾留取消請求を行うことは考えられます。また、初回満期後については、勾留に対する準抗告のほかに、勾留延長に対する準抗告もあります。

勾留に対して準抗告を行う際、勾留理由取消請求を行う際には、60条1項各号について述べていく必要があります。実務上扱いが多いのは「罪証を隠滅すると疑うに足りる相当な理由」（2号）、「逃亡し又は逃亡をすると疑うに足りる相当な理由」（3号）です。両方とも「相当な理由」とあることから、単なる抽象的可能性では足りず、具体的資料に裏付けられた相当な可能性があることが必要とされています。もっとも、実務においては、裁判所は広く勾留を認めるため、弁護人として、具体的資料からは、2、3号に該当しないことを説得的に述べていく必要があります。そのためには、2号について検討する際に、いかなる証拠が存在するかを具体的に想定して検討していく必要があります。また、3号について検討する際には、想定される量刑と比較して逃走がそれに見合う価値がないことを述べていくことが多いです。この中で、同居家族がいることや、仕事があること等も触れていきます。2号及び3号については、勾留の理由ですが、勾留の必要性について記載することが重要です。勾留の必要性は、勾留をする必要がないということを書いていきますが、書かなくてはいけないことが決められているわけではありません。ただし、実務上、勾留の理由は認められるが、勾留の必要性が認められないという形で、勾留に対する準抗告が認められることが多いので、しっかりと書くことが必要です。

8 イントロダクションのまとめとして

身体拘束がされている場合、捜査段階における弁護活動の期間は23日以内、実質的には20日程度しかありません。時間的な余裕は全くありません。

不起訴や満期釈放（ただし、余罪での再逮捕を除く）に持ち込むことができれば、その時点で弁護活動が終了するケースは多いです。しかし、公判請求されてしまうと、その後数か月にわたり対応せざるを得なくなります。

否認事件であれば、無罪判決を得るための依頼人の負担は極めて大きいです。否認事件の場合には保釈請求も認められないことが多く、依頼人の身体拘束期間が長期化する危険が高いです。情状事件においても、公判請求された場合には、一回結審事案であっても判決まで2か月近くかかることになります。保釈が認められない限り（勾留取消請求はほとんど通らない)、身体拘束が継続することになります。

そのため、捜査段階で不起訴に持ち込むことは非常に重要な意味を持ちます。

無罪判決を獲得することは、非常に大変であり、相当な力量が要求されるケースも多いです。しかし、不起訴に持ち込むことは、それに比べたら決してハードなことではありません。

もちろん、そもそも、不起訴に持ち込むことが極めて困難なケースもあります。しかし、不起訴にすることができる事案について、不起訴にできないこと、勾留を解くことができる事案について勾留を解かずにいることは、依頼人を見捨てていることにほかなりません。

被疑者段階で解決した事件は、あまり公になりません。しかし、被疑者段階において解決することができれば、依頼人にとっては極めて大きな利益になります。

事件の筋を見通して、その結論を得るためにどのような活動をするか、さらに、依頼人の利益のために、よりよい結論を得るためには、どのような決断をすればよいか、しっかりと考えて、弁護活動をしていくことが重要です。

繰り返しになりますが、刑事弁護の進歩はすさまじいものがあります。獲得目標をしっかりと定めて、そのためにどのような活動をしていくのかということを、筋道を立てて実践していくことが求められています。

犯罪類型別では、前記の点を踏まえて、実践的なポイントなどについて触れていきます。

（髙木 小太郎）

I 窃盗・強盗事案

Ⅰ　窃盗・強盗事案［概論］

1　構成要件

刑法235条は、「他人の財物を窃取した者は、窃盗の罪とし、10年以下の懲役又は50万円以下の罰金に処する。」と定めています。

ここでいう「他人の」ということについてですが、判例は、窃盗罪の保護法益について、占有を基礎づける実質的権利（＝「本権」）ではなく、占有それ自体を保護法益としています。そのため、「他人の」とは、「他人の占有する」ということであり、他人が占有する自己の財物を窃取することも窃盗罪に該当します。他人が占有していない物をとることは、占有離脱物横領罪に該当し得るものですが、窃盗罪には該当しません。

また、窃盗罪が成立するためには、不法領得の意思が主観的構成要件要素として必要とされています。もっとも、これは、一時使用目的の窃盗については窃盗として処罰しないために考え出された構成要件要素であり、学説の中には、これを不要とする学説もあるなど、錯綜しているところもありますが、実務的には不法領得の意思が必要とされています。

不法領得の意思の内容としては、権利者を排除して他人の物を自己の所有物と同様にその経済的用法に従ってこれを利用し処分する意思（最二小判昭和26・7・13裁判集刑49号1127頁〔28191462〕）とされていますが、下着窃盗などのように、本来的用法ではない目的での窃盗事案についても不法領得の意思が認められているように、ここでいう「経済的用法」は、本来的用法である必要はなく、財物から生じる何らかの効用を享受することで足りるとされています（最三小決昭和37・6・26裁判集刑143号201頁〔28198266〕）。

客観的事実について争いがない場合であっても、他人の財物であることの認識がなかったという故意否認（その場合、占有離脱物横領の成否の問題が残ります）や、不法領得の意思がなかったという主張がなされるケースは想定されます。前者の場合について、他人の財物でないと信じるに足りる理由について、説得的な理由が必要でしょう。後者の場合には、不法領得の意思の解釈について、依頼人の主張から不法領得の意思が欠けるとの主張が通り得るかについて慎重に検討する必要があります。前記最高裁判例にあるように、不法領得の意思における経済的用法については極めて広く解釈されています。「経済的用法」という言葉に引きずられ、甘い見通しを立てることは避けなくてはなりません。

2　勾留の現状

2018年の窃盗罪の勾留請求却下率は3.15%、検察官による釈放率は5.27%であり、自動車による過失致死傷等及び道路交通法等違反被疑事件を除く刑事事件全体の勾留請求却下率の4.49%、検察官による釈放率6.67%をそれぞれ下回っています。しかし、それでもなお、8.5%に近い件数が勾留されることなく釈放されています（法務省「2018年版検察統計統計表」）。

窃盗は、万引きのような軽微なものから、事務所荒らしで宝石など高額なものを盗むものまで多種多様です。前記数値は、これらをまとめたうえでの数値です。軽微な事件であれば、勾留を避けられる可能性は高くなります。検察官に対して、勾留請求しないように働きかけをすることや、準抗告や勾留理由取消請求で勾留を争うことによる成果がそれなりに期待できます。

勾留請求・勾留決定を避けるために検察官や裁判所への意見書や勾留に対する準抗告申立書に記載する具体的な内容については、それぞれのケースに譲りますが、勾留の必要性について若干触れておくことにします。

窃盗事件については、前科や被害金額から、ある程度量刑について予測は立てやすいです。そのため、実刑相当か否かという点についての把握をできるようにしておくことが望ましいです。実刑相当事案でないケースにおいては、実刑相当でないことを指摘したうえで、勾留による実質的な制裁（勾留による長期の欠勤による失業等）がアンバランスになってしまうことや、勾留によって依頼人の関係者などの他の人に対する影響が大きいと指摘することを勾留の必要性において盛り込むことが有用です。また、窃盗事件は動機が経済的な理由によることも多いので、実刑相当ではない事案においては、勾留による失職について、再犯防止という観点からも避けるべきであると述べることも考えられます。

刑が軽いことから、罪証を隠滅すると疑うに足りる相当な理由や逃亡し又は逃亡すると疑うに足りる相当な理由がないことについて触れていくこともできます。

勾留決定となった場合には、準抗告を行います。勾留開始前から弁護人に就任していて勾留請求却下の意見書を出していた場合には、その時点で用意できなかった事情を整えて準抗告を行うことが重要です。例えば示談の進捗や、家族の援助等の環境調整などが考えられます。示談の成立を待って準抗告をするのでは遅きに失しますが、示談について、検察官を通じて申入れの打診を行ったことや、示談金相当額の用意ができていること、動機について生活苦からであれば、親族等からの支援が受けられる状況になったことなども、勾留の必要性を否定する要素となります。

また、接見において、余罪を含め、その他弁護人にまだ話していない不利な事情が存在しないかを確認する必要があります。

黙秘をしている場合に、依頼人の言い分が明らかでないことから、裁判所が消極的な姿勢を取る可能性もあります。そのため、弁面調書を作成するなども検討する必要があります。公判請求される危険があるケースでは、公判における主張を事実上拘束することになりかねないので慎重に検討する必要があります。

3　示談

(1)　示談の意義

窃盗罪は、財産犯であり、個人的法益を保護法益としていることからも、示談の成否は、身体拘束からの解放や、終局処分において大きく影響をします。被疑者段階で示談を成立させることができれば、前科・前歴があっても、不起訴の期待を持つことが十分できます。

また、満期を待たずに釈放するように働きかける材料にもなります。

そのため、窃盗事件では、否認事件を除き、示談を成立させることをまず考えるべきです。

⑵　示談金

示談金の相場についてですが、被害品が還付されているか、還付されているとしても、実質的に無価値になっていないかということを確認します。実質的に無価値とは、食料品などの万引きで、商品が返品されても、もはや売り物にならないケースなどです。

そのようなケースではなく、被害品が戻ることで、窃盗そのものによる経済的損失がない場合には、迷惑料相当額を支払うことをベースに対応することになります。他方で、被害品が還付されていない場合や実質的に無価値になってしまっている場合には、被害金額相当額に加え迷惑料を支払うことをまずは考えることになります。

事務所荒らしなどでは、窓ガラスを破壊されているということもありますので、被疑事実に含まれていない部分についてどうするかということを考えなくてはなりません。理屈のうえでは、被疑事実ではない以上、その点についての金額を含む必要はないともいえるのですが、相手方にしてみると、それでは納得いただけないことがあります。そのため、実際に生じた被害金額を確認しておくことも必要です。

また、下着泥棒や、空き巣などのようなケースでは、私生活における不安を与えてしまったことから、被害者が通常の迷惑料では納得してくれないケースが多くありますし、当然のことかと思います。引越し金を負担するように求められるケースもあります。どの範囲であれば応じられるのかということについての交渉も重要なことの１つです。詳細は各項目に譲ります。

⑶　共犯事件

事務所荒らし、車上荒らし、自動車窃盗などを除くと、共犯事件が比較的少ない傾向にありますが、共犯事件の場合には共犯者と歩調を合わせて示談を進めることができるかを考える必要があります。

詳細は、Ⅰ－３に譲りますが、共犯者と歩調を合わせることについてはメリットもありますが、デメリットもあります。メリットが大きいのであれば積極的に検討すべきことになります。

共犯者と共同して動くかどうかについては積極的に検討すべきですが、依頼人の利益を守るためには何が最善かをしっかりと考える必要があります。

⑷ 処分の見通し

示談が成立した場合には、自動車窃盗など、被害が高額になる場合を除き、不起訴になる可能性が相当高いです。また、示談が成立しなくても、初犯であれば、不起訴になることが比較的多いです。

他方で、類型的に、常習化している事件も多く、また、当該事件について不起訴になった場合であっても、余罪で再逮捕ということもしばしばあります。

当該事件だけではなく、余罪についても意識しながら対応していくことが必要です。本罪について示談を成立することができたものの、余罪については原資がなく再逮捕されたときに示談することができないというのは避けたいです。

余罪について、捜査機関に発覚している場合には、示談金の原資の関係もあるので検察官に示談を行う際に、今後の見通し等について率直に聞いてみるというのも１つの手段です。

⑸ 環境調整について

他の事件でも環境調整が重要になることは多いですが、窃盗においても同様です。そして、窃盗においては、比較的、事件の背景原因が明確になっている（明確になっているようにみえる）ことが多いです。

そのため、身体拘束からの解放や不起訴の獲得のために環境調整を積極的に行うことも検討する必要があります。経済的原因であれば、債務整理や、生活保護の需給について関与していくことも考えられます。収支のバランスの悪さが原因であれば、支出について問題点を明らかにしてくことも関与の手段としては考えられます。

捜査段階では、時間的な余裕がないため、仕事を探すこと等は現実として難しいケースもありますが、それ以外でも関与できることは多々あります。

再犯可能性が低くなれば、示談が不成立でも不起訴に終わることも多いです。同種の前科・前歴がある場合には、どのような点を改善していかないといけないかを前回の事件等を基に検討していくことも必要です。

4　否認事件について

客観的事実を争う事件の場合には、現場状況を確認し、直接証拠の有無や、いかなる間接証拠が存在するのかを考えて、弁解の内容について確認をしていきましょう。

現行犯逮捕ではなく、後日通常逮捕されたケースでは、なぜ、依頼人が犯人とされたのかを考えていく必要があります。現場に防犯カメラがあるか、依頼人の遺留品があるか、指紋等が残されていないか、目撃証言があり得るかこれらの点を想定し、証拠構造を揺るがすために、積極的な弁解を必要とするかを検討していくことになります。

例えば、不法領得の意思や故意が問題となるケースにおいて、客観的状況からこれらが認められるのかということを検討したうえで、認められ得るのであれば、積極的な弁解を行う必要が出てきます。

5　少年事件について

窃盗は、少年事件で比較的多い案件です。在宅ではなくて、勾留されているケースであると、過去に事件を犯したことがある可能性が高いです。家裁での処分に影響が大きく出るので、過去の事件の有無などをしっかりと確認しておく必要があります。

全件家裁送致なので、家裁で観護措置決定にならないようにすることが必要ですが、成人の場合と異なり、示談が成立していても家庭環境等が悪ければ観護措置決定となりかねません。短い時間の中で、環境の整備もしなくてはなりません。示談が成立したから観護措置決定されないと考えるのは危険です。

6　在宅事件について

在宅事件については、身柄事件以上に、示談が成立すれば不起訴で終わる可能性が高いです。むしろ、検察官の方から、何とか示談にしてほしいという話もされます。

もちろん依頼人の意向も含め、示談が可能であれば示談を行うべきですが、他方で、被害者の態度が強硬な場合には、示談に関する報告書を作成し、検察官に送付することも有用です。

（高木 小太郎）

1 万引き

はじめに

万引き事案は、窃盗の中でも比較的多く目にする事案です。被害金額が比較的低額にとどまることが多く、勾留にならずに済むことや、公判請求されないで済む事案も多くあります。

他方で、被害結果が軽微であっても、前科が複数ある場合や余罪が複数ある場合などについては、勾留が認められるケース、公判請求されるケースも少なくありません。

受任段階で、今後の展開について見通しをしっかりと立てておくことが重要です。

事例 I-1-1

Xは、大手スーパーマーケットにおいて、お刺身パックと塩辛（被害価格合計1,500円相当）を、自身の持ってきた鞄に入れて、金銭を支払わずにレジを通り抜け、店を出たところ、私服巡回員に声を掛けられ、万引きが発覚し逮捕された。初回接見において、事実関係は認めていた。なお、Xには、前科・前歴はない。

1　事例の見通し

前科・前歴のない、単純な万引きであれば、勾留が現に認められる危険性は高くはないです（そもそも逮捕に至らないことも多いです）。もちろん、被害金額や、居住状況、生活環境によって勾留が認められるケースもありますが、前科・前歴があっても、定職があることや居所があること等、身上がしっかりしている場合には、勾留されずに済むこともあります。まず、勾留をさせないことを、第一に考えて弁護活動をしていくことが重要です。

一般論として万引きは常習的に行われている可能性が高い類型の事件です。そのため、依頼者に余罪がないかということも踏まえて、対応を考えていく必要があります。余罪について示談金が足りなくならないように被害者への分配のバランスを考えたり、罪証を隠滅すると疑うに足りる相当な理由や、逃亡すると疑うに足りる相当な理由について、これらを消し、検察官に対しては、余罪については勾留しないように申入れを行うことなどがあります。

また、常習性が高い類型ですので、再犯防止のための手段を検討することも必要です。これは、勾留を防ぐ際にも考えるべきことになります。

前科・前歴がなく、余罪がない場合には、示談が成立していなくても不起訴になることもあり得ます。また、不起訴にならなくとも、略式請求になることもあります。

2　身体拘束の回避・解放に向けた弁護活動

(1)　接見時の留意点

前述のとおり、万引き事案であれば、勾留されずに済むケースが多くあります。そのため、勾留方向に働きそうな事実関係について、確認をしておく必要があります。もちろん、万引き事案に限り、確認をするということではなく、万引き事案であれば、いっそう慎重に、確認をする必要があるということです。

特に注意して確認するべき事項としては、前科・前歴の有無、余罪の有無と捜査機関が把握しているか否か、経済的状況、同居人等を含めた家族関係、という点でしょう。余罪については、再逮捕される可能性もありますので、特に重要な事項になります。また、余罪について立件される可能性があれば、提示できる示談金の額にも影響を与えることになります。動機は、再犯可能性の判断に関する事項ですので当然把握しておく必要があります。

この時点で、依頼者から早期の身体拘束からの解放の可能性について、問われる可能性があるので、見通しを適切に説明できるようにすることが必要です。甘い見通しを立てずに、不利なポイントがあるとした場合にはその不利なポイントについても説明をすることが必要です。特に身体拘束からの解放ができなかった場合には、今後の信頼関係を維持する際の支障にもなりかねません。

原則黙秘というスタンスは、当然、窃盗の情状事件でも変わりません。

窃盗事件で客観的証拠があり、情状事件であっても、その動機などについて争いが全くないということを想定することはできません。情状事件で、不起訴を狙う場合、重要なのは、被害者と示談ができたか、社会復帰後の環境整備ができているかというような点であり、供述しているかどうかは影響しません。そのため、供述をすることのメリットがあるケースはかなり限定的になります。

依頼人から、捜査機関に発覚していない余罪があるのだけど、捜査機関に打ち明けた方がよいかということを問われた場合ですが、被疑事実についてすら供述することが許容されるケースが限定的であるのに、勾留の基礎とされていない事件について、これを積極的に打ち明けるだけの合理的な理由が存在するケースというのは相当限定的になると思います。供述の結果、余罪捜査が進めば、再逮捕・再勾留の可能性も高まりますし、余罪が多ければ初犯でも公判請求になる可能性も高まります。

反省というのは、公判における有利な情状ではありますが、余罪が増えることによって、処分が重くなることとの兼ね合いで考えると、供述するメリットはありません。そもそも、積極的な供述は反省の一内容にしかすぎず、公判において反省を示す場合に、取調べ段階において余罪について積極的な供述をしていないことが反省をしているという主張の妨げになるものではありません。

自首に相当するようなケースであればともかく、そうでないケースでは供述のメリットはあまりありません。自首に相当するケースでは、供述をしなければ犯行が発覚しないことになりますので、やはりメリットが小さいケースが多いでしょう。

捜査機関が余罪を把握している場合であっても、依頼人が適切に説明することができるか、不利な内容の弁解にさせられないかという点を考慮すると、やはり、黙秘することが原則となります。黙秘をしている場合には、検察官は身体拘束からの解放について抵抗を強めますが、他方で、余罪の内容によっては、公判請求されるおそれがありますし、そうでなくとも、再逮捕・再勾留によって身体拘束が長期化する可能性が高まります。

黙秘をしていると、取調官は、依頼人に対して、証拠があることを述べて、供述を迫ってきます。そこで、情状事件について、黙秘を指示する際には、証拠があることを前提として、供述することによる不利益を述べて説明をしていきます。そのため、証拠があるという話をされても気にすることはないという説明をすることになります。

なお、余罪が存在する場合には、再逮捕・再勾留の可能性の検討のために、どのような証拠が存在するのか把握しておくことも必要です。余罪についても、事件現場の詳細や、目撃者の有無、犯行発覚のきっかけなどについても聴取をしっかりとしておく必要があります。

⑵ 勾留決定前の弁護活動

勾留前に受任した場合には、勾留を防ぐことができないかということを検討します。常習性が認められるケースでは、勾留請求をしてくることが多い一方で、常習性が認められないケースであれば勾留に至らないことも多いです。

検察官宛ての意見書については、刑訴法60条1項各号に該当しないことを指摘することはもちろんですが、本件のような被害が大きくないようなケースでは、いわゆる勾留の必要性についても重要になります。

具体的には、同種前科や余罪（余罪の存在は、直接には当該被疑事実の勾留の理由にはなりませんが、常習性判断の一事情とはなり得ます）がないことから、常習性がないことを述べ、あえて、勾留をする必要性がないことを指摘することが考えられます。余罪について、捜査機関が把握しており、既に依頼者が供述しているような場合であれば、余罪についての捜査への協力（取調べに応じること）をすることを誓約することや、示談交渉をする意向を持っていることやその原資があることについて触れることも必要でしょう。釈放後に、実際に取調べに応じる際には、私選で引き続き弁護人として対応するのであれば、供述内容について事前に打ち合わせるなどしておくことが必要です。

また、万引きの動機について明らかにしたうえで、これを解消できるのであれば、そのことを述べるという場合もあります。例えば、たまたまそのときは経済的に困窮してしまっていたというケースであれば、給与や生活保護費などが入ってくるタイミングがわかるものや、普段の経済状況に関する資料（家計簿や通帳）なども考えられます。

検察官が、勾留請求をしてきた場合には、裁判所宛ての意見書を出します。この点については特段に窃盗事件であることによる注意点はありません。

⑶ 勾留決定後の弁護活動

勾留された場合には、準抗告を申し立てることになります。勾留に対する意見書と同様に、想定される刑罰とのバランスから勾留の必要性についてしっかりと指摘することになります。示談が成立する見込みが立ったのであれば、その報告書を添えて準抗告を申し立てることもあります。

3 終局処分に向けた弁護活動

⑴ 示談

他の事件でもそうですが、特に窃盗事案においては、不起訴処分を狙う際に示談が成立しているかが、非常に大きなポイントとなります。他方で、店舗としては、示談が成立した場合には、不起訴になることから、店側の姿勢として示談について拒否するという姿勢を明確にしているところもあります。

示談が成立しない場合であっても、示談経過というのは、不起訴処分を勝ち取るためにも重要な事項ですし、仮に起訴されてしまった際にも、情状立証のための重要な事項になります。

そのため、示談交渉ができないかを検討する必要があります。

示談金の程度ですが、スーパーでの万引きの場合、被害金額は決して高額ではありません。しかし、当該事件のために使った店舗側の労力を考えると数千円程度の示談金の提示では、示談成立は難しいところがあります。迷惑料を含めた金額の提示が必要でしょう。

なお、食料品などについては、万引きされたものは売り物にならないので廃棄されてしまうことが多いです。示談金はこの買取りを含めた金額ということになりますが、依頼者の中には、自分が現実に手にすることができないのに、その買取りを行うことについて、不満を述べる方もいます。売り物にできないのだから、その原因をつくった人がその部分も責任をとることが必要だということをしっかりと話して納得をさせることが大事です。

お店の姿勢として、処分がされるまでは示談に応じないというスタンスのお店は少なくありません。この場合にも、被害品の買取りであれば応じるというところもあります。被害品の買取りだけでもできるに越したことはありません。

示談に関して、具体的な手順としては、初回接見の際に、預貯金等原資の確認、原資がない場合には、頼れる親族がいるか等の確認をし、示談交渉に入ることについて承諾をもらいます。すぐに、検察官に示談をしたいので、被害店舗に連絡を入れてよいかの確認をします。検察官が被害店舗に確認をするため、こちらが調べて直接連絡をするときと比べて、連絡が遅れることになりますが、示談交渉の際に不快感を持たれてしまうことを避けるために、できれば検察官に示談意思の確認をしてもらうのがよいでしょう。

被害者から、示談には応じないということを早々に告げられるケースが多いのが万引き事件の特徴です。買取りにも応じないという場合であっても、事件が終了した後であれば、示談金を受け取るということもあります。こちらとしては、示談金を支払う用意があり、その旨を誓約しているという形をつくっておくことは、終局処分においても有利な事情になりますし、また、起訴された場合においても、公判で、示談交渉について早期から提示をしていることは良情状となります。

検察官を通じて、示談の意思確認をしてもらったところ、示談の連絡を拒絶された場合についてですが、検察官に再度、示談はともかく、話だけでもしたいということで、つないでもらうというのも１つのやり方ですし、他方で、直接連絡をしてしまうというのも１つです。電話で交渉する場合には、電話聴取メモを作成します。手紙を送る場合には写しを用意することが必要です。情状事件であれば、示談交渉の申入れをしたことについて争ってくることは考え難いので、内容証明郵便までは不要ですが、念のために特定記録郵便で送付することも検討してみるとよいでしょう。

⑵　環境調整（再犯防止）

環境調整については、動機との関係を意識して行う必要があります。万引きの場合の動機としては、生活苦などの経済的な原因、窃盗癖などの精神的な疾患、少年事件などではスリル等が多いです。

生活苦から、万引き事件を起こしてしまったのであれば、家計状況の確認と、その改善について具体的な方策をまとめることも必要です。十分な収入が得られていない場合には、生活保護の申請を検討することも１つです。多重債務であり、支払に追われて、手元にはほとんど生活費が残らない場合には、債務整理を行うことを誓約させることなどもあります。

その他としては、親などの親族に、身元を引き受けてもらうということも有用です。この場合には、監督者もいることになり、再犯防止の効果としては高いです。

⑶　事件の見通し

本事例であれば、前述のとおり、示談が成立していなくても、公判請求されずに済む可能性は相当高いです。しかし、示談が成立していれば、早期に処分を求め、また、場合によっては、示談ができていることから、勾留の理由がないこと（示談が成立していることからすると、公判請求される可能性が低く、あえて逃走するだけの理由がないことや、事件を認めており示談が成立している以上、罪証を隠滅する動機が欠けること）や勾留の必要性がないことを述べて、勾留（や延長）に対する準抗告をすれば、早期に身体拘束から解放することが期待できます。

事例 I-1-2

Xは、大手スーパーマーケットにおいて、お刺身パックと塩辛（被害価格合計1,500円相当）を、自身の持ってきた鞄に入れて、金銭を支払わずにレジを通り抜け、店を出たところ、私服巡回員に声を掛けられ、万引きが発覚し逮捕された。初回接見において、事実関係は認めていた。なお、Xには、3年以内に複数の同種前歴がある。

1　事例の見通し

万引き事件については、前述したように常習性がないようなケースであれば、勾留される危険性は低いです。しかし、常習性があるようなケースでは、勾留が認められる危険性は一気に高くなります。

勾留について争うことは必要ではありますが、勾留されてしまうことを前提として見通しを立てていくことが必要です。

依頼者によっては、前回は勾留されなかったのだから、今回も勾留されないと思っていることもあります。甘い見通しを伝えることは、信頼関係の構築のうえでも支障が生じますので、注意することが必要です。

また、同種前科が複数あると、公判請求のリスクも高くなります。前科の有無によって大きく異なるのが万引きの特徴であるといえます。

取調べに対する対応ですが、初犯の場合でも黙秘が原則である以上、本事例のように公判請求の可能性が出ている事案において、積極的に供述するだけの理由がないため、やはり黙秘を指示することになります。余罪対応についても同様です。

2　身体拘束の回避・解放に向けた弁護活動

同種前科・前歴の程度によりますが、勾留は認められやすいですし、事案によっては公判請求の可能性もそれなりに高いです。

身体拘束の回避・解放に向けた弁護活動としては、前科・前歴がない場合と比べてかなりハードルは高くなります。

もっとも、同種前科・前歴が少ない場合や、相当程度昔に起こした事件である場合などは勾留請求がされる、勾留決定がされる危険性は下がります。

意見書や準抗告においては、同種前科・前歴についての評価を説得的に行うことが必要です。

そのため、同種前科・前歴がある場合には、その同種前科・前歴の事件内容や動機などについてもしっかりと聞き取りを行う必要があります。

3　終局処分に向けた弁護活動

(1)　示談

同種前科・前歴があっても、示談が成立した場合には、公判請求されるリスクはかなり減ります。

そのため、終局処分に向けた弁護活動として、示談交渉をまとめるというのが最重要であることは、同種前科がないのと同様です。

もっとも、前歴がない場合には、示談がまとまらなくても、公判請求のリスクは低く、被害者と条件が折り合わない場合には、無理に示談をまとめず、示談の経緯に関する報告書を作成する等で対応することになります。その一方で、同種前科がある場合には、示談がまとまらないと、公判請求の可能性が高くなります。そのため、依頼者と相談のうえ、公判請求のリスクも踏まえて、相場よりも高値を請求されていると感じても、これに応じることも１つの判断です。

(2)　再犯防止

同種前科・前歴がある場合はない場合に比べて、再犯防止のための環境整備が重要になります。

公判請求を避けることを獲得目標とする場合には、処分までの期間でできることについて、スケジュールを組み立てておく必要もあります。

(3)　事件の見通し

同種前科・前歴の回数や直近の前歴の時期によって、公判請求されるかどうかは左右されます。同種前科・前歴が１件のみであれば、当然公判請求されるリスクは下がります。

具体的にこのケースであれば公判請求されるということを資料にするのは難しく、経験から導くことになります。ただし、公判請求された事件では、個人照会結果報告書が証拠として出されることがありますので、これを読んで、どのようなケースで公判請求されるのかという感覚を養うのがよいでしょう。

（髙木 小太郎）

2 万引き（クレプトマニア等）

はじめに

万引きは、窃盗事件の検挙件数で約36.8％（平成29年度）[1]を占めます。「窃盗癖」などといわれる再犯事件を弁護することは、少なくありません。

後掲の『治療的司法の実践』第一法規（2018年）〔林大悟〕93頁では下記①～⑥の類型が紹介されています。また、⑦その他の原因による窃盗癖もあります。

① クレプトマニア（摂食障害、解離症状を伴う）

窃盗症（病的窃盗）で摂食障害を伴うケースは多いです。痩せた女性が多い、食料品が中心、万引き以外に触法行為がないことが多いです。

② 認知症（特に前頭側頭型認知症）

万引き開始が初老期以降で、怒りっぽくなったり、物をため込むようになったり、甘い物を好むようになったりと行動や性格の変化があります。

③ 発達障害

独特のこだわりが強く、興味のあるものを万引きすることと購入することの違いが理解できなかったりします。

④ 統合失調症

⑤ てんかん

犯行時や前科・前歴時にてんかん症状がある、本人の事件に関する記憶と客観的な時刻に1時間以上ずれがあったりします。

⑥ 知的障害

なぜ万引きが悪いか理解できない、日々のストレスをうまく解消できない、学業の成績が悪かったり、就労困難といった事情があります。

---

1 法務省「平成30年版犯罪白書」

⑦　その他（高次脳機能障害[2]など）

事故や脳梗塞が原因となって前頭葉機能が低下し、万引き行為等を繰り返すことがあります。認知症と症状が類似することがあります。

事例 I-2-1

被疑者（55歳・女性）は、スーパーマーケットで、缶ビール２点等商品合計５点を万引きした。事実を認めている。

被疑者は、窃盗（万引き）の前歴２件、罰金前科１件があった。

体重が30キロ台であり、大変痩せている。

家族との間にトラブルはない。本人も万引きをやめたいと述べている。

1　事例の見通し

万引き事件の処遇は、以下のような段階を踏むことが多いです。

①微罪処分[3]　→　②不起訴（起訴猶予）　→　③略式命令（罰金刑）
→　④略式命令（高額の罰金刑）　→　⑤執行猶予付き懲役刑
→　⑥再度の執行猶予又は実刑

もちろん例外はあって、同種罰金前科があるのに起訴猶予となったり、数年の間に執行猶予判決が計３回繰り返されたケースもあります。

本事例では、相場的にいえば再度の略式命令か公判請求が考えられます。

2　接見・聴取上の注意点

弁護人が正確な診断ができないのは当然ですが、冒頭で述べた窃盗再犯者

2　（心神喪失）大津地判平成27・８・18公刊物未登載、（心神耗弱）東京地判平成30・９・14平成29年（刑わ）1218号公刊物未登載〔28272140〕など

3　刑訴法246条ただし書。一般に、被害金額２万円以下の万引きは、各地方検察庁が微罪処分の対象犯罪に指定しています。ただし、従前は初犯であることも条件とされていました（現時点は詳細不明）。

の類型を意識するとよいと思います。本事例の被疑者は、窃盗症と摂食障害を併発している可能性が相当程度あるということになります。

また前科・前歴はしっかり聞きます。微罪処分や起訴猶予となった事件を、被疑者が「注意で済んだ」と認識していることがあるので注意します。

摂食障害の方が拘束されると留置場の食事がとれない可能性もあります。医師に診察させたり、点滴での栄養補給をさせるよう施設側に求めます。

3　供述方針・可視化申入れ

捜査機関に申告していない余罪があるとき、黙秘させるかどうかが問題となりますが、供述させてよいと考えます。万引きは後から立件される可能性もありますが（事例Ⅰ－1－1参照）、前科があり、鑑定請求も視野に入る事案では供述させて被疑者の窃盗症を資料化すべきと考えられます。

難しいのは犯行動機で、「盗ったのはその物が欲しかったから」「生活費を節約したかった」といった供述を押しつけられそうなら、黙秘を考えます[4]。

加えて取調べ可視化を申し入れてください。

4　身体拘束の回避・解放に向けた弁護活動

⑴　逮捕・勾留後に受任した場合

被疑者の誓約書、身元引受書の取得、示談を試みます。

勾留回避は簡単ではないですが、弁護人としては、不起訴や罰金選択もあり得る事例ということ及び治療の必要性を主張します。『治療的司法の実践』第一法規（2018年）100頁では、検察官を説得して勾留請求を回避した実例が紹介されています。

勾留された場合は、起訴直後の保釈請求を見据えて準備します。

釈放されたら入院治療なのか在宅治療なのか、被疑者や親族と相談します。

⑵　在宅で受任した場合

万引きは現行犯が基本で、後日、令状逮捕となることはあまりないです。

4　『情状弁護アドバンス（季刊刑事弁護増刊）』現代人文社（2019年）60頁参照

ただし、入院治療を選択すると捜査機関から逃亡を懸念される可能性があるので、あらかじめ十分な説明が必要と思われます。

5　終局処分に向けた弁護活動

⑴　示談・被害弁償

被害店舗との示談を進めます。チェーン店は示談に応じてくれない（被害弁償の受領のみ）場合が多いとはいえ、応じてくれるケースもあります。

被害店舗は、被疑者の前科（及びその回数）を知っていることも知らないこともあります。示談した後、検察官が被害店舗に前科等を知らせて「やっぱり許さない」旨の供述を得た実例もあります。

なお、被害店舗が、被害届を代筆した警備会社と示談交渉するよう言ってくることもありますが、当該警備会社が不当要求に及んだケースもあります。非弁行為（弁護士法72条）の可能性もあり、警備会社と交渉しない選択肢もあります（『捜査弁護術』229頁）。

⑵　治療の着手・更生に向けた弁護活動

弁護人はまず、家族などのキーパーソンと接触し、留置施設への面会にも来てもらいます。

続いて、被疑者の窃盗癖の治療を検討します。ただし、更生や治療は、本人の意思・意欲が大前提であり、弁護人が押しつけてはなりません[5]。

万引き再犯者への治療施設については、近時、インターネット上の情報も充実し、費用や弁護人に対する意見書交付の段取りも記載されています。

治療では認知行動療法が選択され、機関によっては条件反射制御法が実施されているようです。薬物療法はほとんど利用されないようです[6]。

5　吉間慎一郎『更生支援における「協働モデル」の実現に向けた試論　再犯防止をやめれば再犯は減る』LABO（2017年）98頁は、「……実刑回避のために福祉施設への入所や入院という心理的という選択へと心理的矯正が働くことになる。被告人の更生に熱心な弁護人ほどこの心理的矯正を善とし、本人の意思に基づく選択を阻害してしまいかねない」と指摘します。

6　竹村道夫「窃盗癖臨床と弁護活動、その協力の実態」『現代法律実務の諸問題〈平成25年度版〉（日弁連研修叢書）』第一法規（2014年）943頁

⑶　終局処分について

ア　責任能力

摂食障害併発型の窃盗症では、事理弁識能力はおおむね問題ないとされ、行動制御能力の方が問題となります。心神喪失[7]や心神耗弱の裁判例は少なく、多くは完全責任能力です。ただし、行動制御能力が一定程度減退しているとして、再度の執行猶予を付したり、大幅な減刑をする例があります。

イ　治療について

検察官の終局処分までに治療を完了することは時間的に難しいと思われますが、医師の診断書や意見書を取得していれば検察官に提出し、具体的な治療・再犯防止の取組やスケジュールを説明します。

ウ　検察庁等の対応

近時、各地方検察庁において独自の再犯防止に向けた取組もなされています。例えば、さいたま地検では同種前歴のある女性高齢万引き者には元保護司と３か月間、定期的に面談させ、最終的に検察官が面談して問題なければ不起訴というプログラムもあるようです[8]。ただし、前科があると適用されない等の制約もあります。

他方、再犯防止措置と起訴猶予を結びつける検察庁の取組については、無罪推定原則との抵触や捜査の糾問化等を懸念する声もあります[9]。

弁護人は、被疑者の権利擁護という役割を忘れてはなりません。

事例 Ⅰ-2-2

被疑者（80歳）は、コンビニエンスストアで、菓子パン１点等商品合計２点を万引きしたとの被疑事実により、現行犯逮捕された。

7　大阪高判昭和59・３・27判時1116号140頁〔27917093〕

8　太田達也「条件付起訴猶予に関する一考察」『椎橋隆幸先生古稀記念　新時代の刑事法学　上巻』信山社（2016年）261頁

9　葛野尋之「検察官の訴追裁量権と再犯防止措置」法律時報89巻４号（2017年）12頁、日本弁護士連合会「検察官による『起訴猶予に伴う再犯防止措置』の法制化に反対する意見書」（2018年）

被疑者は、同種罰金前科２件、同種懲役刑（執行猶予付き）の前科１件を有しており、本件は執行猶予期間中に発生したものであった。

被疑者は、逮捕直後は被疑事実を認めていたが、弁護人には「うっかり店の外に出ただけだ」と供述した。また、弁護人の名前をなかなか覚えられない。

逮捕前、被疑者と同居の内妻との間にはトラブルがあった。

1　事例の見通し

被疑者は、公判請求のうえ、実刑となる可能性が相当にあります。

しかし、被疑者は否認していますし、認知機能に衰えが見受けられます。

弁護人としては責任能力を争い、捜査段階では不起訴、公判では無罪、罰金刑、再度の執行猶予を目指すことになります。

2　接見・聴取上の注意点

信頼関係の構築が重要ですから、供述内容が合理的でなかったり、以前と話が変わったりしても否定したり追及めいたことは言わないようにします。

供述の保全の必要性がありますが、録音・録画に消極的な検察官や警察官がいるため、弁護人が接見を録音・録画することを考えます（「COLUMN 1　接見室における電子機器の使用」参照）。

日頃の生活状況や通院歴、服用薬、利用している福祉機関や医療機関も確認します。本人からの聴取では不十分なことも多いので、家族からも聞きます。

3　医師、社会福祉士、精神保健福祉士等との連携[10]

被疑者と日頃接している医師や社会福祉士がいれば協力依頼を考えます。

10　千葉県社会福祉士会＝千葉県弁護士会編『刑事司法ソーシャルワークの実務　本人の更生支援に向けた福祉と司法の協働』日本加除出版（2018年）170頁以下

医師や福祉職との連携に当たっては、個人情報・刑事事件の情報を提供することについての同意書を被疑者に書いてもらってください。

医師からは診断書の取得やカルテの開示を考えます。

福祉職には、被疑者との面会や、更生支援計画の作成を依頼することが考えられます。福祉職の面会については、留置施設側に、一般面会時間を過ぎた時間を選んで特別面会の申入れを行ったり、事前に面会延長の申入れをしたりして、面会時間を確保できるように努めます。

福祉職の方に心当たりがなければ、所属弁護士会の障害者委員会や刑事弁護委員会から紹介をしてもらうようにします。

更生支援の費用については弁護人が払う形となりますが、弁護士会によっては、一定額の範囲内で補助を受けることができます。

なお、福祉職の支援は、被疑者の起訴や実刑の回避を必ずしも目的としているわけではないですし、弁護人から連携を申し入れる以上、福祉職に対応を丸投げすることは避けるべきです。

4　供述方針、可視化申入れ、（簡易）鑑定申入れ

⑴　否認しており、責任能力を争ううえでも不利な供述をさせないために黙秘させるべきという考えもあります。

しかし、本事例の被疑者は認知能力からして実効的な黙秘は厳しく、供述態度も含めて精神鑑定の資料とするため、供述させてよいと考えます。ただし、弁面調書の作成をしておきます。

⑵　必ず、捜査機関に取調べの可視化を申し入れます。

検察庁の通達[11]は、刑訴法301条の２第１項各号の事由に該当せずとも、身体拘束中であって、精神障害等により責任能力の減退が疑われたり知的障害のある被疑者の取調べの録音・録画を実施するとしています。

また、警察では、知的障害、精神障害、発達障害等を有する身体拘束中の被疑者の取調べの録音・録画の努力義務があります（犯罪捜査規範182条の

11　最高検察庁平成31年４月19日付依命通知最高検判第５号

3第2項)。通達[12]によれば「被疑者の障害の有無に係る判断を早期に行うことが困難な場合には、専門家による判断を殊更待つ必要はなく、個別事案に応じて、一定程度その可能性が疑われると判断できた段階で規範第182条の3第2項の対象として取り扱って差し支えない。」とされています。

実際のところでは、義務化に関係なく原則全部録画という考えの検察官[13]もいる一方、弁護人が求めても実施しようとしない検察官もいます。

⑶　起訴前の精神鑑定は、鑑定留置状に基づく本鑑定(平均2～3か月)と簡易鑑定(1時間前後、1回限り)があります。

万引きでは本鑑定は難しいと思われますが、簡易鑑定はあります。

簡易鑑定では前提資料や検討時間等に問題はあるものの、被疑者の不起訴処分を見据えて弁護側から実施を申し入れることは十分考えられます。

5　身体拘束の解放に向けた弁護活動

身元引受人を確保し、また、被害店舗には接近しないことの誓約書の提出をします。被害弁償もできる限り行います。

ただし、実刑が予想される事案は勾留されることが多いです。

並行して、弁護人は関係者と協議のうえ、被疑者の帰宅先を調整します。この結果は、終局処分にも影響します。同居の内妻との関係を考えて、一時的な入院や施設入所も選択肢となります。ただし、本人の納得が重要です[14]。

6　終局処分に向けた弁護活動

⑴　被疑者が万引きの事実を認める場合(確認は慎重に行ってください)は、被害弁償及び更生に向けた活動を踏まえて起訴猶予を求めます。

捜査段階で、福祉職に本格的な更生支援計画を策定してもらうことは困難と思われますが、被疑者の帰宅先の調整結果や、家族や福祉職らとの打合せ結果を報告書にして検察官に提出します[15]。

12　警察庁刑事局長平成31年4月26日警察庁丙刑企発第113号

13　山田昌広「録音録画時代の取調べの技術(第3回)」捜査研究827号(2019年)95頁

14　前掲注10・321頁以下参照。釈放後に被疑者が施設入所を拒んだため、弁護人が再度説明のうえ、入所してもらったという経緯も紹介されています。

⑵　並行して責任能力に関する主張も検討します。

認知症がひどく、弁護人の顔も覚えられないような被疑者は、不起訴になりやすいです。一方、記憶がおおむね保持できていて、コミュニケーションのとれる被疑者は公判請求の可能性が十分あります。

万引き事件における責任能力の判断では、医師の診断内容のほか、対象商品の内容、犯行態様、犯行方法の巧拙、犯行時の意識状態、発覚回避行動の有無、違法性の認識の有無等が重要となるでしょう。

なお、理論上、事理弁識能力があっても行動制御能力が欠ける場合は心神喪失となるはずですが、実際には同要件はあまり機能しておらず、行動制御能力のみが欠けることを理由に無罪とする事例は多くありません[16]。

参考資料

- 指宿信監修『治療的司法の実践　更生を見据えた刑事弁護のために』第一法規（2018年）〔林大悟＝中田雅久〕91～145頁
- 姜文江＝辻川圭乃編『自由を奪われた精神障害者のための弁護士実務　刑事・医療観察法から精神保健福祉法まで』現代人文社（2017年）〔山田恵太〕32～50頁

（服部 啓一郎）

15　前掲注10・321頁
16　議論状況は、竹川俊也『刑事責任能力論』成文堂（2018年）85頁以下

3　事務所荒らし

はじめに

事務所荒らしは、窃盗本体のほか、事務所に侵入する際に、ドア等を破壊していることもあります。また、被害金額も高額になりやすい傾向があるほか、共犯事件も多いという特徴があります。

情状事件の場合に、示談交渉が重要であることはいうまでもありません。

事例 Ⅰ-3-1

Xは、Yとともに、深夜に自動車で自動車用品店に向かい、覆面をして、同店の入口シャッター及び自動ドアを破壊して店内に侵入し、同店から自動車のホイール及びタイヤを盗んだ。その後、これらの商品を中古自動車用品店に持ち込み、売却したところ、本事件が発覚した。なお、XとYともに前科はない。

1　事例の見通し

前科・前歴がなくとも、事務所荒らしは、犯行態様として悪質であり、被害金額も高額に上ることから、示談ができなかった場合には、公判請求を覚悟しなくてはならない事件です。また、窃盗被害以外にもシャッターが壊される等の被害が生じているケースがあり、被害金額はさらに上がります。

また、スリルのためにというケースは少なく、生活費や遊興費のために事件を行ってしまったというケースが多く、示談金を用意することが難しいケースも多くあります。

示談ができないと、公判請求されるケースが多い反面、被害者側から、積極的に示談できないか、被害弁償してくれないかと話してくるケースもあります。家族親戚等を含めて示談を提示できるだけの原資を集められるかがポイントになります。

被害結果が比較的大きいことや、常習的など、勾留を正当化するだけの事情が比較的多くあります。そのため、早期の身体拘束からの解放はなかなか難しいケースが多く、示談をしたうえで処分保留で釈放ないし、不起訴という形を狙うケースが多いでしょう。

2　身体拘束の回避・解放に向けた弁護活動

(1)　接見時の留意点

罪名との関係で聴取すべきこととして、家族関係、仕事関係、資力、情状事件であれば、犯行の動機、犯行現場、目撃者の有無、防犯カメラ等の可能性、自動車など、移動に使ったものの入手経路、被害事務所を選んだ理由などが考えられます。

共犯者がいる場合には、共犯者との関係や、利益配分、主従関係といったことを聞いていくことになります。

黙秘を指示するかということについては、本事例においても黙秘が原則になることに変わりありません。特に事務所荒らしは、手慣れた犯行であることから余罪を強く疑われますので、取調べに応じることは、余罪について追及させる隙を与えかねません。また、黙秘を理由として、不起訴にすべきものを起訴にすることは考え難いです。

共犯事件の特徴として、一方の共犯者が他方の共犯者に罪を擦り付けるということがあります。そのため、供述をすることでこれを回避したいというところはありますが、他方で、共犯者がこちらに罪を擦り付けているのかも不明ですし、また、裏付けが存在しない可能性も相当程度あります。そのため、あえてこちらから情報を提供する必要があるかというと、原則としては供述をすることについては消極的に考えることになります。

共犯者がこちらに罪を擦り付けてくる可能性が高く、その言い分について何らかの裏付けとなり得るようにみえる証拠が存在する可能性があるが、当該裏付けについての反論がある場合については、こちらの主張を述べる価値がありますが、その場合でも黙秘を解除するか、弁面調書にするか、意見書にするかは慎重に検討する必要があります。

⑵　勾留決定前の弁護活動

万引きと異なり、事案として比較的大きいことから、検察官は勾留請求をしてくる可能性が高いでしょうし、裁判所も勾留請求を認める可能性が高いでしょう。

情状事件の場合には、示談をいかにまとめるかというのが１つ目のポイントです。そのため、親族などと連絡をとる際には、依頼人の承諾があることが前提ですが、示談がまとまらないと早期の身体拘束からの解放は難しい旨を説明し、示談に協力してもらうように話をまとめることに力を入れるべきです。

⑶　勾留決定後の弁護活動

勾留に対する準抗告や、勾留延長に対する準抗告、勾留取消請求についても、勾留決定時と異なる事情や勾留決定時に明らかになっていない依頼人にとって相当に有利な事情が存在しない限り、勾留決定を覆すことは容易ではありません。

示談をまとめて、勾留に対する準抗告や勾留取消請求ということが考えられます。ただし、示談がまとまれば、準抗告や勾留取消請求をせずとも、検察官が、処分保留で釈放することも多いです。

示談をまとめて、報告書を検察官に送った後、検察官に連絡を入れて、釈放の予定を確認して、動きを決めましょう。

3　終局処分に向けた弁護活動

⑴　示談総論

事務所荒らしについては、示談が成立しないと公判請求になる可能性がかなり高くなります。そのため、示談をまとめることがいっそう重要になります。

事務所荒らしの示談の際のポイントですが、勾留の基礎となっている被疑事実のほかに、当該行為によって生じた損害があることが十分予想されます。

そのような場合には、被害者の主張は現実に生じた損害がベースになります。依頼人の中には、被疑事実に記載の部分に対して被害弁償をすることについて納得していても、それを超える被害金額については納得しない人も多くいます。示談をしなくては、公判請求になる可能性が高いこと、被害者としては現実に受けた被害が基準になるので、被疑事実の金額をベースとするのでは、被害者が納得してくれないため示談ができない可能性があることを説明していくことになります。

また、被害品が還付されているため、窃盗に関しては経済的被害がないということもありますが、その場合であっても、被害者としては相当な負担がかかっていますので、この点を踏まえた示談を行うことになります。

もっとも、あまりにも高額な請求をされている場合には、あくまで、窃盗部分についてということを明記したうえでの示談ができないかを交渉することも１つの手段です。この場合には、依頼人に事件終了後に損害賠償請求のリスクがあることは説明しておきます。

示談がまとまらない場合には、経緯をまとめた報告書を作成することも必要です。

⑵ 共犯者と示談

本事例のように共犯者がいる場合には、共犯者と歩調を合わせて示談をすることができないかを検討します。これは、共犯者がいる場合には、依頼人の経済的負担を減らすことができるため、示談金を用意しやすくなる等のメリットがあります。

共犯者の弁護人の連絡先をどのように確認するかということですが、国選事件の可能性が高ければ、法テラスに、共犯者の名前を伝えて、その共犯者の弁護人に連絡をとりたいので、連絡をしてよいかということを確認してほしいという方法や、検察官に同様に聞いてみるという方法もあります。また、私の所属する神奈川県弁護士会では、会員メーリングリストがあるので、そこで、「○月○日○○市で発生した自動車窃盗事件について共犯者の弁護人を探しています」という投稿がなされることもあります。

共犯者の弁護人と連絡をとり、示談意思の確認をとり、示談できるということになれば、金額の調整をすることになります。主従関係が特になく、取り分なども同等であれば、同額で揃えることになりますが、他方で主従関係が存在する場合や取り分が異なる場合には問題が生じます。主従関係の存在や取り分について、共犯者間で食い違いがあることもあり得ます。この場合に、主従関係にとらわれて、相手よりも多い金額では納得できないということになると示談そのものが破談してしまう可能性があります。共犯者がいる場合の依頼人の説得は、1つポイントとなります。

他方で、共犯者が示談しないという場合について、共同不法行為である以上、被害結果全額について責任を負うことになるため、全額を提示するのが本来ですが、依頼人が簡単には納得しません。共犯者への求償についても、手間を考えると現実的な回収は困難ですので、自己の負担分として、被害金額全額を共犯者数で割った額に迷惑料等を載せた金額を示談金として提示することが多いです。この場合に、全額について回収できていないにもかかわらず示談をすることのメリットを被害者に伝える必要があります。

(3) 環境整備

共犯者の事件全般にいえることでもありますが、共犯者との関係を清算するということは重要なことです。

特に、事務所荒らしのような事件については、犯行が計画的であり常習化する傾向にあります。そのため、当該事件が終了後に再び共犯者と一緒に何かをするということがないように環境整備を行うことが重要です。

旧友であることや共通の友人がいること等、容易に関係を切ることができない場合には環境を大きく変更させることも1つの考えになりますが、その場合には、新たな仕事を探すことができるか等を考えなくてはなりません。特に、事務所荒らしは、窃盗事案の中でも、経済的な動機であることが多いので、新たな土地に移った際に仕事がないのであれば、再び事件を起こす可能性があると考えられてしまいます。

(4) 公判に向けて

事務所荒らしでは、示談が成立しない場合には、不起訴をとることが難しいケースが多いです。そのため、示談を成立させることができないのであれば、公判を見据えた活動をあらかじめ行っておく必要があります。

環境整備については、共犯者との関係をどのような形で断つことができるのか、家族などの協力を得ることができないか、経済的に困窮している場合には、生活保護の申請や就労先の確保なども重要なことになります。

事例 I-3-2

Xは、Yとともに、深夜に自動車で自動車用品店に向かい、同店の入口シャッター及び自動ドアを破壊して店内に侵入し、同店から自動車のホイール及びタイヤを盗んだとされているが、Xは犯行を否認している。

1　事例の見通し

本事例では、依頼人は、犯行を否認しているため、自白調書がないという前提になります。まずは、なぜ、Xが逮捕されるに至ったのかを確認していく必要があります。

防犯カメラがあるのか、指紋が検出されたのか、自動車のホイールやタイヤを売却したことから発覚したのか、様々なことが考えられます。いかなる証拠が想定されるのかを基に、検察官が立証することができるかを考えていくことになります。

また、本事例では、共犯者が存在しているため、共犯者がどのような態度でいるかということも気になるポイントです。共犯者の弁護人から示談を一緒に行いたい旨の申入れがあれば、共犯者の態度は把握しやすいです。

2　身体拘束の回避・解放に向けた弁護活動

前述したように、情状事件でも、事務所荒らしは、勾留が認められやすく、示談が成立していないと、準抗告や勾留取消請求も認められにくいことからすると、否認事件であれば、示談をすることが困難なので、勾留に対する準抗告や勾留取消請求を通すことはハードルが相当高くなります。

そのため、弁護活動としては、いかに不起訴に持っていくことができるかということを特に重視して検討していくことになります。

3　終局処分に向けた弁護活動

⑴　取調べに対する基本姿勢

取調べに対する基本姿勢としては、黙秘ということになります。

依頼人がなぜ犯人とされたのかということについて、心当たりがある場合に、反論をしたいことがあるかもしれませんが、黙秘を解くことになると供述のコントロールが及ばなくなるので、必要以上に話をすることによって、いらぬ詮索を招くこともあります。そのため、反論をする必要がある場合にでも、弁面調書か意見書を出すことになります。

⑵　意見書について

検察官が立証をする見込みを立てられないのであれば、当該事件について起訴することはできません。そのため、立証の見込みが立たないのであれば、意見書をわざわざ出す必要はありません。

検察官が起訴をしてきたときに、弁護人の意見書に反する客観証拠が存在した場合には意見書を出したことが仇になりますし、また、意見書を出してしまうと、公判における弁護人の主張についても事実上拘束を受けることになります。

意見書を出すことの有用性は否定しませんが、意見書を出す必要性があるかどうかは検討しましょう。

例えば、指紋が検出された、頭髪が検出されたということであれば、以前にそこに行ったことがあることを裏付ける証拠になりますが、いつ行ったかということについてまでは証明力がありません。行ったことがあるという程度の意見書であれば足を引っ張る可能性は高くありませんが、それでもその理由については、確認しておく必要があります。検察官も当然ながら、本事例と関係ない遺留品である可能性は念頭に置いています。そのため、あえて説明するだけの価値があるかどうかは考えましょう。行ったことのある理由について不可解なことがあれば、仮に起訴された場合には、こちらの主張が拘束されてしまいます。

事務所荒らし事件に限らず、共犯者の供述と一見それを裏付ける証拠だけで、公判請求してくるケースはあります。そのため、共犯者の供述しかないという安心はできません。共犯者が自白している可能性がある場合には、意見書についても積極的に提出を考える必要もあります。ただし、公判請求をされた場合に主張が拘束されることを念頭に置いて必要以上に書かないように気をつけましょう。

（髙木 小太郎）

4 下着窃盗

はじめに

下着窃盗は、罪名としては窃盗ですが、実態としては、性犯罪としての意識を持たなくてはなりません。示談することを考えることについては、他の窃盗事案と同様ですが、示談の際のポイントや、盛り込む条項などで注意する必要があります。

また、性的嗜好（さらに深いところではフェティシズム）の発露でもあります。再犯防止について取り組む際には、この点について検討することも必要でしょう。

事例 I-4-1

Xは、女性の下着に興味があり、自己の性欲を満たすために、女性用の下着を入手しようと考え、一人暮らしをしている面識のない女性であるAの家のベランダに侵入し、下着類を盗んだが、帰路で職務質問を受け、本件犯行を自認した。

なお、Xには前科・前歴はない。

1 事例の見通し

下着窃盗においては、他の窃盗罪と同様に、示談が成立している場合には、不起訴になることが強く期待できる類型です。これは、個人的法益に対する罪であることのみならず、形式的には財産犯ですが、実体としては性犯罪に近いところがあり、性犯罪においては、被害者の意思がより重視される傾向にあります。そのため、示談の成立は一般の窃盗よりもさらに強い不起訴に対する材料になります。もちろん、前科・前歴の有無や、被害品の量などにもよりますが、不起訴を獲得することが第一目標になります。

被害金額は高額ではないケースが大半ですが、前科・前歴があり、示談が成立していない場合には公判請求がされる可能性がそれなりに高いです。

他方で、身体拘束からの解放という点については、示談を済ませていない状況では芳しいものではありません。

2 身体拘束の回避・解放に向けた弁護活動

(1) 接見時の留意点

下着窃盗の大半は、性癖の発露です。そのため、余罪が存在している可能性が十分あります。余罪の有無、捜査機関が把握しているか、自供をしてしまっていないかなどを確認する必要があります。

また、盗癖について病院などへの通院歴等の確認もしておく必要があります。

家族等への相談ですが、家族への相談をしないでほしいという依頼を受けることがあります。最終的には依頼人の意向に従うことになりますが、同居家族であれば、示談のために必要な資源になりますし、また示談金の用意などでお願いすることも出てきます。また、家族からの身体拘束期間に対する不安などもあります。そのため、同居家族への連絡をしないでもらいたいという話をされた場合には、事件の種類からして話したくないことは理解できるものの、話すことによるメリットも説明しておく必要があります。もちろん、既婚者である場合に、本件事件をきっかけに離婚という展開も考えられるだけに、家族のキャラクターも把握していない状況で、どこまで強くいうかは考えどころではあります。

別居家族の場合には、示談ができるのであれば、黙ったままで気がつかれずに終わらせることも一応可能です。もちろん、示談をするために協力を得られるなら協力を得たいです。

余罪について問われることが多いですが、余罪について積極的に供述することについては基本的にメリットがありません。反省についての態度を示しているということに使えるということがあるかもしれませんが、余罪について処分される可能性が高くなりますし、また、公判請求をされた場合には、事実に誤りがなければ、公判廷で認めることで足ります。余罪についての捜査が進めば、余罪についての示談の必要性も生じてきます。その結果、本罪についての示談金を十分に用意することができなくなり、示談に影響が生じてしまいます。特に、下着窃盗の場合には、後述のように、被害者が、精神的な苦痛を強く訴えてくることもあり、慰謝料的な要素として、通常の窃盗に比べて、被害金額そのものではない要素で示談金が高くなる傾向があります。

⑵　勾留決定前の弁護活動

住居侵入もつくことから、裁判所としては、勾留請求をしてくる可能性が相当程度高いですし、また、一般論としては、勾留請求は認められやすい傾向にあります。

被害者と面識がないものの、面識がないことから罪証隠滅をすると疑うに足りる相当な理由がないということは認められず、男女の体格差などから、威迫が可能であると考えられやすいです。勾留決定前の時点で、示談を済ませておくことはなかなか困難ですが、示談について、内諾を受けている段階や、示談についての申入れが済んでいるのであれば、そのことを検察官や裁判官宛ての意見書に記載しておくべきです。

示談の申入れについては後述します。

⑶　勾留決定後の弁護活動

勾留に対する準抗告や、勾留延長に対する準抗告、勾留取消請求については、示談が済んでいることや少なくとも相当な示談の申入れが行われていることが必要になることが多いです。

もっとも、示談が完了したのであれば、速やかに釈放することを求めるべきであり、検察官が満期まで釈放しないのであれば、準抗告や勾留取消請求を行うことになります。なお、その際には、必要があれば取調べに出頭することの誓約書を添付しておくこともよいでしょう。

3　終局処分に向けた弁護活動

(1)　示談総論

下着窃盗に関して、不起訴を獲得するためには、示談の締結が重要です。

しかし、示談の場面では、万引き等と異なり、下着窃盗に関しては、窃盗であるというよりは、性犯罪であるという意識を持って対応する必要があります。

被害者として気になるのは、依頼者が現在身体を拘束されているか、いつ出てくることになるのか、なぜ自分を狙ったのか、同様の事件を行ったことがあるかどうかという辺りです。依頼人との接見においては、どの範囲で被害者に話をすることができるかをしっかりと打ち合わせておく必要があります。

同種前科については、既に終了している話ですので、依頼人の確認さえとっておけば、話すことに問題はありませんが、他方で余罪について話すことについては慎重にならなくてはなりません。前述のとおり、余罪について、捜査機関に話すことは、メリットがありません。被害者との示談交渉の場面で、余罪について話すことによって、捜査機関に余罪の存在が発覚する可能性がないとは言い切れません。可能であれば秘匿しておきたいことです。

他方で、回答を拒否する場合には、示談がまとまらない可能性もあります。被害者のキャラクターを見極めながら対応することになりますが、場合によっては曖昧な形での説明をすることや、捜査機関には言わないでもらいたい旨述べたうえで説明することも考えられます。

もっとも、仮に捜査機関のことを考えないとしても、余罪が存在することを話すことが示談の成立において有利に働くかは検討する必要があります。余罪が複数あることは悪質であるという印象を与えかねないものであり、そのような人と示談をしたくないという方向に傾くこともあれば、余罪が多数存在すれば示談が成立しても起訴される可能性があるのではないかと思われることもあります。また、余罪について正式に捜査される前に、示談を済ませてしまうことが満足のいく示談金につながるという考えもあります。この辺りは、被害者のキャラクターによるところがあり、何が正解かは一概にはいえません。しかし、被害者から異を唱えられたときに、このような考え方もありますと切り返せるようにしておくことが望ましいでしょう。

⑵ 示談金の相場

示談金については、被害金額をベースとした金額での納得は難しいところがあります。痴漢事件などにおける示談金と同程度に考えるのが被害者の納得も得やすいと思います。

他方で、住居侵入をされていることから、被害者としては現在の家に住むことについて恐怖心を抱いているため、引越したいので、その引越し費用を負担してほしいという話も考えられます。しかし、さすがに高額に過ぎますので、これについては、基本的には応じる必要はないでしょう。この場合、高額に過ぎること、その額では応じられないことを説明し、それでもなお、納得が得られない場合には、示談交渉を中止して、示談が破談に終わった経緯を報告書にするという形をとるのがよいでしょう。この場合には、示談が不成立でも、前科や余罪等がなければ不起訴になることは相当程度見込まれます。

もっとも、どうしても不起訴にしなくてはならず、不起訴にするためには示談が不可欠であるようなケースについては、やむを得ないでしょう。

⑶ 示談交渉について

すべてのケースにおいてではありませんが、多くのケースの場合、被害者は、社会復帰後に、また同様の事件を行うのではないかという不安を抱えています。そのため、その不安を解消するということが示談交渉における１つのテーマになります。

他方で、示談をするということは、社会復帰の可能性が高くなるため、不安の解消ということからするとマイナスになります。そこで、依頼人が社会復帰をすることによって生じる不安をいかに解消していくかということになります。

一例ですが、示談が成立しなかった場合の見通しについて、初犯であれば、せいぜい執行猶予判決になり、情状事件の場合では逮捕から３か月程度で社会復帰を果たすことになります。また、実刑が予想されるケースでも、１年強で社会復帰を果たしてくることになります。これらのことを説明し、永久に身体拘束をしておくことはできないので、いずれ、社会復帰してきたときに不安を感じるのではないかということを指摘します。そのうえで、不安の解消という点で重要になるのは、被害者の方に接触する可能性がなくなることが重要であることを指摘し、接触をいかに防ぐかということを踏まえて示談をしたい旨を申し入れし、接触禁止や、被害者宅が、依頼人が普段使わないエリアであればこれらのエリアに正当な理由なく立入りをしないことを提案するなどがあります。この場合、違約条項を付けるのも１つです。

被害者から、依頼人に対して引越しを求めてくるというケースもあります。この場合の対応についてですが、依頼人の意思を確認しなくてはなりません。

依頼人が引越しに前向きであればこの提案に乗ることになります。他方で依頼人が難色を示している場合には、無理に説得する必要はありません。他の方法で不安の払拭をするようにしましょう。

なお、示談交渉全般にいえることでもありますが、性犯罪やそれに類する事件の示談交渉については、特に被害者感情に注意する必要があります。

十分な額の示談金を用意したからこれで納得してくださいという形の提案を当初からこちらが行うことはやはり不相当です。金で納得させようとしていると反感を買います。まずは謝罪と、不安の解消という点について、対応したうえで、示談金の提示を行うべきでしょう。示談金を用意できても、不用意な交渉の結果、示談が成立しなくなることは依頼人の利益になりません。

⑷　メンタルクリニック受診のすすめ

再犯防止という点からは、メンタルクリニックを受診することについて検討してもらうことも有用です。受診する意向があれば、その旨を誓約書などにして、処分に関する意見書に添付することも１つの方法です。

（髙木　小太郎）

5 置引き等（窃盗、遺失物横領）

はじめに

置引きは、盗犯事件の認知件数で約4.7％（平成29年度）[1]を占めます。

罪質の共通する自転車盗は、約31.3％（同上）に上ります。

被害者の占有が認定できるかどうかで窃盗罪（刑法235条）又は遺失物横領（刑法254条）となります。後者の法定刑は１年以下の懲役又は10万円以下の罰金、科料です。罪名で処遇は大きく変わらないと思われます。

盗犯の中では軽い部類に属するため、被害額２万円以下で被害回復済みかつ再犯のおそれがない[2]事件では微罪処分（刑訴法246条ただし書）となります。

被害額２万円を超える事件、被害回復できていない事件等では検察官送致のうえ、終局処分となりますが、前科がなければ通常は起訴猶予か略式命令という見通しが立ちます（統計上、不起訴が約89％）[3]。

以下では、微罪処分には当たらない事件の弁護対応を説明します。

事例 I-5-1

被疑者は、駅の個室トイレにAが置き忘れた財布（現金約３万円、免許証、キャッシュカード２点、クレジットカード１点、その他ポイントカード在中）を発見し、財布ごと自宅に持ち帰った。

後日、被疑者の自宅を警察が捜索し、財布と免許証が残っていたため、押収された。被疑者は、警察署で調書に署名押印して帰宅した。

1　法務省「平成30年版犯罪白書」

2　ただし、検事正の指定（非公表）によっては再犯でも微罪処分の例はあり得ます。

3　法務省「2018年版検察統計統計表」（表番号18-00-08）

1　聴取・供述方針

問題点は、犯行後の被害品の処分状況です。

現金を費消したりポイントカードを廃棄することは理解しやすいですが、足のつく被害者の免許証や財布を残したのはなぜか、キャッシュカードやクレジットカードはどう処分したか、免許証も含め悪用を試みたのかどうかです。悪用していれば、窃盗や詐欺等を構成して処分が重くなります。

2　身体拘束の回避・解放に向けた弁護活動

本事例では在宅ですが、身柄がとられる可能性もある事件です。

被疑者の誓約書、身元引受書の取得、示談を試みます。

偶発的犯行であり被害者とは面識がないこと、事案としては実刑にはなり得ないことなどを主張します。

犯行後の被害品の処分状況も重要な情状事実のため、これらの関係でも罪証隠滅の現実的可能性がないことを、具体的事実に即して（余罪もすべて供述したとか、被疑者の供述の裏付けなど）主張してください。

【設問】被疑者が警察発覚前に弁護士に相談してきた場合はどうか。

身体拘束の可能性が比較的低く、自首による拘束回避の期待のある事案ですので、自首をするかどうか検討します。手順は、事例Ⅵ－５－１を参照してください。

3　終局処分に向けた弁護活動

(1)　示談交渉

送致前なので、警察に、被害者の連絡先交換を依頼します。

消極的対応をされたら、犯罪捜査規範10条の３（被害者等の救済又は不安の解消に資すると認められる事項を通知しなければならない）を指摘します。

被害者と交渉できたときは示談金額が問題となります。

財産犯のため、還付されていない被害品に係る財産的損害の賠償（領得した現金、カード類の再発行手数料等）が原則となります。しかし、盗った財布は使いたくないということで弁償を求められたり、カード類再発行の手間等に相当する迷惑料を提示しなければ納得を得られないことが多いです。

また、前記のとおり、カード類、免許証の悪用の有無について、被害者に十分説明する必要があります。免許証は、悪用の有無が判明しにくいので、悪用していなくても、被疑者の手元に残していた理由を説明します。

示談書では、カードや免許証を悪用しておらず、悪用が発覚すれば厳重処罰に服する旨の誓約文言を記載することも考えられます。

⑵ 示談に応じてもらえない場合

被害弁償だけでも受け取ってもらえれば不起訴に近づきます。

また、終局処分決定後も被疑者からの預託金はいつでも弁償する旨約束することで、弁償未了でも不起訴となることがあります。

4 否認の場合

【設問】被疑者は、Aの財布を駅事務所に届け出ず、帰る途中に職務質問を受けた。被疑者は「届け出るのをうっかり忘れてしまった」と述べている。

弁解が通れば、不法領得の意思がなく、犯罪不成立になります。

記憶が鮮明な段階での弁護人面前調書の作成は必要でしょう。

被疑者の駅構内や自宅までの経路、それを裏付ける証拠（防犯カメラ、帰路に何か購入したならレシートなど）を確認します。防犯カメラ動画は短期間で消えるので、不安があるなら警察への申入れか証拠保全を検討します。

事例 I-5-2

被疑者は、銀行に立ち寄り、数分間ATMを操作した。

後日、被疑者は、前の客であったＢがATM脇に置き忘れた封筒から現金18万円を抜き去ったとして、警察の捜索を受けた。

1　事例の見通し

Ｂの占有がどの程度残っていたかによりますが、窃盗がまず検討されます。被害金額が大きく、経緯や費消の状況次第で公判請求もあり得ます。

2　自白事件

置引きは、「出来心でやってしまった」という被疑者側の認識とは裏腹に、被害者から強い被害感情をぶつけられるケースもまま見られる印象です。

動機の確認や再発防止もしっかり考えて、示談交渉に臨みましょう。

示談条項では、銀行の当該店舗への立入り禁止の誓約が考えられます。

3　否認事件

現金の持ち去り自体に争いのないケースでは、高額な現金を「うっかり持って行ってしまった」という弁解は通じにくいと思われます。

他方、被害者の置き忘れた封筒に現金が入っていたこと自体に合理的な疑いがあるとして、無罪となった事件もあります[4]。ATMコーナーの一部が防犯カメラの死角となっていたが、被告人が死角を熟知していたとは認められず、ATM操作後もしばらく店舗に滞在していたという事情がありました。

（服部　啓一郎）

4　最二小判平成29・３・10裁判集刑321号１頁〔28250878〕

6 ひったくり

はじめに

ひったくりは、窃盗の類型の中でも、犯行態様として危険な事案であり、また、計画的犯行であることが極めて多い事案です。そのため、窃盗の類型の中でも、重い類型に属するものが多いです。

もっとも、ひったくりの中でも、オートバイ等に乗ってひったくりをするのか、道具を使わずに行うのかなど、態様によって評価が異なります。また、ひったくりについては、強盗との境界事案になることもあります。

不起訴や身体拘束からの早期解放を目指すことはもちろんですが、強盗で起訴されることを防ぐことも大事です。

事例 I-6-1

Xは、ひったくりをしようと考え、自転車でAが手提げ鞄を手に持って歩いているのを発見し、Aを追い抜きざまにその手から手提げ鞄を奪い取った。なお、Aは特に転倒することもなかった。

1　事例の見通し

自転車を使用しているものの、行為態様としては特筆するレベルで危険な態様とはいえないひったくり事案です。

他方で、特に軽いと評価することができるケースでもありません。そのため、身体拘束からの早期解放は容易ではありません。本事例で勾留すべきではないという勾留の必要性を欠くといえるだけの具体的な事情が欲しいところです。

示談が成立すれば、不起訴になる可能性は相当高いですので、示談を成立させることを考えます。

また、ひったくりについては、常習的犯行になっていることも多いので余罪の確認は必須です。

ひったくりも、他の窃盗事件と同様に、余罪が存在している可能性がそれなりに高い類型です。捜査機関としても、余罪を疑って接してきます。特に、自転車やオートバイなどの道具を使用している場合には、余罪についての犯人像と、依頼人が合致することがあり、捜査機関としては当該事件について、依頼人が犯人だとして接してくることがあります。その場合、捜査機関としては、依頼人に対して、余罪を述べるように迫ってきます。

これに対する対応としては、黙秘の指示になります。

理由としては、他の事件同様に、余罪について供述するメリットがないためです。特に、ひったくりに関しては、事件現場に防犯カメラでもない限り当時の客観的状況を明らかにできる証拠はありません。余罪について供述してしまうことは、立証が不十分である事件について、立証のための資料を与えることになりかねず、依頼人の利益に反します。

そして、余罪が立証可能となると、起訴される可能性、ひいては、実刑判決となる可能性も高くなります。そのため、安易に余罪について供述することを容認することはできません。

証拠を突き付けられた場合であっても黙秘をするのが最善であるということは変わりありません。

余罪について供述することが考えられるシーンとしては、余罪の総数が多くなく、被害者全員に対して十分な被害弁償をすることができるものであり、かつ、捜査機関が余罪について把握している場合に、再逮捕・再勾留を免れるために、先行して示談を行うというところですが、かなり限定的なシーンになります。

2　身体拘束の回避・解放に向けた弁護活動

ひったくりは、基本的に勾留が認められてしまいやすい類型です。

勾留請求を阻止することは容易ではありません。もっとも、例えば、単純に走って奪うなど、道具を使っていないケースであれば悪質性は低くその他の事情次第では勾留請求を阻止できる可能性はあります。罪証隠滅や逃亡についての記載は当然ですが、当該事件について、通常のひったくり事案と比べて悪質ではないことを述べられるのかということは、1つのポイントになってきます。

3　終局処分に向けた弁護活動

⑴　示談

他の窃盗事件と同様に、示談が成立することで公判請求を避けやすくなり、また、身体拘束からの解放も可能になってきます。そのため、示談の締結が大事になってきます。

ひったくりの場合、現行犯逮捕も比較的多く、その場合には被害品が還付されてしまっていることも多いです。そのため示談交渉において被害金額をベースとするのではなく、迷惑料ベースで示談交渉をすることも十分可能です。

⑵　余罪対応

余罪対応としては前述のとおりです。余罪について問われても、黙秘ということになります。

⑶　環境調整

ひったくり事案は、金銭的動機が大半になります。そして、比較的若年層が多いです。稼働能力があるのに稼働しないで楽な金稼ぎとしてひったくりを行っていることも多くあります。

一定程度の収入があるにもかかわらず、遊ぶ金欲しさにひったくりを行うことがあり、このようなケースで、環境調整をしていくことは容易ではありません。環境調整を短期間で終わらせられるケースは稀であり、通常は被疑者勾留中に全件解除を行うことは難しいと思いますので環境調整の全体像を明らかにしていくことも1つの方法です。

事例 I-6-2

Xは、ひったくりをしようと考え、自転車でAが手提げ鞄を手に持って歩いているのを発見し、Aを追い抜きざまにその手から手提げ鞄を奪い取ったところ、Aは転倒し骨折した。

1　事例の見通し

本事例は、窃盗と傷害の被疑事実で捜査される事案です。傷害結果も軽いとは言い難く、初犯でも公判請求の可能性は相当程度高いです。そのため、示談をまとめることが非常に重要になります。

他方で、示談をまとめることができれば、公判請求を避けることも十分に可能です。

2　身体拘束の回避・解放に向けた弁護活動

事例Ⅰ－6－1よりも事案としては重い事案になります。そのため、身体拘束からの解放は、いっそうハードルが高いことになります。

3　終局処分に向けた弁護活動

示談をまとめることが最重要になります。事例Ⅰ－6－1と異なり傷害の結果が発生しているので、その分を含んだ示談金を提示しなくてはなりません。

事案としては軽くないので、前科・前歴がある場合には宥恕文言はとっておきたいところです。

事例 I-6-3

Xは、ひったくりをしようと考え、オートバイで移動していたところ、Aが手提げ鞄を手に持って歩いているのを発見し、Aを追い抜きざまにその手から手提げ鞄を奪いとろうとしたところ、Aが鞄を離さなかったため、Xは、構わずつかんだ鞄を奪うためにこれを離さず、オートバイを走らせたところ、Aは転倒し、さらに引きずられ、骨折及び擦過傷を負った。

1　事例の見通し

ひったくり行為は、一般的には、暴行的事態が主として被害者の注意をそらす手段として使われているため、強盗ではなく、窃盗として扱われています。しかし、他方で、ひったくり事件については、その犯行態様によっては、窃盗ではなく、強盗とされています。強盗罪が成立するためには、窃取の際の暴行脅迫が、被害者の反抗を抑圧するに足りる程度の暴行脅迫が必要とされます。この反抗を抑圧するに足りる程度の暴行脅迫に当たるかという基準として判例は社会通念による客観的基準によるべきとしています。

ところで、事例Ⅰ－6－2においては、追い抜きざまに奪おうとしたところ、引っ張られたAが転倒したというものであり、暴行の態様としては、注意をそらすためというひったくりの犯行態様を逸脱したものとはいえないと評価できることから、強盗致傷ではなく、窃盗と傷害で処理されることになります。

これに対して、最三小決昭和45・12・22刑集24巻13号1882頁〔24005069〕は、夜間人通りの少ない場所で、通行中の女性の所持しているハンドバッグを窃取する目的を持って、自動車を運転して同女に近づき、自動車の窓からハンドバッグの下げ紐をつかんで引っ張ったが、同女がこれを奪われまいと話さなかったため、さらに奪取の目的を達成しようとして、右下げ紐をつかんだまま自動車を進行させ同女を引きずって路上に転倒させたり、車体に接触させたり、あるいは道路脇の電柱に衝突させたりして傷害を負わせたときは、強盗致傷罪が成立するとしています。このケースでは、原判決（東京高判昭和45・6・22刑集24巻13号1895頁〔24005071〕）が「被告人はひつたくりの窃取に失敗したことから、強盗に変じて奪取の目的を達したのであつて、その過程において強盗の犯意を生じたことが認められる」として被害者が鞄を手放さなかったことから、ひったくり行為に失敗したとしたうえで、その後引き続き鞄を奪おうとした行為について、「被告人はその運転する自動車を単に相手方の物色用ないし事後の逃走用として利用したものではなく、自動車のボデイの重量体と自動車のスピードを犯行に利用し、特に夜間人通りが少い場所で女性から無理にハンドバッグを奪いとろうとする行為をなしたのであつて、被害者の女性がハンドバッグを手離さなければ、自動車に引きずられたり、転倒したりなどして、その生命、身体に重大な危険をもたらすおそれのある暴行であるから相手方女性の抵抗を抑圧するに足りるものであつたというべきである」として、抵抗を抑圧するのに足りる暴行に当たるとしています。

被害者の抵抗が存在しないのであれば、自動車を使用していようと、オートバイを使用していようと、注意をそらすための道具にすぎないわけであり、窃盗行為を逸脱するものにはならないといえるでしょう。そのため、事例Ⅰ-6-2で自転車ではなく自動車であったとしても、窃盗と傷害が成立するにとどまります。他方で、被害者の抵抗が存在した場合には、ひったくり行為は失敗したうえで、新たに強盗の犯意が生じたとして、強盗致傷になります。

本事例においては、自動車ではなくオートバイとはいえ、スピードは相当程度出すことが可能ですし、転倒後引きずることも可能ですので、反抗を抑圧するに足りる程度の暴行に該当する可能性が相当程度あります。

ところで、前述のとおり、ひったくりが失敗していることが前提となります。そのため、取調べにおいては、ひったくり行為が失敗していたこと、ひったくりが失敗したことから、それでもなお、奪い取ろうとして鞄から手を離さなかったことについての供述をとろうとしてくることが予想されます。

取調べに対する方針としては、黙秘ということですが、抵抗を防ぐつもりであったことについて聞いてくる可能性があるので、特にこの点については供述しないようにということを強く伝えておく必要があります。

なお、ひったくりを諦め、それでもなお奪い取ろうとしたかどうかという点について、依頼人自身が、ひったくりが失敗したと意識していないことも十分にあります。それにもかかわらず、捜査機関が、誘導し、ひったくり失敗後に改めてそれでもなお奪い取ろうとしたという調書を作成しようとしてくることがあります。虚偽の弁解を行うことを推奨しているのではなく、依頼人自身が意識していないことを捜査機関の誘導によって、そのような内容の調書を作成させることは防がなくてはなりません。

2　身体拘束の回避・解放に向けた弁護活動

強盗致傷の可能性がある事案であり、送致罪名も強盗致傷になりかねません。そのため、勾留に対する準抗告のハードルは相当高いです。

3　終局処分に向けた弁護活動

他の事例と同様に、示談をまとめることが最重要になります。

強盗致傷罪の法定刑は6年以上の懲役であることから、法律上の減刑か酌量減刑が行われない限り実刑になります。そのため、示談を成立させることのメリットは極めて大きいです。

事件としても重たい事件ですので、示談が成立している場合であっても公判請求の可能性はあります。宥恕文言入りの示談書を得たいところです。

ところで、公判請求の可能性を意識しながら対応する必要があります。そのため、ひったくりが失敗して新たに強盗の犯意が発生したという点について、依頼人が弁護人に対して認めていたとしても、示談交渉においてもそのようなことを話すことは、検察官に連絡が行く可能性があることから極力避けたいです。やむを得ず話す場合についても、被害者に対して、口止めをお願いすることが必要です。

（髙木 小太郎）

7　事後強盗

はじめに

事後強盗罪は、窃盗目的で窃取をしたところ、発見され、逃走することを成し遂げるために、暴行してしまった場合などにも適用される危険性があります。

ひったくりと同様に、窃盗と暴行（傷害）で済むか、強盗（致傷）になるかで大きく結果も異なります。そのため、事後強盗の可能性がある事案については、不用意に事後強盗とされないようにしていく必要があります。

事例 I-7-1

Xは、書店において、本を万引きし、店外に出たところ、私服巡回員Aに声を掛けられた。Xは逃げるため、Aを突き飛ばし逃走した。Aにけがはなかった。

1　事例の見通し

Xの突き飛ばしは、逃走に向けられた行為であるものの、Aの反抗を抑圧するに足りる程度の暴行には該当しないため、本事例では、窃盗と暴行が成立するにとどまります。また、単なる突き飛ばしであった場合には、あえて、暴行についてまで被疑事実に含めてこないこともあります。

2　身体拘束の回避・解放に向けた弁護活動

通常の万引きと同様に考えれば問題ありません（Ｉ－１参照）。

3　終局処分に向けた弁護活動

⑴　示談

暴行についても送検されているのであれば、暴行を含めて示談交渉を行う必要があります。

⑵　示談が成立しなかった場合

示談が成立しなかった場合に、公判請求されるかということについても、この程度の暴行が決定的な判断要素となることは基本的にないので、通常の万引きと同様に考えることで問題ありません。前科・前歴がなく、被害金額も少ないのであれば、不起訴になる可能性はそれなりに高いです。他方で、前科がある場合には、公判請求の可能性が出てきます。示談が成立していれば、不起訴か、略式請求になることも期待できます。

事例 I-7-2

Xは、書店において、本を万引きし、店外に出たところ、私服巡回員Aに声を掛けられた。Xは逃げるため、Aを手拳で数発殴りつけ、Aがひるんだところで逃げ出した。Xは被疑事実の要旨については間違いない旨弁護人に述べている。

1　事例の見通し

手拳での数回にわたる殴打行為については、被害者の反抗を抑圧するに足りる程度の暴行に該当するとされ、事後強盗に該当する可能性があります。

事後強盗で、逮捕勾留されている場合には、事後強盗で公判請求をされないことを意識し、示談を締結して、公判請求を避けることが狙いになります。

捜査機関としては、暴行の目的が逃走や窃取した品の確保のためであるという供述と、暴行の態様について、反抗を抑圧するのに足りる程度の暴行であったということを裏付ける供述を得たいと考えます。

行為自体を認めていたとしても、力の強さなどは、取調官がうまく誘導する危険があります。黙秘が原則というのは当然ですが、本事例のような事案では、力の強さなどの犯行態様に関する供述をさせることは特に危険です。また、犯行態様についての客観的な証拠が存在していない場合に、取調べにおいて、捜査機関が、被害者の言い分を押しつける形で調書を作成する危険もあります。依頼人が、自身の主張を適切に説明できるか不明であり、また、供述をするメリットも基本的にはありません。

黙秘を維持しつつ、示談をまとめて、公判請求を防ぐというのが基本的なスタンスになります。示談が成立しなかった場合には、被害者側がそもそも示談に応じない場合であっても公判請求される危険が相当高いです。

2　身体拘束の回避・解放に向けた弁護活動

事後強盗に該当しないとしても、犯行態様の悪質さから、裁判所は勾留を認めてくる可能性が高く、また、準抗告についても認容されにくいでしょう。

2018年度の勾留請求の却下率は0.87%、検察官による釈放率も0.69%と極めて少なく、現実としては身体拘束を争うハードルは極めて高いです（法務省「2018年版検察統計統計表」）。

他方で、勾留に対する準抗告や延長に対する準抗告などを徹底的に行うことで、プレッシャーをかけて、公判請求を阻止したり、また、窃盗と暴行（傷害）で公判請求された後、保釈による早期の身体拘束からの解放を狙うこともあります。

ただし、被疑者段階においては、示談の成立なしに身体拘束からの解放をすることは難しいでしょう。

3　終局処分に向けた弁護活動

(1)　示談

公判請求を阻止するということに関しては、示談をまとめることが何よりも重要です。強盗全体の公判請求率は、2018年度で60%あります。万引きから派生する事後強盗は、強盗の中で、比較的軽い方に分類されます。

初犯で示談が成立している場合には、不起訴を得ることが十分に可能です。

他方で、前科・前歴があるようなケースでは、事後強盗となった場合に、不起訴は困難なことが多いですが、その場合でも示談が成立していることは公判において重要になります。被害金額にもよりますが、初犯であれば、全部執行猶予の可能性は高くなります。

⑵ 意見書について

事後強盗で勾留されていて、被疑事実の要旨に記載されている犯行態様について争いがない場合に、窃盗と暴行（傷害）にとどまり、事後強盗（致傷）は成立しないとの意見書を検察官に提出するかということについては慎重な検討を要します。

公判請求が免れないような場合には、事前に公判における争点を明示することになります。詳細に記載すればするほど、検察官がこれを受け入れなかったときには、公判における弁護人の主張が詳細に記載された意見書に拘束されることになります。依頼人の主張と反する証拠が存在した場合には目も当てられません。

他方で、検察官が意見書を読み、窃盗と暴行（傷害）で公判請求をしてくることが十分期待できるのであれば、意見書を出す価値はあります。

本事例について、事後強盗で公判請求され、窃盗と暴行にとどまると争った場合には、細かい行為態様について被害者の尋問を行う必要があり、また、被告人質問も一定程度の時間をとって行うことになり、検察官としては補充の証拠を提出してくることもあります。そのため、一回結審の情状事件と比較して勾留の期間は長期化します。公判で争わずに、起訴罪名を窃盗と暴行にしてもらうことができれば、判決が早くなりますので、依頼人にとっては利益が大きいことになります。

意見書を出す場合には、依頼人の主張について、接見を重ねしっかりと理解して、確認をしておくことが不可欠です。細かいニュアンスが問題になることもあります。また、客観的な証拠が存在する可能性についてもしっかりと確認をしておく必要があります。防犯カメラなどで、犯行態様が映っている可能性がある場合には、被害店舗に防犯カメラ映像を見ることができないかを打診してみるのも重要です。

事例 Ｉ-７-３

　Ｘは、書店において、本を万引きし、店外に出たところ、私服巡回員Ａに声を掛けられた。Ｘは逃げるため、Ａを手拳で数発殴りつけ、Ａがひるんだところで逃げ出した。Ｘは被疑事実の要旨について、逃げるために突き飛ばしたが、殴ってはいないと弁解している。

1　事例の見通し

　事後強盗で勾留されている場合には、事例Ｉ－７－２と同様に、勾留決定を防ぐことも、被疑者段階での身体拘束からの解放も難しいところがあります。もっとも、被疑事実が誤っていることが明らかとなれば、展開も異なってきます。

　終局処分に関してですが、検察官が事後強盗での公判請求が困難であると判断した場合には、初犯であれば不起訴も十分に考えられます。また、示談を締結することができれば事後強盗でも不起訴の可能性が出てきます。

2　身体拘束の回避・解放に向けた弁護活動

　事後強盗に該当するケースであれば、勾留に対する準抗告は認められにくいですが、窃盗と暴行であれば、準抗告が認められる可能性は十分あります。

　本事例で、依頼人の主張する程度の暴行態様であれば、事後強盗とはなり得ず、窃盗と暴行にとどまると、準抗告が認められる可能性が十分あります。

　そうすると、勾留に対する準抗告については、窃盗と暴行にとどまる可能性が高いことを明らかにしていく必要があります。

　取調べに対する態度としては黙秘ということになりますので、黙秘ができている場合には調書が存在しません。そのため、準抗告を申し立てるに当たっては弁面調書を作成する必要があります。しかし、弁面調書を作成することは、後々の主張を事実上拘束することにもなりかねませんので、準抗告が認容される可能性が極めて低いような場合に、弁面調書を作成して、準抗告を申し立てることはデメリットが大きいです。

防犯カメラなどの客観証拠が存在するようなケースでは、防犯カメラ映像なども証拠化されていますので、防犯カメラ映像と矛盾するような弁面調書になると、その他の主張についても信用性が損なわれてしまいます。被害店舗に防犯カメラ映像を見せてもらえるように打診してみるのは有益なことです。

依頼人の主張を裏付ける証拠があれば、弁面調書と併せて添付したいです。

3 終局処分に向けた弁護活動

⑴ 取調べに対する態度

黙秘をすることになります。依頼人の主張が判然としなくても、事後強盗の成立のために暴行の態様については非常に重要になります。依頼人が弁解をしなくとも、反抗を困難にするに足りる程度の暴行が存在したかということについて、検察官は慎重に検討します。また、当該犯行態様について、被害者の調書のみを根拠として事後強盗で公判請求をしてくることは考え難いです。

そのため、終局処分に向けて原則としては積極的な弁解を行う必要はありません。

むしろ、依頼人の主張と反する客観証拠が存在したときのリスクが大きいです。

⑵ 意見書について

意見書についても、取調べに対する態度と同様に、依頼人の主張を事実上拘束することになりますので、裏付けがない状態で出すことについては不安が残ります。

検察官が事後強盗で公判請求をしてくるのであれば、被害者の供述を裏付ける証拠が存在すると考えるべきでしょう。それを打ち破るだけの証拠なり、弁解を用意できるのであれば、意見書を提出する意味もあります。

⑶　示談交渉

本事例では窃盗については争っていませんし、また、Ａに対して有形力を行使したことは争っていません。そのため、本事例においては、否認事件ではあるものの示談を行うことと矛盾することにはなりません。

示談が成立すれば、本事例のようなケースでも不起訴になる可能性は高いです。

（髙木 小太郎）

COLUMN 1

接見室における電子機器の使用[1]

日本弁護士連合会の平成23年1月20日付「面会室内における写真撮影（録画を含む）及び録音についての意見書」は、弁護人が接見中に撮影や録音を行うことは接見交通権（刑訴法39条1項）に含まれ、制約を受けるべきでないとします[2]。

しかし、法務省[3]は見解が異なり、録音・撮影等が発見されると、接見を停止、終了（刑事収容施設法117条、113条1項1号ロ）されることがあります。

1　パソコンをメモとして使用

法務省側は、パソコンを使用する場合は事前に申出を求めています。

警察署では、申し出なくても何か言われることは少ないと思います。

東京拘置所では接見申込書にパソコン・タブレット使用の申告欄があります。

2　パソコンを映像再生機として使用

口頭のやりとりに付随して証拠品を提示することは秘密接見の保障内とする後藤国賠訴訟判決[4]（確定）があります。

ただし、法務省は、映像再生機を使用すること自体には事前申出が必要との見解を採っています（平成19年4月17日付法務省矯正第2501号通知）。

3　携帯電話の持込み

法務省は携帯電話の使用を禁止し、ロッカー等に預けるよう求めています。

1　葛野尋之＝石田倫識編著『接見交通権の理論と実務』現代人文社（2018年）参照
2　日本弁護士連合会『接見交通権マニュアル〈第19版〉』（2018年）も参照
3　平成19年5月30日付法務省矯正第3350号依命通達
4　大阪高判平成17・1・25訟務月報52巻10号3069頁〔28101910〕

警察署でうるさく言われることはそれほどありませんが、拘置所では通信機器の電波を探知する警報器が設置されていることがあります。

パソコンやタブレット端末の通信機能を使わないよう求める施設もあります。

4　録音

法務省は、接見を録音してそのデータを持ち出すことは「書類の授受」に準ずるとし、録音機の使用を事前に申し出たうえで、録音した内容を職員に確認させることを求めています。

また、パソコンの録音機能の使用については、ICレコーダーのような録音専用機器と異なり、録音内容の探知が困難として、不可との見解のようです。

5　撮影・録画

法務省は、撮影・録画を禁止しています。接見時に撮影することは、接見及び「書類の授受」にも当たらないとします。

現時点での裁判例は、弁護人の撮影行為は接見には含まれないなどとして、収容施設側の撮影禁止措置を許容している状況です[5]。

6　弁護人としての対応

⑴　弁護人が所持品検査に応じる義務はないですし、パソコンや携帯電話自体は「刑事施設の規律及び秩序」を害しないので、持込みを申告する義務はないでしょう。

また、接見中に映像再生・録音をするかどうかは接見の秘密に当たりますので、やはり（事前ないし事後に）申告する義務はないと考えます[6]。

⑵　接見室内で電子機器を用いる際は、罪証隠滅等に用いられぬようス

5　東京高判平成27・７・９判時2280号16頁〔28240786〕（確定）、福岡高判平成29・７・20訟務月報64巻７号1041頁〔28252428〕

6　ただし、反対の裁判例として、広島地判平成30・４・13平成27年（ワ）866号公刊物未登載〔28271880〕

クリーニングし、弁護目的で実施することが大前提です。携帯電話で配偶者と通話させたり、接見中に録画した内容を配偶者に送付した事例で弁護人が懲戒されています。

また、弁護人が正当と思っていても、施設側から懲戒請求されることもある以上、録音・撮影の可否を慎重に判断すべきことはいうまでもありません。

しかし、証拠保全（刑訴法179条）では間に合わなかったり、疎明が困難など録音・撮影をする必要性・緊急性のあるときは、弁護活動ないし関連する手続に使途を限定したうえで、弁護人が実施することは許されると考えます。

⑶　録音等の状況を発見され、職員から録音等の有無や内容を尋ねられた場合、弁護人は嘘をついてはなりません。接見の秘密であるとして回答をせず、接見室から退去するよう職員に求めることが考えられます[7]。

施設側から接見を停止・終了させられた場合は、対応職員の氏名・階級を確認し、できるだけ早く施設の長に対して書面で抗議します。

（服部 啓一郎）

7　前掲注１〔金岡繁裕〕161頁

II

横領・背任事案

Ⅱ　横領・背任事案［概論］

1　構成要件

(1)　横領罪

ア　横領罪

横領罪（刑法252条）は、自己の占有する他人の物を横領した場合に成立します。未遂罪はありません。

横領罪における「占有」とは、事実上又は法律上物に対する支配力を有する状態をいうと解されています。事実上の支配がなくとも、法律上の支配があれば占有に当たります。例えば、不動産登記簿の所有名義人や有価証券の所持者などは占有に当たります。

横領罪における「他人の物」とは、他人の所有物です。

横領罪における「横領」とは、不法領得の意思を実現するすべての行為であると解されています（領得行為説）。所有権が移転していなくとも、横領に当たります。例えば、委託された金銭を消費する行為、共有物を自己のために消費する行為、他人所有の自己名義の不動産を第三者に売却して登記を移転する行為などは横領に当たります。

横領罪における「不法領得の意思」とは、他人の物の占有者が委託に背いて、その物につき権限がないのに、所有者でなければできないような処分をする意思であると解されています。物の処分が所有者本人のためになされたときには不法領得の意思の存在は否定されます。

イ　業務上横領罪

業務上横領罪（刑法253条）は、業務上自己の占有する他人の物を横領した場合に成立します。未遂罪はありません。

業務性がある場合に、横領罪（刑法252条）に加重処罰されるものですので、業務性以外の構成要件は、横領罪（刑法252条）と同様です。

業務上横領罪における「業務」とは、社会生活上の地位に基づいて反復継続して行われる業務で、他人の物を占有し、保管することを内容とするものと解されています。業務に基づいて占有している場合に、業務上横領罪が成立します。

ウ　遺失物等横領罪

遺失物等横領罪（刑法254条）は、遺失物、漂流物その他占有を離れた他人の物を横領した場合に成立します。未遂罪はありません。

遺失物等横領罪の「占有を離れた」とは、誰の占有にも属さない物や、人の占有に属するが、その占有が委託に基づかない物です。

⑵　背任罪

ア　背任罪

背任罪（刑法247条）は、他人のためにその事務を処理する者が、自己若しくは第三者の利益を図り又は本人に損害を加える目的で、その任務に背く行為をし、本人に財産上の損害を加えた場合に成立します。未遂罪もあります（刑法250条）。

背任罪における「事務を処理する者（事務処理者）」とは、本人から任務の事務処理を委託された者です。

背任罪における「任務に背く行為（任務違背行為）」とは、被害者との間の信任関係に違反した財産権侵害行為であり、被害者から授与された法的権限を濫用する場合（権限濫用説）にとどまらず、被害者から法的権限を授与されていない場合であっても、また、その法律行為及び事実行為についても成立すると解されています（背信説）。例えば、抵当権設定者による二重抵当の設定行為、株式質権設定者による株券の質権者に対する交付後、裁判所を欺いて除権判決を得て、株券を失効させた行為、帳簿への虚偽の事実を記載した行為などです。

背任罪における「財産上の損害」とは、本人の財産を減少させた場合や増加すべき財産の増加を妨げた場合が該当すると解されていますが、反対給付が存在するなど、減少に見合った財産状態の増加が認められる場合には財産全体としては減少がないことから、財産上の損害はないと解されることになります。

背任罪における「自己若しくは第三者の利益を図り又は本人に損害を加え

る目的」とは、任務違背行為に及ぶに当たって第三者の利益を図ることについての認識・認容があり、かつ、同行為に及んだ主たる動機が本人の利益を図るためではなかったと認められることが必要であると解されています[1]。

イ　特別背任罪

特別背任罪（会社法960条）は、会社法に定められる者（発起人、設立時取締役、設立時監査役、取締役、会計参与、監査役、執行役、支配人、事業に関するある種類又は特定の事項の委任を受けた使用人（会社法14条）、検査役等）が、自己若しくは第三者の利益を図り又は株式会社に損害を加える目的で、その任務に背く行為をし、当該株式会社に財産上の損害を加えた場合に成立します。未遂罪もあります（会社法962条）。

主体が特別に会社法に定められた者である以外の構成要件は、背任罪（刑法247条）と同様です。

その主体者の身分は、行為時に存在している必要があり、結果発生時には必要ないと解されています。また、会社法に定められる者とそうでない者（身分者と非身分者）について特別背任罪の共同正犯も成立します[2]。

いわゆる経営判断原則に違反した場合に、取締役に任務違背行為があったといえるかについては議論のあるところです[3]。

⑶　横領罪と背任罪の罪数

1個の行為について、横領罪と背任罪の両方の構成要件に該当する場合には、横領罪が成立します。

1個の行為について、業務上横領罪と特別背任罪の両方の構成要件に該当する場合には、業務上横領罪が成立します[4]。

1　広島高岡山支判平成29・4・19平成28年（う）71号裁判所HP〔28251349〕
2　石川銀行事件・最一小決平成20・5・19刑集62巻6号1623頁〔28145293〕
3　北海道拓殖銀行ソフィアグループ事件・最三小決平成21・11・9刑集63巻9号1117頁〔28155880〕、落合誠一編『会社法コンメンタール21　雑則⑶・罰則』商事法務（2011年）〔島田聡一郎〕70～71頁
4　大判明治43・12・5刑録16輯2135頁〔27918349〕

2　勾留

(1)　勾留請求

横領事件（横領罪、業務上横領罪及び遺失物等横領罪）の場合には、立件された事件の約13%で逮捕されていますが、逮捕されると約97.8%で勾留請求がなされ、勾留請求後の却下率は2.55%にとどまります。

背任事件（特別背任罪を除きます）の場合には、立件された事件の約16.5%で逮捕されていますが、逮捕されると、全件で勾留請求がなされ、勾留されています（法務省「2018年版検察統計統計表」）。

なお、会社法事件（特別背任罪を含みますが、特別背任罪以外も含みます）については検察統計統計表にデータがありませんでした。

(2)　勾留期間

横領事件（横領罪、業務上横領罪及び遺失物等横領罪）の場合には、約40.6%の事件では勾留延長がされていません。したがって、勾留されても、勾留延長されない事件が半数近くに上ることになります。

背任事件（特別背任罪を除きます）の場合には、全件で勾留延長がなされ、その勾留期間は、全件で15日超20日以内です（法務省「2018年版検察統計統計表」）。したがって、勾留されると、勾留延長満期まで身体拘束されているのが実情です。

なお、会社法事件（特別背任罪を含みますが、特別背任罪以外も含みます）については検察統計統計表にデータがありませんでした。

3　終局処分

横領事件（横領罪、業務上横領罪及び遺失物等横領罪）の場合には、勾留後に、約43.3%の事件で公判請求がなされ、約2.6%の事件で略式命令請求がされています。

背任事件（特別背任罪を除きます）の場合には、勾留後に、約62.5%の事件で公判請求がなされ、略式命令請求はありません。

会社法事件（特別背任罪を含みますが、特別背任罪以外も含みます）の場合には、既済事件30件のうち、５件（約16.7％）で公判請求がなされ、残り25件（約83.3％）で不起訴処分とされています（法務省「2018年版検察統計統計表」）。

4 処分の見通し

(1) 概要

他者の信認を裏切り、一定の立場を悪用した行為であり、かつ、継続的かつ反復的に行われることも多く、被害額も大きいこともありますので、その非難の程度は大きく、情状面で厳しい評価がなされることもあります。

(2) 横領罪

横領罪の法定刑は、１月以上５年以下の懲役刑ですが（刑法252、12条）、横領罪は犯行ごとに成立しますので、併合罪の処理がなされると、１月以上７年６月以下の懲役刑となります（刑法45条前段、47条本文、10条（犯情の重い罪の刑に法定の加重））。また、業務上横領罪の法定刑は、１月以上10年以下の懲役刑ですが（刑法253条、12条）、業務上横領罪は犯行ごとに成立しますので、併合罪の処理がなされますと、１月以上15年以下の懲役刑となります（刑法45条前段、47条本文、10条（犯情の重い罪の刑に法定の加重））。遺失物等横領罪の法定刑は、１月以上１年以下の懲役刑、１万円以上10万円以下の罰金刑又は1,000円以上１万円未満の科料です（刑法254、12、15、17条）。

横領罪や遺失物等横領罪は微罪処分の可能性もあります。また、起訴されると、被害額や犯罪行為の回数などから、業務上横領罪については、１～３年程度の懲役刑の実刑判決となることが見込まれ、被害弁償等がなされれば、執行猶予判決を得られる可能性もありますが[5]、横領罪や遺失物等横領罪では、罰金刑や執行猶予付判決が一般的です[6]。

(3) 背任罪

背任罪の法定刑は、１月以上５年以下の懲役刑又は１万円以上50万円以下の罰金刑です（刑法247、12、15条）。また、会社法の特別背任罪の法定刑は、1月以上10年以下の懲役刑又は1万円以上1,000万円以下の罰金刑で、その併科もあります（会社法960条1項、刑法12、15条）。

起訴され、有罪となると、執行猶予判決となることが多いようです[7]。

5　否認の場合

横領事件については、不法領得の意思を実現するすべての行為であると解されていますので、外形的な事実から構成要件事実の立証は容易にできると解されています。否認する場合には、所有者本人のために物の処分がなされたと弁解することになりますが、その弁解が客観的事実と整合した合理的な理由のあるものかが問題になります。

他方、背任事件については、民事上の債務不履行にとどまる場合もありますし、比較的、構成要件の複雑さから捜査は容易ではなく、主観的要件である図利加害の目的も争われやすいと考えられています。この図利加害目的に

5　商品販売会社の従業員が仕入価格合計1,200万円の商品を売却して着服した事件で懲役1年4月、後見人が被後見人の金銭1,014万円を着服した事件で懲役1年6月、不動産業の経営者が七十数回にわたり合計1,476万8,000円を着服した事件で懲役2年10月の実刑判決とされている例が紹介されています（第一東京弁護士会刑事弁護委員会『量刑調査報告集　量刑不当破棄編Ⅱ』第一東京弁護士会（2018年）80〜81、85頁）。他方で、自治会会長が5回にわたり自治会のために保管していた合計367万7,209円を着服した事件では、示談が成立し、第1審で懲役1年8月の実刑判決とされていますが、控訴審で懲役2年6月、執行猶予4年、フラワーショップの従業員が20回にわたり集金した売上金合計218万4,778円を着服した事件では、示談が成立し、懲役2年6月、執行猶予3年の判決とされている例が紹介されています（第一東京弁護士会刑事弁護委員会『量刑調査報告集　量刑不当破棄編Ⅱ』第一東京弁護士会（2018年）83頁、第一東京弁護士会刑事弁護委員会編『量刑調査報告集Ⅴ』第一東京弁護士会（2018年）82頁）。

6　第一東京弁護士会刑事弁護委員会編『量刑調査報告集Ⅴ』第一東京弁護士会（2018年）83頁、第一東京弁護士会刑事弁護委員会『量刑調査報告集　量刑不当破棄編Ⅱ』第一東京弁護士会（2018年）78〜79頁参照

7　背任罪について、執行猶予付判決の事例として、名古屋地判平成30・9・26平成29年(わ)1913号裁判所HP〔28264500〕、名古屋地判平成30・4・20・平成29年(わ)1913号裁判所HP〔28261970〕のほか、東京読売新聞2019年2月2日朝刊、朝日新聞2017年7月11日夕刊、朝日新聞2017年3月3日朝刊などがあります。また、特別背任罪について、執行猶予付判決の事例として、大阪読売新聞2016年11月3日朝刊、大阪読売新聞2012年12月25日夕刊、朝日新聞2011年3月24日朝刊、大阪読売新聞2011年2月9日夕刊、朝日新聞2010年7月30日朝刊などがあります。なお、特別背任罪について、懲役4年6月の実刑判決とされた事例として、朝日新聞2011年3月24日朝刊があります。

ついては、主たる動機が本人の利益を図るためであったと弁解することになりますが、その弁解が客観的事実と整合した合理的な理由のあるものかが問題になります。

（後藤 晃輔）

1　役職員の不正

はじめに

横領や背任事案については、役員による会社財産の私的用途の支出、従業員による会社のお金の使い込みや、役員による不正融資、自己取引、競業避止義務違反行為などがありますが、いずれも会社の信認を裏切り、一定の立場を悪用した行為であり、かつ、長期間・複数回にわたって行われることも多いため、その非難の程度は大きく、情状面で厳しい評価がなされることにもなります。

例えば、従業員による会社のお金の使い込み（後記事例Ⅱ-１-１）では、フォレンジック調査による行為者のメールやパソコン内のデータ、金融機関や被害会社の取引データ、関係者の証言など客観的な証拠も多くあり、捜査機関による立証もある程度容易であるため、立件されてしまうと争うのが困難となる可能性もあります。他方で、被害会社にとっては、既に会計上損失として処理されてしまっていることやレピュテーションリスクが新たに生じ得るおそれがあること、取引先等の関係者に負担を生じさせ、場合によっては取引先等の関係者のレピュテーションにも関わるおそれもあること等から、被害会社が刑事事件として立件されることを希望しないなどの特殊な事情もあります。

また、役員による不正融資（後記事例Ⅱ-１-２）では、取締役会議事録や取締役会の資料、取引先の決算書類等の客観的な証拠はあるものの、取締役会において適切に審議をして融資の決定をしているのであれば、「任務懈怠」や「第三者図利の目的」の有無など、構成要件事実を争うことも考えられます。

事例 Ⅱ-1-1【会社のお金の使い込み】

Aは、株式会社V（以下、「被害会社」という）の経理担当者として、被害会社の預金の入出金等の業務に従事していた者であるが、平成○年○月○日から平成○年○月○日まで、東京都○区（以下略）株式会社○銀行○支店において、合計７回にわたり、同銀行○支店に開設された被害会社名義の普通預金口座から現金合計1,000万円を払い戻し、これを被害会社のため業務上預かり保管中、いずれもその頃、前記株式会社○銀行○支店付近において、自己の用途に費消する目的で着服して横領した。

1　事例の見通し

業務上横領罪が成立する可能性があります（刑法253条）。

被害会社から、何ら証拠がないにもかかわらず、被害届の提出や刑事告訴がなされることは考えにくいです。実際、捜査機関による捜査により容易に証拠が収集できるものであることから、Ａにおいて積極的にＡの無罪を立証できる証拠がないようであれば、被害会社の事実調査に協力し、被害会社に対してできる限りの被害弁償を申し入れ、今後、被害会社の追加的な負担が生じないよう、被害会社の従業員としての地位がないことを確認し、退職金の請求権を放棄し、守秘義務に応諾するなどして、示談を成立させ、被害届や刑事告訴の取下げを求めていくことになるものと思われます[1]。

業務上横領罪の法定刑は、１月以上10年以下の懲役刑ですが（刑法253、12条）、業務上横領罪は犯行ごとに成立しますので、併合罪の処理がなされますと、１月以上15年以下の懲役刑となります（刑法45条前段、47条本文、10条（犯情の重い罪の刑に法定の加重））。

起訴された場合、被害額や犯罪行為の回数などから、１～３年程度の懲役

1　無罪判決の事例として、大阪高判平成29・５・18平成29年（う）55号裁判所HP〔28251621〕、東京高判平成29・８・４平成28年（う）414号裁判所HP〔28252776〕などがあります。

刑の実刑判決となることが見込まれます。他方で、被害弁償等がなされれば、執行猶予判決を得られる可能性もあります。

2　捜査機関の取調べ

業務上横領罪についての取調べは、一般的に、①Aの被害会社における役職、地位、就任年月日、その具体的職務内容、②犯行の動機、③犯意の発露の時期、犯意発生の動機、犯意の内容、④Aの具体的な領得行為の内容、⑤共犯の有無、⑥Aに弁解があれば、その理由が合理的なものであるか等が確認されます[2]。

3　身体拘束の回避・解放に向けた弁護活動

(1)　在宅で受任する場合

在宅で受任する場合には、①被害会社が被害届の提出や刑事告訴をする前の段階と、②被害会社が既に被害届の提出や刑事告訴をしている段階が考えられます。

ア　被害会社が被害届の提出や刑事告訴をする前の段階

まず、被害会社が被害届の提出や刑事告訴をする前の段階では、被害会社において事実調査に着手しているところである可能性があります。被害会社の事実調査に協力することにより、被害届の提出や刑事告訴を免れることができる可能性もあります。この事実調査は、被害会社の業務命令権に基づき実施されますので、仮にAが被害会社による事実調査の前に被害会社を退職すると、被害会社は、Aに対して事実調査を実施することができません。また、仮にAが事実調査の前に被害会社を退職していないとしても、被害会社はAに対して事実調査に協力しないことを理由に懲戒処分を行うことができるにすぎませんので、退職することをいとわない者に対しては、業務命令権があるとしても、その実効性は極めて低いといわざるを得ません。また、従業員の横領行為の発生は、被害会社の内部統制システムに不備があったこと

2　城祐一郎『取調べハンドブック』立花書房（2019年）146～148頁

が原因である可能性もあります。会社法上、大会社の取締役会において、この内部統制システムの構築及び運用について、取締役会で決議しなければならず（会社法362条５項、同条４項６号、会社法施行規則118条２号）、不備があるということになれば、取締役の善管注意義務違反が問題になり得ます。取締役に善管注意義務違反があれば、その損害賠償義務を負うことにもなります（会社法423条１項）。

そのため、被害会社としては、刑事事件として立件することよりも、事実調査をし、被害会社の社内に共犯者がいれば、懲戒解雇を含めた適切な措置を講じ、被害会社の内部統制システムに不備があれば、再発防止のための措置を講じることを優先させることを考える可能性もあります。また、将来的に、Ａから従業員としての地位を争われず、被害会社においてその者に対する退職金の支払義務がなく、情報が外部に漏洩しないことを確保できれば、速やかに事件を収拾させることを望むことも考えられます。実際、被害会社では、犯罪の重大性や悪質性、会社が受けた被害の大きさ、被害の回復の有無、社内のモラルや規律維持への影響、辞任や懲戒等の処分の有無、犯罪が発覚した経緯や犯罪が公になる可能性、取引先への影響、犯罪嫌疑の程度等、当該犯罪に関する諸事情を総合的に考慮して判断されるといわれています[3]。

そこで、被害届の提出や刑事告訴をしないことを条件にして、事実調査に協力すること、従業員としての地位にないことの確認や退職金請求権の放棄、守秘義務の応諾を申し入れ、一定額の被害弁償に応じることも考えられます。

イ　被害会社が既に被害届の提出や刑事告訴をしている段階

次に、被害会社が既に被害届の提出や刑事告訴をしている段階では、Ａに対して、被害会社による事実調査の対応内容を確認することが必要です。Ａにおいて被害会社の事情聴取に応じて、関係資料を提供している場合には、それを前提として対応方針を検討する必要があるからです。また、捜査機関から取調べのために呼出しがなされている可能性がありますので、Ａに対して、捜査機関の呼出しに応じない場合に逮捕・勾留されるリスクがあること

3　森・濱田松本法律事務所編『企業危機・不祥事対応の法務〈第２版〉』商事法務（2018年）70～73頁参照

を説明し、併せて、捜査機関の取調べの対応方針を協議し、捜査機関の取調べの留意事項を説明します。

他方で、被害会社が被害届や刑事告訴を取り下げることにより、検察官に事件が送致されずに済む可能性もありますし、検察官に事件が送致された後であっても、検察官が不起訴処分とする可能性もあります。そのため、被害会社に対して、事実調査に協力すること、従業員としての地位にないことの確認や退職金請求権の放棄、守秘義務の応諾を申し入れ、一定額の被害弁償に応じるなどの条件を提示し、被害届や刑事告訴の取下げを求めていくことが考えられます。

(2) 逮捕・勾留後に受任する場合

逮捕・勾留されている場合には、被害会社が被害届の提出や刑事告訴をしていることがほとんどですので、Aの了承を得て、在宅で受任した場合と同様、被害会社との間で示談交渉をすることになります。もっとも、在宅事件の場合と異なり、Aが逮捕・勾留されていますので、被害会社に協力することが難しい状況にあります。また、終局処分までにそれほど時間がありません。被害会社が被害届の提出や刑事告訴をしている場合には、既に被害会社の取締役会において検討が尽くされてしまっている可能性もあり、これを覆さなければならず、被害会社の社内手続上もほとんど猶予がない可能性があることには留意が必要です。

4 終局処分に向けた弁護活動

(1) 自白事件

ア 誤った認定の回避

自白事件の場合には、まず、犯行の回数や被害額について、誤った認定がなされないように留意する必要があります。

イ 動機や金銭の使途

次に、情状面で、できる限り不利な認定がなされないよう、動機や金銭の使途に関する供述には細心の注意を払う必要があります。例えば、生活費や養育費に充てた、会社の同僚や部下との懇親会の費用に充てたと説明する場合と、高級腕時計や高級自動車の購入費用に充てた、遊興費や高級クラブの費用に充てたと説明する場合で、後者の説明の方が前者の説明に比べて情状面で有利になることは考えにくいと思われます。また、例えば、被害会社の処遇が悪かったことなど、あたかも被害者側に落ち度があったかのようなことを供述するのは控えた方が無難です。Aの行為の背景には、被害会社に対する不満があるとしても、背信的かつ継続的な横領行為が正当化されるはずがないことは明らかです。検察官に不利になることを供述する必要など全くありません。

ウ　示談交渉

また、被害届や刑事告訴を取り下げるように被害会社と交渉します。仮に示談の成立が難しい場合であっても、被害弁償をすることを検討します。金額が大きい場合には、一括払ではなく、分割払での支払方法を申し入れることも考えられます。場合によっては、執行証書の作成にも協力します（民事執行法22条5号）。他方で、示談後に損害賠償債務の支払を免れるために自己破産をした場合に、免責の許可がなされたとしても、悪意で加えた不法行為に基づく損害賠償請求権については免責されず（破産法253条1項2号）、時効消滅するまでは支払義務が残ることには留意が必要です。この関係で、被害会社は、示談後、Aの弁済が滞った場合に、Aに資力がなく、回収可能性がないようであれば、Aに対して損害賠償請求しないことも考えられます[4]。その一方で、家族等が連帯保証人となり、その家族等に一定の資力がある場合には、その家族等に対して保証債務の履行請求をしないわけにもいきません。そのため、金額やAが実刑となる可能性、再就職の可能性等を慎重に検討し、その家族等にAの生活再建のための支援をしてもらい、そのための資金を枯渇させない必要性が認められるような場合には、Aの利益を最

4　取締役が債権の管理・回収の具体的な方法として訴訟提起を行わないと判断した場合に、その判断について取締役の裁量の逸脱があったというためには、取締役が訴訟を提起しないとの判断を行った時点において収集された又は収集可能であった資料に基づき、①当該債権の存在を証明して勝訴し得る高度の蓋然性があったこと、②債務者の財産状況に照らし勝訴した場合の債権回収が確実であったこと、③訴訟追行により回収が期待できる利益がそのために見込まれる諸費用等を上回ることを認められることが必要というべきであると解されています（三越事件・東京地判平成16・7・28判タ1228号269頁〔28092189〕）。

大化するとの観点からも、その家族等に連帯保証人となることを求めない判断も必要であると思われます。

(2) 否認事件

一般的に、業務上横領罪の立証は容易で、捜査がやりやすい罪であると考えられています[5]。不法領得の意思がなかったとの弁解であったとしても、使途先や費消状況等から業務関連性がないようであれば、単なる弁解にすぎないと解されてしまいます。

Ａが弁解をすると、捜査機関は、その合理性を捜査機関が保有している証拠関係に照らして確認します。そして、捜査機関が保有している証拠関係と整合していなければ、Ａに詳細に弁解させ、調書を作成し、Ａに不利な証拠を作成していきます。公判において、Ａの弁解が捜査機関から開示された証拠関係に照らして整合していないと、弁護人において、新たな弁解に整合する証拠を発見できなければ[6]、弁解を変遷させない限り、その弁解の合理性が認められることは極めて難しくなります。そのため、捜査機関が保有している証拠関係が明らかにならない段階で、積極的に弁解をしていくことはリスクが大きいと考えられます。

取調べの対応方針としては、捜査機関にＡの弁解を内容とする調書を作成されないようにすることになります。そして、必要に応じて、黙秘せざるを得なくなります。

また、客観的な証拠関係との整合性を逐一確認しなければ適切に反証することは難しいため、終局処分に対する弁護人の意見として、積極的に意見を述べることは難しいものと思われます。

5　城祐一郎『取調べハンドブック』立花書房（2019年）146～147頁

6　財政経済事件では、被告人側の独自証拠のある場合には、それらの証拠が、捜査段階、公判段階を問わず弁護人が行う事実認定の主要な証拠となることがあることが指摘されています（植村立郎『実践的刑事事実認定と情況証拠〈第３版〉』立花書房（2016年）12頁）。

事例 Ⅱ-1-2【不正融資】

Ａは、株式会社Ｖ（以下、「被害会社」という）の取締役として同社の業務全般を統括し、同社の利益を図るとともに同社に損害を与えないように忠実にその職務を執行する任務を有していた者であるが、Ｂ社の利益を図る目的で、その任務に背き、Ｂ社に借入金の返済能力がなく、被害会社がＢ社に貸付けを行えば、その貸付金の回収が困難になることを認識しながら、何ら担保を徴することなく、その他貸付金の回収を確実にする措置を講じないまま、被害会社の従業員をして、被害会社名義の当座預金口座からＢ社名義の普通預金口座に、平成○年○月○日に１億円を振込送金させて、同額をＢ社に貸し付け、もって被害会社に同額の財産上の損害を加えた。

1　事例の見通し

会社法の特別背任罪が成立する可能性があります（会社法960条１項３号）。

Ａにおける第三者図利の目的の有無を争うことにより無罪判決を得られる可能性もあります[7]。

会社法の特別背任罪の法定刑は、１月以上10年以下の懲役刑又は１万円以上1,000万円以下の罰金刑で、その併科もあります（会社法960条１項[8]、刑法12、15条）。罰金刑であれば、略式手続とすることもできます（刑訴法461条）。ただし、起訴され、有罪となりますと、２～３年程度の実刑判決となる可能性もあります。

2　捜査機関の取調べ

特別背任罪についての取調べは、一般的に、①被害会社の事業経営内容、

7　無罪判決の事例として、広島高岡山支判平成29・４・19平成28年（う）71号裁判所HP〔28251349〕、東京地判平成26・４・30判タ1417号371頁〔28224440〕、札幌地判平成15・２・27判タ1143号122頁〔28085405〕などがあります。

8　平成17年法律第87号による改正前の商法486条１項

②Ａの被害会社における役職、地位、就任年月日、その具体的職務内容、③犯行の動機、図利・加害の目的を有するに至った動機とその決意内容、④行為の具体的な任務違背性、⑤犯行の具体的手段、方法、⑥被会会社に発生した損害額の確定、⑦共犯の有無等が確認されます[9]。

3　身体拘束の回避・解放に向けた弁護活動

(1)　在宅で受任する場合

ア　罪証隠滅の疑いの回避

在宅で受任する場合には、逮捕されないようにすることが最も重要になります。重要な証拠のうち、取締役会議事録や取締役会資料、Ｂ社の決算資料等については、捜査機関において任意提出を受けていれば、罪証隠滅のおそれなどは考えられませんが、Ａが重要な証人となり得る被害会社の役職員やＢ社の役職員に接触しますと、捜査機関に罪証隠滅を疑う行為があったといわれるおそれがあります。捜査機関は、Ａの携帯電話の発信先や受信元の証拠を収集することができますので、Ａに対して、携帯電話やSNSその他一切の通信手段により被害会社の役職員やＢ社の役職員に接触しないよう助言します。

イ　弁護人による証拠関係資料の収集

他方で、弁護人としては、被害会社の取締役会議事録や取締役会資料、Ｂ社の決算資料等を入手し、特別背任罪の構成要件事実に該当しないことを積極的に主張立証できるように準備します。そのため、Ａの代理人弁護士又は弁護人名義で、書面により、被害会社に対して、取締役会議事録や取締役会資料の写しの交付、Ｂ社に対して、Ｂ社の決算資料等の写しの交付を求めることが考えられます。

任意に提供を受けることができない場合には、弁護士法23条照会の方法により、被害会社やＢ社に対して各書類の写しの提供を求めることが考えられます[10]。また、Ａが被害会社の株主であれば、株主の権利として、他の出席

9　永野義一『企業犯罪と捜査　事例中心に経済事犯を裁く』警察時報社（1992年）25頁

取締役や出席監査役の任務懈怠責任の追及等を目的として、会社法に基づき取締役会議事録及び取締役会資料の写しの交付を求めることが考えられ（会社法371条）、被害会社がこれに応じない場合には、裁判所に対して、取締役会議事録の閲覧謄写請求の訴えを提起することも考えられます。さらに、AがB社の株主又は債権者であれば、B社に対して、計算書類等の閲覧謄写請求をすることが考えられ（会社法442条3項）、B社がこれに応じない場合には、裁判所に対して、計算書類等の閲覧謄写請求の訴えを提起することも考えられます[11]。

その他には、民事事件として、被害会社を相手にして、Aが被害会社の取締役としての任務懈怠による損害賠償義務を負わないことの確認の訴えを提起することも考えられます（会社法423条1項）[12]。これについては、争いが顕在化していなければ、確認の訴えがないことを理由に訴え却下となる可能性もありますが、その裁判手続において、Aに有利な資料などを入手できる可能性もあるように思われます。

⑵　逮捕・勾留後に受任する場合

逮捕・勾留後に受任する場合には、①検察官による終局処分までに構成要件事実が存在しないことを主張立証できるよう、被害会社の取締役会議事録や取締役会資料、B社の決算書類等を手配しつつ、積極的に重要な証人となり得る被害会社の役職員やB社の役職員に接触し、証言を聴取していくか、②逮捕・勾留期間に、被害会社の取締役会議事録や取締役会資料、B社の決算書類等を入手することができない可能性もあるため、起訴後に罪証隠滅の

10　例えば、東京弁護士会調査室編『弁護士会照会制度〈第5版〉』商事法務（2016年）、第一東京弁護士会業務改革委員会第8部会編『弁護士法第23条の2照会の手引〈六訂版〉』第一東京弁護士会（2016年）、大阪弁護士会司法委員会編『弁護士法23条の2に基づく照会の手引2015』大阪弁護士協同組合（2015年）、愛知県弁護士会編『事件類型別　弁護士会照会』日本評論社（2014年）等の弁護士会照会に関する文献においても、実例の紹介はないため、照会に応じてもらえない可能性が相当程度あることには留意が必要です。

11　会社法に基づき作成される書類の請求については、東京地方裁判所商事研究会編『類型別会社訴訟Ⅱ〈第3版〉』判例タイムズ社（2011年）参照。ただし、事案によっては、数か月以上要することも考えられます。

12　株式会社の取締役に対する責任追及訴訟については、東京地方裁判所商事研究会編『類型別会社訴訟Ⅰ〈第3版〉』判例タイムズ社（2011年）141～264頁参照

おそれがあるとして保釈を認めない根拠として検察官に利用されないよう、重要な証人となり得る被害会社の役職員やＢ社の役職員に接触することは控え、検察官による終局処分時には弁護人の意見書を提出することはせずに、起訴された場合には、起訴後速やかに保釈請求できるよう準備するかのいずれかを検討することになります。

いずれにせよ、構成要件事実の存否は、被害会社の取締役会議事録や取締役会資料、Ｂ社の決算書類等の客観的な資料、被害会社の役職員やＢ社の役職員による証言に基づきなされるものですので、Ａが捜査機関に対して供述する必要など全くありません。また、検察独自の捜査事件の場合には、取調べの録音・録画がなされます（刑訴法301条の２第１項３号）[13]ので、Ａが不正確な資料や記憶に基づき供述することにより、公判においてＡにとって不利益な証拠となる可能性があります。さらに、その供述に沿って、被害会社の役職員やＢ社の役職員が不正確な証言をする可能性もあります。そのため、取調べに対しては黙秘することが最も合理的な対応であると考えられます。

4　終局処分に向けた弁護活動

(1)　自白事件

特別背任罪は、民事上の債務不履行にとどまる場合や会社の内紛によるもので事案の内容がとるに足らないものなども多く、起訴されるものは比較的少ないようです[14]。実際、会社法事件（特別背任罪を含みますが、特別背任罪以外も含みます）の場合には、既済事件30件のうち、５件（約16.7％）で公判請求がなされ、残り25件（約83.3％）で不起訴処分とされています（法務省「2018年版検察統計統計表」）。

そのため、自白事件であっても、民事上の債務不履行にとどまる場合や会社の内紛によるもので事案の内容がとるに足らないものであることを説明していくことが考えられます。

13　最高検察庁「特別捜査部・特別刑事部における被疑者取調べの録音・録画の試行について」（http://www.kensatsu.go.jp/content/000127630.pdf）

14　永野義一『企業犯罪と捜査　事例中心に経済事犯を裁く』警察時報社（1992年）23頁

他方で、被害会社の財産上の損害が賠償できる程度のものであれば、早期に被害弁償し、不起訴処分を求めることが考えられます。

(2) 否認事件

一般的に、特別背任罪は、その構成要件の複雑さから捜査は容易ではなく、主観的要件である図利加害の目的も争われやすいと考えられています[15]。

取調べの対応方針としては、取調べの録画・録音がされる可能性が高いため、黙秘せざるを得なくなります。

在宅事件における否認事件の場合には、前記3(1)のとおり、収集できる客観的な資料を入手したうえで、それらの資料に基づいて弁護人の意見書を作成し、捜査機関に提出することで、不起訴処分を求めていくことが考えられます。その際、事案によっては、高度に専門的なものもありますので[16]、会社法や刑法を専門にする学者の先生方の意見書も入手し、それを捜査機関に提出するとともに、それを踏まえた弁護人の意見書を作成することが望まれます。

他方で、逮捕・勾留事件における否認事件の場合には、前記3(2)のとおり、証拠を収集する十分な時間はありませんので、弁護人の意見書を提出することは控え、起訴後の保釈請求の準備を進めていくのが望ましいように思われます。

保釈請求では、証拠を全く検討できない状況で主張することになりますので、無罪主張などせず、逃亡のおそれがないことはもちろんですが、罪証隠滅のおそれがないことを裁判官に理解してもらうことが必要になります[17]。

（後藤 晃輔）

---

15 城祐一郎『取調べハンドブック』立花書房（2019年）149頁

16 捜査機関として、専門的な知識を前提として判断していること等については、芝原邦爾＝古田佑紀＝佐伯仁志編著『経済刑法　実務と理論』商事法務（2017年）〔森本宏〕41～43頁、〔渡邊国佳〕80～83頁参照

17 保釈請求の実践例として、「ゴーンさんの保釈はどのように獲得したのか　人質司法の原因とその打破の方策」季刊刑事弁護100号（2019年）144～166頁参照

COLUMN 2

司法取引（協議・合意制度）

日本版司法取引である「協議・合意制度」（刑訴法350条の２以下）は、平成28年刑訴法改正で導入され、同30年６月１日に施行されました。

結論から述べると、現状、捜査機関が強制捜査に着手した後、司法取引を成立させるのは極めて困難です。

在宅事件であっても、不祥事を起こした大企業やその幹部は別として、企業の一従業員や犯罪組織の一構成員が、検察官と司法取引を成立させることはかなり困難といえるでしょう。以下、制度と現状を概説します。

1　制度概説

⑴　日本の司法取引は、他人の刑事事件が対象です（捜査協力型）。自己の刑事事件を認めて免責を受ける制度（自己負罪型）ではありません。

⑵　対象犯罪は、銃器薬物犯罪、財政経済犯罪（詐欺、贈収賄、脱税、独禁法違反等）等です。ただし死刑、無期懲役・禁錮に当たる罪は除外されます。

⑶　合意当事者は、被疑者（被告人）と検察官です。裁判所は関与しません。他方、合意の成立には、弁護人の同意が必要です。

⑷　司法取引を提案できるのは検察官ですが、事実上、被疑者側が持ち掛けることは可能です。

⑸　合意が成立すると、検察官は、被疑者を不起訴にしたり、公訴を取り消したり、論告で特定の求刑意見を述べる義務が生じます。

⑹　身体の不拘束ないし即時解放は取引の条件にできないとされています[1]。

⑺　合意した被疑者・被告人は、捜査や公判で「真実」を供述する義務があり、違反すると懲役５年以下で処罰されます。

2　適用例と現状[2]

⑴　本書執筆時点で報道された適用例は３件しかありません。

１号案件は、タイの火力発電所建設工事に関係する不正競争防止法違反事件で、企業が合意当事者となり、同社の役員と従業員が標的とされました。

２号案件は、自動車メーカーを巡る金融商品取引法違反事件で、同社の執行役員が合意当事者となり、同社の会長（当時）が標的とされました。

３号案件は、アパレルメーカーの業務上横領事件で、社員が合意当事者、同社の代表者等が標的とされたと報道されています。

１号案件は、協議・合意制度成立前から企業側が違反行為を捜査機関に自主申告していた事例であり、検挙まで長期間の在宅捜査が先行しました。２号案件も著名経営者をターゲットとした大型案件です。

⑵　司法取引の決裁には、高検検事長と最高検察庁が関与します[3]。

検察官は、被疑者の供述の信用性を慎重に判断するので、時間が必要です。また、被疑者には証明力の高い裏付け証拠の提出が事実上求められるでしょう。

３号案件は比較的小規模企業の財産犯を短期間で立件したとされていますが、これを一般化できるかどうかは慎重に考えるべきです。

司法取引のイメージとして共有されている「個人が、企業や犯罪組織の情報を捜査機関に提供して免責を得る」ことは、かなりハードルが高いといえるでしょう。

弁護人としては、協議・合意制度が導入された後であっても、広汎な検察官の起訴裁量の下、捜査協力と引換えに「事実上の司法取引」が行われる可能性に留意すべきでしょう。

（服部　啓一郎）

1　吉田雅之『一問一答　平成28年刑事訴訟法等改正』商事法務（2018年）80頁
2　１号案件と２号案件については、市川雅士＝土岐俊太＝山口祥太『日本版司法取引の実務と展望　米国等の事情に学ぶ捜査協力型司法取引の新潮流』現代人文社（2019年）参照
3　平成30年３月19日付最高検察庁依命通達（最高検刑第14号）

COLUMN 3

告訴

告訴とは、被害者等の法律上告訴権を有する者が司法警察員又は検察官に対し、犯罪事実を申告して犯人の処罰を求める意思表示です[1]。犯罪事実として、犯罪の日時、場所、態様等の詳細を明示することは必要ではなく[2]、一応特定されていれば足り、その犯罪事実と同一性が認められる範囲内であれば認定された事実に差異があっても告訴は有効です。また、被告訴人を指定する必要もないと解されています[3]。もっとも、捜査機関では、告訴権の有無、告訴期間、犯罪要件の充足の有無等の要件を確認するなどしたうえで、受理の可否について判断するため[4]、実際上は、犯罪事実や犯人の特定、資料等の提供を求められます。そのため、告訴は、口頭でもできますが（刑訴法241条１項）、告訴状を作成し、関係資料を準備したうえで、捜査機関に事前相談をするのが無難です。ただし、親告罪[5]の場合には、犯人を知った日から６か月以内に告訴する必要があるため（刑訴法235条）[6]、捜査機関が告訴を受理しない場合には、内容証明郵便の方法で告訴状を提出することも検討せざるを得ないことになります[7]。

告訴状について、法定の記載事項はありませんが、一般的に、①告訴人名、②提出先、③提出日、④処罰を求める意思表示、⑤被告訴人名、⑥告訴事実、⑦罪名・罰条、⑧事実関係、⑨告訴の経緯、⑩証拠関係、⑪添付書類を記載し、資料を添付します[8]。これは、代理人でもすることができ

1　最一小判昭和26・７・12刑集５巻８号1427頁〔24001340〕
2　大判昭和６・10・19刑集10巻462頁〔27911980〕
3　東京高判昭和28・２・21高裁刑集６巻４号367頁〔24002443〕
4　「告訴・告発の受理体制及び指導・管理の強化に係る具体的留意事項について」（平成31年３月27日付け警察庁丁刑企発44号等）
5　例えば、刑法135条、209条２項、229条、232条、244条２項、251条、255条、264条、意匠法69条、著作権法123条等
6　いわゆる性犯罪については、平成29年７月13日施行の「刑法の一部を改正する法律」（平成29年法律72号）により非親告罪となりました。なお、経過措置については、附則２条参照
7　渡辺恵一「企業法務と刑事法⑶犯罪被害を受けたときに被害者は何ができるか－被害届と告訴（第２回）－」旬刊商事法務1185号（1989年）39頁参照

ます（刑訴法240条）。このうち、①告訴人は、被害者やその法定代理人等、刑訴法に定める告訴権者（刑訴法230～234条）を記載します。株式会社の場合には代表取締役名義とします[9]。②提出先は、警察署長宛て又は検察官宛てとしますが（刑訴法241条1項）、通常であれば、裁判所の土地管轄区域である犯罪地又は被告訴人の住所、居所若しくは現在地（刑訴法2条）の警察署長宛てとします[10]。④処罰を求める意思表示は、「訴追されたい」などと記載します。⑤被告訴人[11]は、両罰規定がない場合には、法人が犯罪主体になることはありませんので、自然人の氏名や住所を記載します。⑥告訴事実は、犯罪事実を特定するためのものです。構成要件事実に従って記載します。同種事件の判決における「犯罪事実」又は「罪となるべき事実」の記載などが参考になります。⑧事実関係には、加害者や被害者の身上、加害者と被害者の関係、犯罪事実に関する具体的な事実、調査結果の内容、被害や被害弁償の状況等を記載します。⑨告訴の経緯には、事件発覚の経緯等を記載します。⑩証拠関係には、前記⑥告訴事実や前記⑧事実関係に記載した事実を証明するための証拠の標目を記載します。関係者の証言の場合には、関係者の氏名や連絡先を記載します。⑪添付書類には、委任状や登記事項証明書、証拠資料等、告訴状に添付する資料の標目を記載します。

告訴によって、告訴人は、検察官から終局処分の結果や不起訴理由の通知を受け（刑訴法260、261条）、その処分に不服があれば検察審査会にその処分の当否の申立てをすることができます（検察審査会法30条）。

また、加害者との示談が成立した場合でも、告訴権を放棄することはできませんが、公訴の提起があるまでは、告訴を取り消すことはできます

8　馬場義宣「経営刑事法シリーズ　告訴状を作成・提出する場合の留意事項」旬刊商事法務1110号（1987年）68頁、経営刑事法研究会編『書式　告訴・告発の実務　企業活動をめぐる犯罪対応の理論と書式〈第5版〉』民事法研究会（2017年）参照

9　大判昭和11・7・2刑集15巻857頁〔27824974〕

10　坪内利彦「経営刑事法シリーズ　捜査機関に犯罪の被害申告をする場合の留意事項」旬刊商事法務1074号（1986年）35頁参照

11　告訴は被害者が犯罪を申告するもので、犯人に対して成立するものではないため、告訴状に加害者と表示された者が誰であっても現実の加害者に対して効力が生じると解されています（大判大正6・4・28刑録23輯433頁〔27911467〕）。

（刑訴法237条）。この取消しは、口頭でもできますが、一度告訴を取り消すとさらに告訴することはできなくなりますので（刑訴法237条２項）、慎重を期するため、通常は、告訴取消書を作成し、告訴状の提出先又は事件担当の検察官に提出します（刑訴法243条）。代理人も告訴を取り消すことができます（刑訴法240条）。なお、悪意をもって虚偽の事実の告訴をしたような場合には、３月以上10年以下の懲役刑が科されるおそれがありますので（虚偽告訴罪・刑法172条）、民事の紛争を有利に進めるための戦略として告訴を検討する場合には注意が必要です。

ところで、企業が被害にあった場合に告訴するか否かについては、犯罪の重大性や悪質性、会社が受けた被害の大きさ、被害の回復の有無、社内のモラルや規律維持への影響、辞任や懲戒等の処分の有無、犯罪が発覚した経緯や犯罪が公になる可能性、取引先への影響、犯罪嫌疑の程度等、当該犯罪に関する諸事情を総合的に考慮して判断されます[12]。なお、企業における告訴の状況について、「被害に遭遇した場合の刑事告訴・告発の検討」の有無に関する問いに対して、「検討しない」との回答が61.5%、「検討する」との回答が11.5%、「社内の告訴・告発基準の有無」について、「不明・無回答」が53.8%、「ない」が38.5%、「ある」が回答のうち7.7%であったとするアンケート結果もあります[13]。

（後藤 晃輔）

12 森・濱田松本法律事務所編『企業危機・不祥事対応の法務〈第２版〉』商事法務（2018年）70～73頁参照

13 甲斐克則「日本におけるコンプライアンスの現状と課題―2010年アンケート調査分析結果」旬刊商事法務1975号（2012年）33頁参照。2010年11月から12月にかけて郵送方式により実施。質問票送付先2,496社のうち回答448社（回収率17.95%）。

III
詐欺事案

Ⅲ　詐欺事案［概論］

1　手口及び罪名

⑴　詐欺の手口

詐欺罪の手口は多々ありますが、代表的なものとしては①特殊詐欺、②投資・融資詐欺、③保険金詐欺、④補助金・助成金・手当の不正受給、⑤無銭詐欺、⑥その他（ぼったくり、霊感商法、結婚詐欺など多様）があります。

特殊詐欺は、件数も多く、捜査機関や裁判所での扱いも格別重いものがあり、どうしても身体拘束・公判請求が多くなります。

その他の詐欺については、当然事案によりますが、嫌疑不十分や示談による起訴猶予も相応にあると思われます。詐欺罪全体の統計としては、43.4％が不起訴です[1]。

⑵　罪名

ア　１項詐欺罪、２項詐欺罪（刑法246条）

手口を問わずもっとも適用される条文として、刑法246条１項の詐欺罪（１項詐欺罪）があります。法定刑は10年以下の懲役刑です。

続いて、同条２項の詐欺利得罪（２項詐欺罪）が規定されています。

イ　電子計算機使用詐欺罪（刑法246条の２）

法定刑は10年以下の懲役です。

刑法246条の２前段では、不実の電磁的記録の作出類型が規定されています。例えば、不正に取得したクレジットカードの番号を入力して電子マネーを受領する行為には電子計算機使用詐欺罪が成立し得ます[2]。

サイトに入力された情報を人が判断するなら246条ですが、機械的に決済されるものは人の判断が介在しないので、246条の２が適用されるでしょう。

ウ　窃盗罪（刑法235条）

特殊詐欺等の関連行為には窃盗罪が成立するものもあります。

1　法務省「2018年版検察統計統計表」（表番号18-00-08）
2　最一小決平成18・２・14刑集60巻２号165頁〔28115120〕

代表的なものとして、騙取金を引き出す認識がなくても、他人名義のキャッシュカードを用いてATMから預金を引き出す行為はATMを管理する金融機関に対する窃盗罪を構成します。

エ　犯罪収益移転防止法違反（同法28条等）

キャッシュカードや通帳等を他人に交付・売却する行為は、犯罪収益移転防止法（以下、「犯収法」という）28条違反が成立します。無償譲渡では、相手方になりすましの目的があることを知っていることが要件であり、有償譲渡では通常の商取引・金融取引その他の正当な理由のないことが要件です。

法定刑は1年以下の懲役又は罰金100万円以下で、その併科もあります。

終局処分としては、犯収法違反全体では不起訴が58.9%、略式命令が35.4%、公判請求が5.5%です[3]。

なお、はじめから他人にキャッシュカード等を交付する目的で口座を開設した場合は、金融機関との関係で詐欺罪に問われます[4]。

オ　組織的な犯罪の処罰及び犯罪収益の規制等に関する法律違反（同法3条1項13号）

詐欺行為が、団体の活動（団体の意思決定に基づく行為であって、その効果又はこれによる利益が当該団体に帰属するもの）として、詐欺罪を実行するための組織により行われたときが要件です。

法定刑は1年以上の有期懲役刑です。

送致件数は年間数10件程度で詐欺事件の中では少ないですが、刑が重いので起訴猶予はほとんどありません。

2　特殊詐欺

(1)　特殊詐欺とは

特殊詐欺とは、被害者に電話をかけるなど対面することなく信頼させ、指定した場所で現金を交付させるなど、不特定多数の者から現金やキャッシュカード等を騙し取る犯罪をいいます。

3　前掲注1

4　最三小決平成19・7・17刑集61巻5号521頁〔28135356〕

手口としては、いわゆるオレオレ詐欺のほか、キャッシュカードを別のカードにすり替えるもの（窃盗罪に当たる）、架空請求詐欺、還付金詐欺等があります。

また、被害金の交付形態としては、キャッシュカード手交型、キャッシュカードをすり替えるキャッシュカード窃取型、現金手交型、電子マネーを購入させてIDを聞き出す電子マネー型、収納代行の代金として支払わせる収納代行利用型等があります。

既遂１件当たりの平均被害額は191.4万円と高額であることも特徴です[5]。

⑵　示談

特殊詐欺は被害額が高額で、複数回にわたって行われていることが多いものの、受け子や出し子などの末端の報酬額は１回数万円ということが多いうえ、費消してしまっているケースが多く、示談金の捻出に苦慮することが多いです。

示談金を捻出する１つの方法としては、被疑者が得た報酬額を集めたうえで、高額の被害者に集中して支払う方法が考えられます。得た報酬を吐き出し、かつ、高額被害者と示談が成立することで、情状に有利に働くと考えられるためです。高額被害者が複数いる場合は、按分して支払う方法が考えられます[6]。どのように支払うかは、被害者にも被疑者にも説明がつくようにすることで、納得が得られやすくなります。

⑶　身体拘束

ア　起訴前

特殊詐欺は組織的犯罪であり、共犯者が多数いるため、ほぼ接見禁止がつきます。なお、当事者の地位・役割にもよりますが、自白事件であっても起訴後の接見禁止もあります。

5　警察庁「令和元年上半期における特殊詐欺認知・検挙状況等について」（https://www.npa.go.jp/bureau/criminal/souni/tokusyusagi/hurikomesagi_toukei2019.pdf）

6　坂本正幸ほか編著『情状弁護ハンドブック』現代人文社（2008年）123頁以下

共犯者が多数おり、身体拘束されていない者がいることがほとんどであることから、勾留回避や勾留延長阻止はかなり困難であるのが実情です。

イ　保釈

起訴後は保釈の可能性は十分あります。

ただし、第１回公判期日前に保釈が得られるのは、未遂止まり（既遂なら被害金還付済み）、自白、出し子・受け子といった従属的役割、余罪がない（又は少ない）ケースと思われます。このようなケースであっても、検察官が強硬に反対し、裁判官が保釈に及び腰になることは珍しくありません。

⑷　量刑

ア　大人の場合

示談ができていても起訴猶予は難しいと思われます。

特殊詐欺は被害額が大きく、心配する気持ちにつけこむという態様も悪質であることから、大人の場合は、原則実刑とされますが、受け子の事案では、被害弁償をしているものなどで執行猶予を付している事例もあります[7]。また、詐欺未遂であれば、執行猶予がつきやすいところです[8]。

イ　少年の場合

少年事件では、処分は、非行事実と要保護性によって決められるところ、被害額や態様、立場、どの程度全体像を知っていたか、被害回復といった非行事実に関する事情だけでなく、生育歴、非行歴、誰からどのように誘われたのか、いつ詐欺と気付き、気付いたときにどうしたのかといった経緯、関与の期間、件数、反省の程度、環境（家庭、仕事、学校等）の整備といった要保護性に関する事情を踏まえて、判断されます[9]。

（淺井 健人、服部 啓一郎）

7　松原里美ほか「特集　現代型非行の処遇　特殊詐欺を素材として＜座談会＞」家庭の法と裁判14号（2018年）15頁

8　第一東京弁護士会刑事弁護委員会編『量刑調査報告集Ⅴ』第一東京弁護士会（2018年）

9　前掲注６・18頁以下

1 特殊詐欺　出し子・受け子

事例 Ⅲ-1-1【少年の場合】

被疑者（18歳）は職場をやめ、無職であったが、先輩から割のいいバイトがあると誘われた。「犯罪とかじゃないですよね」と先輩に確認したところ、そんなわけはないと言われたので、話に乗ってしまった。当日、先輩の車で現地へ連れていかれ、先輩から、法律事務所の事務員Aと名乗って、高齢者から荷物を受け取ってくるように指示された。荷物を受け取った後、先輩は、すぐにX駅に向かい、荷物をX駅のロッカーにしまった。被疑者は、それだけで、2万円もらえたので、おいしいバイトだと思い、同じようなことを何度も繰り返した。いつものように、高齢者から、荷物を受け取ろうとしたところ、警察官が待ち構えており、逮捕されてしまった。

1　事例の見通し

少年の特殊詐欺は、原則、少年院送致という時期もありましたが[1]、平成27年に東京高裁が複数、少年院送致とした原決定を取り消した[2]こともあり、現在では、被害額や態様、立場、どの程度全体像を知っていたか、被害回復といった非行事実に関する事情だけでなく、生育歴、非行歴、誰からどのように誘われたのか、いつ詐欺と気付き、気付いたときにどうしたのかといった経緯、関与の期間、件数、反省の程度、環境（家庭、仕事、学校等）の整

1　松原里美ほか「特集　現代型非行の処遇　特殊詐欺を素材として<座談会>」家庭の法と裁判14号（2018年）15頁

2　東京高決平成27・6・24家庭の法と裁判8号97頁〔28250197〕、東京高決平成27・9・9家庭の法と裁判8号100頁〔28250198〕、東京高決平成28・6・15家庭の法と裁判10号112頁〔28252072〕

備といった要保護性に関する事情を具体的に検討したうえで判断されています。１件目で逮捕されたケースでは保護観察となることもあります。また、試験観察の割合はかなり多くなっています[3]。

本事例では、被疑者は全体像を知らずに、末端として、言われたことをやっており、件数は多いものの、反省や環境整備（職場や家族など）が進めば、試験観察の可能性も十分にありますので、そこを目指すこととなります。

2　身体拘束の解放に向けた弁護活動

特殊詐欺は共犯事件であるため、接見禁止がつくことがほとんどです。もっとも、少年の場合、少年の更生に資する、事件と無関係な親族の接見禁止の一部解除は認められやすく、積極的に接見禁止の一部解除の申立てをすべきです。

身体拘束の解放のハードルは、組織犯罪であるため相当に高いですが、被疑者の意向も踏まえたうえで対応を検討すべきです。また、再逮捕が続くような場合は、再逮捕前の捜査状況、再逮捕前に捜査が可能であったか、身体拘束の長期化による被疑者の不利益といった事情を踏まえて積極的に対応を検討すべきです。

3　家裁送致に向けた弁護活動

(1)　犯人性の否認

本事例では、逮捕の原因となった直近の事件以外は、被疑者自身、特定ができていません。特殊詐欺は多発しており、近くの現場で別の者による犯行が行われていることもあります。そのため、安易に認めてしまうと、被疑者がやっていない事件の罪責を負うことになりかねません。指紋・掌紋や監視カメラ映像など決定的な証拠の有無を確認したうえで、自白するかの判断をすべきです。

3　松原里美ほか「特集　現代型非行の処遇　特殊詐欺を素材として＜座談会＞」家庭の法と裁判14号（2018年）18～19頁

⑵　内省の深め方

まずは、被疑者自身に、自分がやったことに向き合い、何が悪かったのかを考えてもらい、必要に応じて、被害者の手記[4]などを差し入れることを検討します。少年の場合は、変化を示すためにも、考えたことを書き出しておいてもらうことも重要です。

⑶　示談

被疑者には自発的に謝罪の意思を持ってもらい、謝罪文を書いてもらいます。そのうえで、気になる点を書き直してもらうことを繰り返します。被害者に出せる段階になったら、示談を進めます。ただし、本事例のように、家裁送致される事件の被害額が不明な場合、拙速に示談を進めると、後で、より示談すべき被害者の示談金が不足してしまうおそれがあります。受領金相当額の報酬金は吐き出すべきと考えられていることから、少年院のおそれが高いケースでは、審判までに受領金相当額を吐き出しておいた方がよいと考えられます。

事例 Ⅲ-1-2【故意否認の場合】

被疑者（24歳）は、同僚Xから、宅配便で届く荷物を受け取って、指示された場所まで運べば1回1万円払うと言われ、応じた。当日、Xの指示で、被疑者は、マンションの空室に行き、住人を装って荷物を受領し、指示された場所まで運んだ。被疑者は、何らかの犯罪行為に関する荷物ではないかとは思っていたが、普段テレビを見ないので、オレオレ詐欺の被害品だとは思わなかった。被疑者はそのような行為を繰り返していたが、ある日、荷物を受け取ろうとしたところで、警察に逮捕された。

逮捕された事件では、被害者がオレオレ詐欺だと気付き、警察に通報

4　広島県警察「なりすまし詐欺被害者の手記」
https://www.pref.hiroshima.lg.jp/site/police/narisumasi-syuki.html
千葉県警察「振り込め詐欺被害者の声」
https://www.police.pref.chiba.jp/content/common/000012081.pdf

したところ、だまされたふりをしてほしいと頼まれ、現金の入っていない箱を送った。被疑者は、警察がだまされたふりを被害者に依頼した後、Xから荷物の受取を頼まれ、荷物を受け取ろうとしたところ、警察に逮捕された。

1　故意否認について

特殊詐欺では、末端の受け子、出し子は事件の全貌を知らず、何らかの犯罪に関する行為だと思っていたが、詐欺だとは思っていなかったということがしばしばあります。しかし、判例は以下のとおり、受け子について、①詐欺を含む何らかの犯罪の可能性を認識していたと容易に認定し、②詐欺の可能性があるとの認識が排除されていたかについては、客観的事情を踏まえて厳格に認定しています。また、初めて受け子をした事案においても、判例は、行為の不自然性から、故意を認定しています。したがって、故意否認が認められる可能性は相当に乏しいといえます。初回かつ日常生活においてあり得るような受取依頼で報酬も低額である場合や、知的障害で行為について理解できていないような場合は、故意否認の余地はあり得るとは考えられますが、判例が後記のようにかなり容易に詐欺の故意を認定している現状においては、ハードルは高いと考えられます。故意否認をする場合は、かかる状況を踏まえて被疑者と方針を決めるべきです。

⑴　最三小判平成30・12・11刑集72巻６号672頁〔28265238〕

ア　事案

同僚の指示を受けてマンションの空室に赴き、配達された荷物を名宛人になりすまして受け取り、回収役に受け渡すという行為を、異なる場所で異なる名宛人として、約20回繰り返し、１回約１万円の報酬を受け取った。犯罪行為に加担していると認識していたことを自白していた。

イ　判旨

「荷物が詐欺を含む犯罪に基づき送付されたことを十分に想起させるもの

であり、本件の手口が報道等により広く社会に周知されている状況の有無に関わらず、それ自体から、被告人は自己の行為が詐欺に当たる可能性を認識していたことを強く推認させる」としたうえで、「荷物の中身が拳銃や薬物だと思っていた」との弁解につき、「荷物の中身が拳銃や薬物であることを確認したわけでもなく、詐欺の可能性があるとの認識が排除されたことをうかがわせる事情は見当たらない」として詐欺の故意を認めています。

⑵ 最二小判平成30・12・14刑集72巻6号737頁〔28265327〕

ア　事案

知人の暴力団組員Ａから依頼を受けて（私書箱業務契約書、複数人の運転免許証の写し及びプリペイド式携帯電話を渡されたうえ、①仕事に関する連絡は当該携帯電話を使う、②荷物が届く前に指示役の男が受取人の氏名を連絡するので、私書箱業務契約書の契約当事者欄に筆跡を変えて受取人と被告人の氏名等を記入する、③荷物は絶対に開けない、④荷物受領後に本件携帯電話で指示役に報告し、バイク便に荷物を渡したらＡにも連絡するなどの指示を受けていた）、自宅に配達される荷物を名宛人になりすまして受け取り、直ちに回収役に渡す仕事を複数回繰り返し、荷物１個につき5,000円から１万円ほどの報酬を受領した。

イ　判旨

「以上の事実だけでも、Ａが依頼した仕事が、詐欺等の犯罪に基づいて送付された荷物を受け取るものであることを十分に想起させるものであり、被告人は自己の行為が詐欺に当たる可能性を認識していたことを強く推認させる。」としたうえで、捜査段階から、荷物の中身について現金ではなく、他人や架空名義で契約された携帯電話機等の可能性を考えたなどとする弁解を、「荷物の中身が詐欺の被害品である可能性を認識していたという趣旨の供述もしており、第１審及び原審で詐欺の公訴事実を認めている。被告人の供述全体をみても、自白供述の信用性を疑わせる事情はない。それ以外に詐欺の可能性があるとの認識が排除されたことをうかがわせる事情も見当たらない。」として詐欺の故意を認めました。

⑶　最二小判令和元・9・27裁判所時報1732号4頁〔28273798〕

ア　事案

依頼を受け、宅配業者が郵便受けの投入口から不在票を取り出して記載した暗証番号を確認し、玄関のオートロックを開けて、マンションに設置された宅配ボックスから、荷物を受け取る依頼を受け、他人の郵便受けの投入口から不在連絡票を取り出し、回収役に渡すことを2回繰り返した（1回目が既遂、2回目は被害者が途中で気付き、偽装紙幣が入っていたため、未遂)。被告人は、それまで、同じようなことはしたことがなかった。

イ　判旨

「被告人は、依頼者が本件マンションの居住者ではないにもかかわらず、居住者を名宛人として送付された荷物を受け取ろうとしていることを認識していたものと合理的に推認することができる。」としたうえで、「被告人は、送り主は本件マンションに居住する名宛人が荷物を受け取るなどと誤信して荷物を送付したものであって、自己が受け取る荷物が詐欺に基づいて送付されたものである可能性を認識していたことも推認できる」とし、「Bから荷物の受取を依頼されたのであり、Bは本件マンションに居住していると思っていた。」旨の弁解を、「上記のような被告人の本件各荷物の取出し方法や各事件当時の通話状況に照らせば、この供述を信用することはできず、それ以外に上記の詐欺の可能性の認識を排除するような事情も見当たらない。」として排斥し、詐欺の故意を認めました。

また、原審が、1回目の事件の際に存在した事情に限定して、以前から同じような取出しを繰り返していたとか、別のマンションでも同じような取出しをしていたなどの事実が加わらなければ、詐欺の被害者が送った荷物を取り出しているのかもしれないという、詐欺の故意に結び付く発想には至らないとしたことにつき、「事後的な事情を含めて詐欺の故意を推認することができる場合もあり得る上、以上のような本件の事実関係に照らせば、原判決が指摘する事実は、被告人の詐欺の故意を推認するのに不可欠なものとはいえない。」としました。

2　だまされたふり作戦について

特殊詐欺を見破った被害者が110番通報した後、被害者の協力の下、被害者がだまされたふりを続けて、現金を受け取りにきたところを検挙するといった、だまされたふり作戦は、特殊詐欺の検挙人員全体の４割前後を占めています[5]。

事前共謀がなく、だまされたふり作戦開始後に共謀関係に入った受け子の場合、承継的共同正犯が成立しないようにも思えます。

しかし、判例[6]は、だまされたふり作戦が開始されたことを認識せずに、作戦開始後に荷物の受領を依頼された受け子について、「被告人は、本件詐欺につき、共犯者による本件欺罔行為がされた後、だまされたふり作戦が開始されたことを認識せずに、共犯者らと共謀の上、本件詐欺を完遂する上で本件欺罔行為と一体のものとして予定されていた本件受領行為に関与している。そうすると、だまされたふり作戦の開始いかんにかかわらず、被告人は、その加功前の本件欺罔行為の点も含めた本件詐欺につき、詐欺未遂罪の共同正犯としての責任を負う」としています。

そのため、だまされたふり作戦開始後に受け子を依頼されたという弁解は相当にハードルが高いものといえます。

3　本事例について

Ｘの指示で、マンションの空室に行き、住人を装って、宅配便で届く荷物を受け取って、指示された場所まで運んで１回１万円払うことを繰り返しており、何らかの犯罪行為であると認識していた以上、詐欺を含む何らかの犯罪の可能性を認識していたとして詐欺の故意があると認定される見込みが高いといえます。

また、被害者が警察にだまされたふりをするよう頼まれた後に、受け子の

5　中川正浩「特殊詐欺対策としてのいわゆる『だまされた振り作戦』に関する法的問題と捜査手法の正当性について　受け子の犯罪を素材に」警察学論集71巻12号（2018年）63頁以下

6　最三小決平成29・12・11刑集71巻10号535頁〔28254796〕

依頼を受けた点についても、詐欺未遂の共同正犯とされる見込みが高いといえます。

したがって、そうした見込みを被疑者に伝えたうえで、被疑者の意向を踏まえて否認をするか検討すべきといえます。

（淺井　健人）

2　特殊詐欺　架け子・リクルーター等

はじめに

出し子・受け子以外の役割として、詐欺の電話を架ける「架け子（掛け子）」、受け子の「見張り」、受け子から現金を受け取る「運搬役」、受け子らを勧誘する「リクルーター」がいます。また、受け子や架け子に指示を与える「指示役」、当該グループのリーダーたる「統括者」がいます。

以下、架け子やリクルーターらの弁護事例を説明します。

事例 Ⅲ-2-1

被疑者は、たまに建設作業員をしていたが、地元の先輩に「電話営業（アポ電）の仕事がある」と誘われ、雑居ビルの一室に赴いた。

部屋では、デスクが数台置かれ、20～30歳代の白いワイシャツを着た男数名が、リストを片手に固定電話や携帯電話から次々と架電していた。その中には、被疑者の元同級生Ａもいた。

被疑者は、10日間のうち計６日、当該雑居ビルを出入りした。

最終日、現場の責任者から、交通費込みで４万5,000円受領した。

５か月後、被疑者は、詐欺罪で通常逮捕された。Ａらや氏名不詳者と共謀して、実在しない太陽光発電の会社を名乗り、社債券購入費名目で、被害者（71歳）から400万円を詐取したというものであった。

被疑者は、「最初の４日は部屋の隅で太陽光発電や投資の資料を読んだり、渡されたマニュアルを読んでいた。アポ電を架けたのは２日間だけ。電話するときは、本名とは違う名前でかけろと言われた。被害者に自分が電話したことはないし、誰が電話をしたのかもわからない」と弁護人に述べている。

1　「架け子」事例の展開と見通し

(1)　犯罪の成否

被疑者は、本件被害者に電話していないと述べています。

ただし、「共謀」は裁判例上緩やかにとらえられています。

詐欺架電が行われている現場に出入りしていて、故意で詐欺架電や架電の手伝いをしていた者については、他の架け子が欺罔した被害者との関係においても、詐欺罪の共謀共同正犯（少なくとも幇助）が成立すると考えられます。

本事例では、被疑者に、詐欺の故意があったかどうかが犯罪の成否を分けることになります。

(2)　架け子内の役割等

架け子といっても地位や役割は様々です。

現場責任者、ヒラの架け子で高額の歩合給を得ている者、報酬をほとんど得られない者、（本件被疑者のように）現場に入ったばかりの者もいます。

やめたかったのに、関係者が実家に来て現場に引き戻されたというケースもあります（経緯によっては共犯関係からの離脱等の主張を検討します）。

(3)　架け子事例の一般的な展開

身柄関係では、20日間勾留のうえ、再逮捕が繰り返されることが高いです。

架け子は「逮捕されたら弁護士を付ける。それまで黙秘しろ」などと指示されていることが多いので、黙秘していることは多いです。

当番弁護士あるいは国選弁護人が付くのと前後して、被疑者の知人から紹介されたという弁護士が被疑者と接見し、私選弁護人に選任されることがあります。一方、かかる私選弁護人が付いている状態で、被疑者の家族が別途私選弁護人を探すこともあります。

選任関係の注意点は、私選が付けば国選は解任となること（刑訴法38条の3第1項1号）、捜査段階での弁護人の上限は原則3名であることです（刑訴規27条1項）。

⑷ 処分の見通し

起訴猶予はほぼなく、不起訴になるとすれば嫌疑不十分です。

架け子は、被害者をだます役割の中核を担っており、また、態様からして余罪が多いと考えられていることもあって、出し子や受け子より量刑が重いです。

詐欺未遂でも懲役１年～１年６月程度の実刑が見込まれます。既遂であれば、被害金額及び詐欺へ関与した期間等に応じ２年以上の実刑が見込まれます。

地位の低い架け子が高額の被害弁償をした場合や、被害金額自体が少ない場合（事例Ⅲ-２-３など）は、執行猶予の付く可能性があります。

2 身体拘束の解放に向けた活動

ほぼ勾留であり、さらに10日間の勾留延長となります。

本事例のように短期間関与した者を除き、余罪の再逮捕が繰り返されます。

ただし、同一現場の犯行であれば、個々の被害者は違っても、他の要素は当初の事件と共通するはずです。勾留や勾留延長を繰り返す正当性はないので、準抗告で対抗してください。

接見等禁止は付きますが、家族との接見等について、準抗告又は一部解除申立てが通る可能性が十分あります。

起訴後は保釈ができる可能性は十分あります。

ただし、自白していても第１回公判前の保釈はかなり厳しいので、実現するなら保証金や罪証隠滅対策の面で相当に準備する必要があります。

3 供述方針、終局処分に向けた活動

⑴ 否認事件

供述のメリットがなく、黙秘の選択になります。録音・録画される可能性が高いので、「供述はするが署名はしない」のも有効ではありません。

被疑者が現場に出入りしたのは計６日、実際に架電したのは２日間ですが、そういう事実を出すことにもリスクはあります。なぜなら、本人の認識はど

うあれ、１回でも偽名で架電すれば故意が推認する事情となるからです。また、詐欺組織は未経験の架け子でも早くアポ電をさせることは多いはずであると判決で指摘されたケースもあります。

一方、被疑者が現場に出入りした日数は、警察の事前の内定捜査等で把握されていることもありますが、弁護側でも証拠があれば保全します。

もし検察官に意見書を書く場合は、こちらの主張する事実は簡潔・抽象的な記載にとどめてください。被疑者が現場に通った日数・時間、現場での役割等について本当に立証が足りるのかどうか、検察官に意識させてください。

⑵ 自白事件

供述は十分考えられますが、メリットとデメリットを検討してください。

供述しても起訴猶予は考えにくいです。また、最終的な量刑についても、相当長期間の懲役刑が見込まれる幹部格が自白するとか、最初に自白して共犯者の自白を誘発したという事情でもない限り、大幅に引き下げてもらえるものではないでしょう。

検討すべきデメリット面としては、余罪の立件を招く面があることと、共犯者の役割も供述することとなるため、共犯者間で「引き込み」合いになるリスクがあるということです[1]。

司法取引は「COLUMN ２」を参照してください。適用例は現状極めて限定的です。

示談、被害弁償の検討は当然ですが、よほど資力がない限り、弁償の実行は、余罪の再逮捕・追起訴が終わってからにせざるを得ないと思います。

事例 Ⅲ-2-2

被疑者は、風俗店のスカウトなどをしていたが、地元の先輩に受け子役として勧誘された。自身が受け子をするのは断り、地元の後輩を何人か紹介した。

---

1 『情状弁護アドバンス（季刊刑事弁護増刊）』現代人文社（2019年）64頁

ある日、被疑者が紹介した受け子役Aは、150万円を被害者から受領し、最寄りの駅で被疑者に渡した。被疑者はその場でBに報酬9万円を渡した。被疑者はホテルに移動し、残額を詐欺組織上位者Cに交付した。

数日後、Bは、被疑者の直接関与しない詐欺未遂事件で現行犯逮捕された。

それから約4か月後、被疑者は、本件で通常逮捕された。

1 事例の見通し

本事例は、被疑者が、リクルーター及び現金の運搬役を務めた事例です。

運搬役は、詐欺組織では下位に位置付けられますが、受け子より逮捕のリスクが低い分、受け子よりは上位者と評価されます。

リクルーターも運搬役とほぼ同様ですが、具体的位置付けは、実際の事例ごとに幅があります。

詐欺既遂事件の場合、捜査段階から自白していても執行猶予は厳しいです。高額の示談をして宥恕を得たケースでも実刑は十分あります。

2 弁護活動のポイント

身体の解放や終局処分に向けた対応は、事例Ⅲ-2-1と基本的に同じです。

被疑者は、自身の責任は認めている場合でも、余罪検挙への発展や報復のリスクをおそれ、上位者Cとの具体的やりとりや氏名を供述できないことは多いと思われます（受け子Bの関与等についてはそのようなリスクは低いので供述していることが大半でしょう）。中途半端な対応となるくらいであれば、本事例を含め捜査段階では全部黙秘も考えられます。

なお、供述を理由に被疑者・被告人が組織側から報復を受けた事例を筆者自身は知りませんが、被疑者・被告人の家族と連絡をとり、不安の除去及び環境調整に努めることが必要です。

事例 Ⅲ-2-3

被疑者は、特殊詐欺グループで架け子をした後、同僚だったPに誘われ、特殊詐欺のグループを新たに立ち上げることにした。

被疑者は、借金をしてアジトとなる物件を賃借し、備品を購入した。

Pは知人に声を掛けて、架け子役数名の勧誘に成功した。

その後、被疑者らは、架電場所や構成員を拡大しながら、数か月間、高齢者に原価数百円の商品を数万円で売りつける特殊詐欺を実行した。

被疑者は架電を担当はしなかったが、入金を管理し、そこから家賃、商品仕入代金等、構成員の報酬を支払い、残額を借金返済と自身の報酬に充てた。Pは、架け子のマニュアルを作成し、架け子の現場を指揮した。

後日、被疑者らは1名の被害者に対する詐欺罪で通常逮捕された。

1　事例の見通し

本事例は、1件当たりの被害金額は特殊詐欺の部類では小さく、仮に被害者数名分起訴されても被害金額数十万円でしょう。架け子は、関与期間や地位にもよりますが、不起訴や実刑回避が十分考えられる事案です。

他方、本事例の被疑者は、組織犯罪処罰法違反（組織的詐欺罪）に問われ、詐欺グループの統括者として訴追される可能性があります。そうでなくても、詐欺罪の主犯とされ、被疑者だけ実刑となる可能性もあります。

弁護活動の考え方は、事例Ⅲ-2-2で述べたこととほぼ変わりませんが、弁護人はなるべく早く見通しを立てて被疑者と共有すべきです。

2　組織犯罪処罰法違反（組織的詐欺罪）の成否

(1)　成立要件等[2]

ア　組織的詐欺罪（組織犯罪処罰法3条1項13号）は、①詐欺の罪に当たる行為が、②団体の活動として、③詐欺罪に当たる行為を実行するための組織により行われたこと、が要件です。

本罪の例としては、アジトで詐欺架電等を実行している詐欺グループ（法人格なし）を「団体」とし、その幹部及び構成員を検挙するものが考えられます。その他には、実質的に破綻状態にある会社を「団体」とし、詐欺行為を実行している代表者及び幹部を立件する例などがあります。

わかりにくいのですが、「団体」と「組織」は概念として区別されます。

イ 「団体」（同法２条１項）とは、共同の目的を有する多人数の継続的結合体であって、その目的又は意思を実現する行為の全部又は一部が組織により反復して行われるものをいいます。

「団体」は、構成員の一部の変更が当該集団の同一性に影響を及ぼさないだけの継続性、独立した実体が必要です。他方、団体の目的が違法である必要はなく、より上位の団体に包摂される一部分も団体となり得ます。

「団体」の典型例は、会社や暴力団ですがそれに限られません。

ウ 続いて「組織」（同項かっこ書）とは、指揮命令に基づき、あらかじめ定められた任務の分担に従って構成員が一体として行動する人の結合体です。

会社の部や課のようなものは「組織」に当たるとされますが、「団体」とは違って臨時的なものでもよく、構成員の交代によってもその同一性が保持されるほどの独立性は必要ないとされます。

判例は、もともとは詐欺をするための組織でなく、構成員の一部において詐欺加担の認識に欠けている場合であっても「詐欺罪に当たる行為を実行するための組織」に該当し得るとします[3]。

エ なお、本罪は詐欺罪の加重類型であり、必要的共犯ではないとされるため、共犯事件で適用される際は刑法60条も罰条に掲げられます。

また、被疑事実等では、被疑者の役割も記載されることになっており、詐欺グループのリーダーは「統括する者」と記載されます。

---

2 三浦守ほか『組織的犯罪対策関連三法の解説（２）』法曹時報52巻６号（2000年）1713頁、加藤俊治編著『組織的犯罪処罰法ハンドブック 逐条解説から犯罪事実記載例まで』立花書房（2019年）

3 最三小決平成27・９・15刑集69巻６号721頁〔28233130〕

⑵　本事例でのポイント

まず、ＡやＰが設立した詐欺グループが「団体」に当たるかどうかが大きな問題であり、グループの構成員の変更や犯行場所の変更によっても同一性・独立性があったかどうかが問われます。指揮命令関係の有無や程度（関連して当事者の関わり方、勤務日数等）、グループに独自の呼称があったかどうか、存続期間、構成員の人数等が重要な要素となってきます。

続いて、本件被疑者を含む各担当者の役割・地位が問題です。

前記のとおり、「統括者」と認定されれば量刑等も格段に重くなります。

本事例では、被疑者にグループ立ち上げを誘ったＰがいるわけですが、被疑者は直接架電はせず、売上金の分配という重大な権限を有しているので統括者に認定される可能性がかなりあります。さらに、従前の組織での被疑者やＰの地位はどうだったか、本事例グループでの２人の実際の役割としてはどうだったのか、重要事項は誰が決裁していたのか等が統括者を認定するうえで重要となるといえます。

（服部　啓一郎）

3 無銭飲食等

はじめに

無銭飲食や無銭宿泊、無銭乗車など、金銭を所持しているように装って飲食等を注文し、サービスを受ける類型を無銭詐欺ということがあります。

ただし、罪質等はそれぞれ相当に異なるものです。

まず、無銭飲食は、１項詐欺（刑法246条１項）又は２項詐欺（同条２項）です。困窮者や若年者の無謀な犯行が多く、更生支援も重要となります。罪質は重くありませんが、前科・前歴があると微罪処分の指定を満たさない可能性があります。もっとも、高齢者や障害者など支援を必要とする被疑者については、起訴猶予・更生緊急保護という処遇もあり得ます。

無銭宿泊は、２項詐欺（同条２項）です。高級ホテルでは事前決済を求めないことがあるのを利用する行為であり、SNSで知り合った者が共謀して行うケースも報じられています。この場合は、身体拘束、公判請求が想定されます。

無銭乗車は、鉄道営業法違反罪（同法29条）や２項詐欺、電子計算機使用詐欺罪（刑法246条の２）が考えられます。

事例 Ⅲ-3-1

被疑者（65歳）は、前科・前歴が十数件あり、半年前に刑務所を出所した。

出所後、家族もいないので、NPO法人が運営するという無料低額宿泊所に宿泊し、生活保護を受給していた。生活保護費のほとんどを同所に利用料として支払い、壁の薄い３人部屋の居室で生活していた。

被疑者は、ある日、同居者に喫煙をとがめられ、同所を追い出された。

なお、被疑者のケースワーカーのもとに、残高約１万円の預金口座の通帳とキャッシュカードが預けられていた。

被疑者は刑務所に入ろうと思い、居酒屋をはしごのうえ、手元に数百円しかない状態で約2,000円分の飲食をして逮捕された。

1　入口支援の必要性

公判請求となれば実刑は確実ですから、捜査段階では、不起訴（起訴猶予）を狙うことになります。

刑務所を出た後の福祉支援（出口支援）については、現在、保護観察所と各都道府県の地域生活定着支援センターが連携する「特別調整」の体制が整備されています。

しかし、いったん刑務所に入れば、それまで築き上げた関係が一度切断されることともなるため、なるべく刑務所に入らない形で社会復帰支援に向けた支援が必要であり、いわゆる入口支援と呼ばれています[1]。

2　終局処分及びその後に向けた活動[2]

⑴　資源の活用

まず、弁護人は、既に被疑者にケースワーカーがいるなど利用できる資源は活用します。

また、現在、弁護士会によっては、社会福祉士の紹介を受けて更生支援計画を策定することについて補助金が出るケースもあります。

一方、捜査機関では、現在、各地方検察庁で社会復帰支援室が設置されています。弁護人は、担当検察官とこまめに連絡をとるようにします。

⑵　居住関係・生活保護関係

無料低額宿泊所（無低）は、第二種社会福祉事業として社会福祉法２条３

1　概況は、平成29年８月25日付日本弁護士連合会「罪に問われた障がい者等に対する司法と福祉の連携費用に関する意見書」参照

2　指宿信監修『治療的司法の実践　更生を見据えた刑事弁護のために』第一法規（2018年）〔中田雅久〕146頁以下も参照

項８号に規定されていますが、利用料を住宅扶助の上限に設定するなど「貧困ビジネス」として悪用する業者が問題視されています[3]。

このように、元の施設に戻るのが不適切・不可能なケースがあります。

ケースワーカーと相談して釈放後の帰住先を検討します。

被疑者の逮捕中は生活保護が停止されるおそれがありますが（生活保護法26条前段)、釈放されれば、生活保護を継続できます。

なお、現在、更生緊急保護の「重点実施」として、特に支援の必要性の高い起訴猶予者に対し、保護観察所が検察庁と連携して事前（勾留中）に調査を行い、釈放後の宿泊場所の供与や就労支援等を実施するとされています。

⑶　検察庁による福祉支援と弁護人の留意点

保護観察所の動きと並行し、各地方検察庁では、高齢者や障害者などの被疑者に対し、就労支援や福祉の申請の援助をしたり、被疑者の支援体制の構築を前提として釈放・不起訴処分とする例があります。より積極的な庁では、釈放の際、被疑者の同意を得て一定の順守事項を設定して経過を観察し、その履践状況を踏まえて刑事処分を検討するとされます[4]。

一方、刑事処分を背景として、福祉の受給支援をしたり順守事項を設定することには懸念も示されています。すなわち、①無罪推定原則に反し、捜査の糾問化を招くおそれがある[5]、②本人の尊厳と主体性を損なう、③福祉職が司法機関の下請化する（再犯防止は福祉の目的ではない）[6]といったものです。実際、釈放された後、被疑者が福祉の支援を拒む例もあるとされます。

弁護人としては、被疑者の刑事手続上の権利が損われたり、本人の意に沿

3　制度改革として、厚生労働省「社会福祉住居施設及び生活保護受給者の日常生活支援の在り方に関する検討会」が開催されています。

4　和田雅樹「検察における再犯防止・社会復帰支援のための取組」法律時報89巻４号（2017年）19頁、目黒由幸＝千田早苗「仙台地検における入口支援　地域社会と協働する司法と福祉」法律のひろば67巻12号（2014年）15頁、千葉県社会福祉士会＝千葉県弁護士会編『刑事司法ソーシャルワークの実務　本人の更生支援に向けた福祉と司法の協働』日本加除出版（2018年）〔山根薫〕108～132頁など参照

5　日本弁護士連合会「検察官による『起訴猶予に伴う再犯防止措置』の法制化に反対する意見書」（2018年）など参照

6　土井政和「『刑事司法と福祉の連携』の権利論的構成－『再犯防止推進計画』の批判的検討を通して」刑事立法研究会編『「司法と福祉の連携」の展開と課題』現代人文社（2018年）３頁など参照

わない福祉の受給が強制されることのないように留意すべきでしょう。

3　被害弁償等

本事例では、被疑者に身寄りもないので、被疑者から委任状と預り証を取り付けたうえで、被疑者がケースワーカーに預けているキャッシュカードを受け取り、預金引出しを実行することが考えられます。

また、被疑者が無料低額宿泊所から追い出された形となっているので、被疑者を代理して、未宿泊分の利用料の返還を請求することも考えられます。

（服部 啓一郎）

COLUMN 4

不正アクセス禁止法[1]

1　規制される行為

不正アクセス禁止法で規制される行為のうち主要なものは、以下の3つです。

(1)　不正アクセス行為

インターネットなどのネットワークを通じて①他人のID・パスワードなどの識別符号を無断で使用する行為（2条4項1号)、又は②セキュリティホールを攻撃する行為（2条4項2、3号）

(2)　他人の識別符号を不正に取得、保管、入力要求する行為

①不正アクセス行為の用に供する目的で他人の識別符号を(i)取得（4条）又は(ii)保管（6条）する行為、②フィッシング行為（金融機関などアクセス管理者であると誤認させて、(i)ウェブサイト上又は(ii)電子メールで識別符号を求める行為（7条)）

(3)　不正アクセスを助長する行為

他人の識別符号をアクセス管理権者及び当該他人以外の者に提供する行為（5条）

2　犯人性について

不正アクセスは、インターネットなどのネットワークを通じて行われ、通常、ネットワークにはログ（通信記録）が残ることから、ログを調査することで、使用コンピューターの所在地が判明します。

もっとも、Torなど匿名性の高い方法で接続している場合、使用コンピューターの解明が困難な場合もあります[2]。また、時間が経っている場合は、ログが残っていないこともあります[3]（ただし、最近は、1年以上前の通信記録が残っている場合もあります）。

1　本稿の作成に当たっては、深澤諭史弁護士の助言を受けました。

自宅の場合は、他の家族が使っている可能性がないかを精査する必要があります。また、インターネットカフェを利用したような場合は、被疑者と使用コンピューターが紐づいているかなど被疑者の特定が十分なされているかを精査する必要があります。

なりすましや遠隔操作によることもありますので、被疑者の弁解を十分に聴取することが重要です[4]。

3　示談について

不正アクセス禁止法は行政犯であり、保護法益は、アクセス制御に対する社会的な信頼とされています[5]。したがって、保護法益は社会的法益と解されますが、不正アクセスを受けた実質的な被害者がいる場合は、その者と示談をすることができれば、有利な情状となります。

参考資料

・不正アクセス対策法制研究会編著『逐条　不正アクセス行為の禁止等に関する法律〈第2版〉』立花書房（2012年）

・安冨潔『刑事法実務の基礎知識　特別刑法入門』慶應義塾大学出版会（2015年）129頁以下

（淺井 健人）

2　匿名性の高い方法で接続しており、接続元の解明ができない場合でも、SNSなどから犯人を特定したケースもあることから、他の経路から解明される可能性がないかも検討する必要があります（倉持俊宏「ケーススタディ・サイバー犯罪捜査（3・完）『不正アクセス禁止法違反事件』～Torで隠れる犯人を捜す手段を探る～」警察学論集69巻4号（2016年）113頁以下）。

3　アクセスプロバイダが保有しているIPアドレス割当のアクセスログは多くの会社で3か月から6か月程度しか保存されません（中澤佑一『インターネットにおける誹謗中傷法的対策マニュアル〈第3版〉』中央経済社（2019年）113～144頁）。

4　被疑者の犯行に関する弁解が十分に排斥できない証拠しか存在しない場合、補充捜査を進めても、弁解を排斥することが難しい場合は、被疑者が犯人であるとして起訴することには消極にならざるを得ないとされています（河村博ほか編『概説サイバー犯罪　法令解説と捜査・公判の実際』青林書院（2018年）296頁以下）。

5　不正アクセス対策法制研究会編著『逐条　不正アクセス行為の禁止等に関する法律〈第2版〉』立花書房（2012年）139頁以下

COLUMN 5

著作権法

1　著作権法違反の取扱い

著作権法に違反する場合、損害賠償請求（民法709条）や差止請求（著作権法112条）のほか、下表のとおり刑事罰の対象にもなります（著作権法119～124条）が、約３割の企業、約７割強の個人が刑事罰の対象となることを認知していないとの調査結果があります[1]。

著作権法違反の既済事件328件（全544件中他の検察庁に送致された216件を除く）のうち、114件（約34.8%）で公判請求、130件（約39.6%）で略式命令請求がなされており（法務省「2018年版検察統計統計表」）、少し古いものですが、刑事通常第１審判決（平成10～平成14年）において、懲役刑は85名、そのうち実刑判決は８名との数値もあります（懲役６月未満が実刑０名、執行猶予０名、６月～１年が実刑３名、執行猶予13名、１～２年が実刑５名、執行猶予56名、２～３年が実刑０名、執行猶予８名でした）[2]。

近時、漫画などの書籍データを掲載した海賊版サイトにアクセスできるリンクを自己のリーチサイトに掲載した運営者や管理者に対して、それぞれ著作権法違反で懲役２年４月、懲役３年及び懲役３年６月の実刑判決がなされています[3]。また、ファイル共有ソフトを使用してアニメやテレビ番組など計170作品の動画をインターネット上に公開した者が著作権法違反で逮捕されています[4]。さらに、漫画の画像を海賊版サイトに公開した者に対して、著作権法違反で懲役１年６月、執行猶予３年、罰金50万円の

1　文化庁「文化審議会著作権分科会報告書（平成29年４月）」59頁脚注90
2　文部科学省「文化審議会著作権分科会司法救済制度小委員会報告書（案）」（http://www.mext.go.jp/b_menu/shingi/bunka/gijiroku/012/04010901/002/003.htm）
3　日本経済新聞2019年１月18日朝刊（リーチサイト「はるか夢の址」）。なお、その後、出版社から約１億6,000万円の損害賠償請求訴訟が提起され、請求が認められています（日本経済新聞2019年11月19日朝刊）。
4　日本経済新聞2019年４月16日朝刊

判決がなされています[5]。

条文	罪となる行為［罰則］
119条１項	著作権等侵害 ［最長10年の懲役、最大1000万円の罰金（併科あり）］
119条２項	営利目的による自動複製機器の供与 ［最長５年の懲役、最大500万円の罰金（併科あり）］
119条３項	私的使用目的による有償著作物等の録音・録画等 ［最長２年の懲役、最大200万円の罰金（併科あり）］
120条	死後の著作者・実演家人格権侵害 ［最大500万円の罰金］
120条の２	技術的保護手段回避装置・プログラムの供与 技術的保護手段回避業の営業 営利目的による権利管理情報の改変等 国外頒布目的商業用レコードの頒布目的輸入等 ［最長３年の懲役、最大300万円の罰金（併科あり）］
121条	著作者名詐称複製物の頒布 ［最長１年の懲役、最大100万円の罰金（併科あり）］
121条の２	外国原盤商業用レコードの違法複製等 ［最長１年の懲役、最大100万円の罰金（併科あり）］
122条	出所明示義務違反（著作者・著作隣接権者） ［最大50万円の罰金］
122条の２	秘密保持命令違反 ［最長５年の懲役、最大500万円の罰金（併科あり）］
124条１項１号、２号	法人の両罰規定 ［最大３億円の罰金／各本条の罰金］

2　リーチサイトによる著作権侵害に対する刑事罰

近年、インターネット上で、音楽やアニメ、映画、放送、マンガ、ゲーム等のコンテンツが違法に流通されてしまう問題が深刻化しています。こ

5　日本経済新聞2019年11月８日朝刊（海賊版サイト「漫画村」）。なお、海賊版サイトの運営者も起訴されており、現在公判中ですが、起訴内容は、漫画の画像を海賊版サイトに公開したことによる著作権法違反のようです（日本経済新聞2019年12月17日朝刊）。

れは、消費者が侵害コンテンツに到達することを容易にさせるリーチサイトと呼ばれるウェブサイトを通じて行われています。このような海賊版による出版業界の被害額は約4,000億円にも上ると推計されています。

そのような状況の中、不正にアップロードされた漫画や雑誌をダウンロードできるリンクをまとめたリーチサイトの運営・管理者３名に対して、著作権侵害罪等による実刑判決（懲役２年４月、懲役３年及び懲役３年６月）も出されています[6]。

他方で、現行法上、侵害コンテンツのリンク情報をウェブサイトに掲載する行為については、当該コンテンツの自動公衆送信又は送信可能化には該当しないと解されています[7]。また、解釈論として、幇助にも該当し得るようですが[8]、仮に幇助に該当する場合であっても、実務上は、正犯の立件ができない場合に、幇助犯単独での立件は困難な場合が多いと考えられており、新たな罰則規定を設ける必要があることが指摘されていました。

そこで、文化審議会著作権分科会報告書[9]の提言を踏まえ、2019年２月には、文化庁から改正素案が示されました[10]。しかし、有識者らから、「『ダウンロード違法化の対象範囲の見直し』に関する緊急声明」[11]が公表され、私的使用目的による有償著作物等のダウンロード（著作権法119条３項）が違法となる対象範囲の拡大は、萎縮効果が大きいとして、反対意見が出されるなどし、改正案の国会提出は見送られました[12]。その後、改正案が2019年９月にパブリックコメントに付され、そこでは、サイト運営者を対象にしたリーチサイトを公衆に提示する行為、リンク提供者を対象

6　大阪地判平成31・１・17平成29年（わ）4356号裁判所HP〔28271207〕
7　ロケットニュース24事件・大阪地判平成25・６・20・判時2218号112頁〔28212077〕
8　中川達也「リーチサイトを通じた侵害コンテンツへの誘導行為への対応」ジュリスト1499号（2016年）25頁
9　文化庁「文化審議会著作権分科会報告書（2019年２月）」。なお、文化審議会著作権分科会の報告及び答申等については、文化庁のホームページから入手可能です。（http://www.bunka.go.jp/seisaku/bunkashingikai/chosakuken/hokoku.html）
10　日本経済新聞2019年２月23日朝刊
11　http://www.kisc.meiji.ac.jp/~ip/_src/sc1464/20190219seimei.pdf
12　川崎祥子「著作権法改正案の提出見送りに至る経緯―インターネット上の海賊版対策をめぐって」立法と調査411号（2019年）79頁

にしたリーチサイトにおいてリンク情報等の提供により侵害コンテンツの公衆による利用を容易にする行為を新たに刑事罰の対象とするものとされています[13]。

2019年11月27日、文化庁は、第１回の「侵害コンテンツのダウンロード違法化の制度設計等に関する検討会」を開催し[14]、2020年の通常国会に改正案を提出することを目指しているものとされています[15]。

（後藤　晃輔）

13　https://search.e-gov.go.jp/servlet/Public?CLASSNAME=PCMMSTDETAIL&id=185001067&Mode=０
14　https://www.bunka.go.jp/koho_hodo_oshirase/hodohappyo/1422722.html
15　日本経済新聞2019年10月１日朝刊

Ⅳ 暴行・傷害事案

Ⅳ　暴行・傷害事案［概論］

1　構成要件

⑴　暴行罪

暴行罪（刑法208条）における暴行は、人の身体に向けられた有形力の行使と解されています。身体に接触して物理的な作用を及ぼすような行為でなくとも、身体の安全が害されるような行為、すなわち、有形力の行使により物理的な影響力を及ぼした場合であれば、暴行に当たります[1]。例えば、通行人の数歩手前を狙って石を投げる行為[2]や、狭い室内で日本刀を振り回す行為[3]などは暴行に当たります。

⑵　傷害罪

傷害罪（刑法204条）における「傷害」の意義については、①人の生理的機能に障害を生じさせること、ないし人の健康状態を不良に変更にすることが傷害であるとする生理的機能障害説と、②健康状態を不良にすることだけでなく、およそ人の身体の完全性を害することが傷害であるとする完全性毀損説などがあります[4]が、判例は、生理的機能障害説を採っています[5]。

生理的機能に障害が生じる場合であっても、その程度が軽微な場合は傷害といえるか微妙な場合があります。この点、名古屋高金沢支判昭和40・10・14高裁刑集18巻6号691頁〔27921469〕は、生理的機能に障害を生じさせても、それが日常生活上看過される程度であること、医療行為を特に必要としないことなどを標準として生理的機能障害が軽微であるものは、傷害ではなく暴行と考えることができるとしています。もっとも、この裁判例は、強盗致傷罪に関するものであり、当時の法定刑は致傷の有無で執行猶予の可否が

1　髙森高徳『Q＆A　実例　捜査における事実認定の実際〈第2版〉』立花書房（2014年）138～139頁
2　東京高判昭和25・6・10高裁刑集3巻2号222頁〔27941286〕
3　最三小決昭和39・1・28刑集18巻1号31頁〔24004354〕
4　曽根威彦『刑法の重要問題〔各論〕〈第2版〉』成文堂（2006年）27～28頁
5　最三小決昭和32・4・23刑集11巻4号1393頁〔24002919〕

決まる状況にあったものであり、必ずしも一般化することができるものではありません。そこで、目に見える傷がある場合は、傷害というべきと考えられています[6]。

(3) 暴力行為等処罰ニ関スル法律

常習性があるとして、常習暴行罪と認定されると、3月以上5年以下の懲役となり、常習傷害罪と認定されると、1年以上15年以下の懲役となり（同法1条の3）、略式命令の余地がなくなります。判例は、前科・前歴の回数、前科と当該犯行の時間的感覚、動機・態様の異動等諸般の事情を考慮して常習性を判断しています。また、判例[7]は、常習性を、包括的に、傷害・暴行・脅迫・器物損壊等の暴力行為に出ることについて判断していることにも注意が必要です[8]。そのため、以上の事情について被疑者から聴取しておく必要があります。

2 勾留の現状

(1) 逮捕後の勾留請求

暴行罪の勾留請求後の勾留許可率は86.5％ですが、検察官が勾留請求しないケースも3割ほどあります。そもそも逮捕されないケースも多いです。

傷害罪の勾留請求後の勾留許可率は93.9％ですが、検察官が勾留請求しないケースも1割ほどあります。被害者と面識がなく、偶発的なケースでは勾留されないことも多いです[9]。

したがって、いずれのケースにおいても、検察官、裁判官への働きかけが重要になります。

弁護人としては、誓約書と身元引受書を用意して初回接見に赴き[10]、被疑

6　髙森高徳『Q＆A　実例　捜査における事実認定の実際〈第2版〉』立花書房（2014年）137頁
7　大判昭和2・7・11刑集6巻260頁〔27911734〕等
8　伊藤栄樹ほか編『注釈特別刑法（第2巻）準刑法編』立花書房（1982年）242～243頁
9　法務省「2018年版検察統計統計表」（表番号18-00-41）、『情状弁護アドバンス（季刊刑事弁護増刊）』現代人文社（2019年）218頁
10　その他に持っていくべきものとしては、レポート用紙や便せん、被疑者ノートなどがあります（『捜査弁護術』42頁以下）。

者の誓約書を取得し、身元引受人となる者の連絡先を確認のうえ[11]、可能であればその足で身元引受人に連絡をして身元引受書を取得し、意見書に添付して、検察官、裁判官へ働きかけをすることとなります。身元引受書が間に合わないときは、電話聴取書を作成のうえ、身元引受書を追完することも検討します。

(2) 勾留期間

暴行の勾留期間は、5日以上10日以内が5割以上であり、5日以内も1割弱あります[12]。したがって、勾留されたとしても、速やかに示談を成立させることができれば、速やかな身柄解放がされやすいといえます。また、勾留延長がされないケースも多いといえます。

傷害の勾留期間は、5日以上10日以内が35％ほど、5日以内が3％ほどと、暴行より勾留が長期となる傾向はありますが、勾留延長がされないケースも多いことから、速やかに示談を成立させることが重要となります。

3 示談

(1) 示談の意義

暴行罪も傷害罪も個人的法益を保護法益としており、示談の成否は処分に大きく影響します。前科にもよりますが、暴行では、示談が成立すれば、不起訴処分につながることが多いです。傷害の場合、検察官の見立てにもよりますので、検察官にも確認しつつ、示談を進めるのがよいでしょう。

また、示談成立を検察官に伝えることで、速やかに不起訴処分となり、早期の身体拘束の回避につながることもありますので、検察官に確認しつつ、速やかに示談交渉をするとよいです。

---

11 被疑者が電話番号を覚えていない場合は、被疑者の携帯電話を宅下げして連絡先を確認します。なお、午後5時以降は、携帯電話を警察署の金庫から取り出せないことが多いです（『捜査弁護術』84頁以下）。

12 法務省「2018年版検察統計統計表」（表番号18-00-42）

⑵　示談金

暴行罪の場合、原則として、傷害の結果は発生していない[13]ことから、一般には、慰謝料として、数万円から30万円ほどが相場と考えられます。暴行罪の法定刑が30万円以下の罰金とされている（刑法208条）ことも１つの指標になるでしょう。

傷害罪の場合、慰謝料のほかに、治療費、休業補償、通院交通費などがかかってきます。慰謝料については、赤本の基準[14]や『慰謝料算定の実務〈第２版〉』[15]が１つの参考になります。治療費や通院交通費については、裏付けとなる資料の提出を求めることも検討します。また、傷害の場合で、被疑者が主張する行為から比べて明らかに重い診断が出ている場合は、可能であれば診断書の写しの交付を受けて検討することも考えられます。

示談の際には、その他に、行為態様や事後の対応、被疑者の資力[16]なども影響し得るところです。

いずれの場合も、早期の身柄解放の必要性や起訴の可能性、起訴を回避する必要性などを踏まえて、判断することとなります。

⑶　共犯事件の場合

傷害は、共犯事件も多いですが、共犯事件の場合、共犯者間で協力できるときは、被害者の示談交渉による苦痛を軽減する意味でも、主犯格の弁護人が中心になるなどして、示談をまとめられるとよいです[17]。もっとも、共犯者間で協力できない場合や金銭的負担が大きくなっても早期に示談を成立さ

13　被疑事実が暴行であっても、傷害の結果が発生している場合もあるため、被害者には傷害の有無を確認するとよいでしょう。

14　日弁連交通事故相談センター東京支部編『民事交通事故訴訟 損害賠償額算定基準2019年上巻』186頁以下。同基準は、過失犯に関するものであり、故意犯である暴行・傷害の場合は、数割増しとなることもあります。

15　千葉県弁護士会編『慰謝料算定の実務〈第２版〉』ぎょうせい（2013年）381頁以下

16　収入が乏しく、どのように集めても少額しか用意できない場合に、事情を説明し、その金額で合意してもらえるようなケースもあれば、収入が高額であるために、金額が高額化することもあります。

17　共犯者の弁護人については、警察官や検察官に聞くと教えてくれることが多いです（『捜査弁護術』230頁以下、大阪弁護士会刑事弁護委員会編『聞いた！答えた！なるほど刑事弁護メーリングリストＱ＆Ａ集』現代人文社（2005年）191頁）。

せたい場合には、単独で示談交渉をすることとなります。

⑷ 一部否認の場合

暴行や傷害では、被疑者と被害者の間で行為態様についての認識が相違していることもあります。そのような一部否認の場合、被疑者の主張に沿いつつも、お互いが納得できる表現で行為を特定して示談書を作成するとよいです（参考書式12参照）[18]。

⑸ 健康保険の利用

被害者が健康保険を利用して治療を受ける場合、健康保険からの求償が問題となります。被害者が損害賠償請求権を放棄する示談をする前に、健康保険から保険給付を受けた場合、健康保険は保険給付額につき、損害賠償請求権を代位取得します。また、被害者がかかる示談をした後に、健康保険から保険給付を受けた場合は、健康保険は損害賠償請求権を代位取得せず、健康保険は被害者に対し、不当利得返還請求権を行使できることとなります[19]。そのため、被害者から求められたときは上記を踏まえて示談することになります。

4 微罪処分

暴行の場合、検挙された人員の半数が微罪処分となり、検察官送致されていません[20]。したがって、暴行の場合、いっそう、速やかに示談をすることが求められます。

---

18 『捜査弁護術』230頁、大阪弁護士会刑事弁護委員会編『聞いた！答えた！なるほど刑事弁護メーリングリストQ＆A集』現代人文社（2005年）192頁

19 高田橋厚男『実務担当者の事例から学ぶ　Q＆A第三者行為求償事務ハンドブック』ぎょうせい（2016年）24頁以下

20 法務省「微罪処分・簡易送致関係資料」（http://www.moj.go.jp/content/001228066.pdf）

5　処分の見通し

(1)　暴行

初犯の暴行であれば、不起訴処分となることが多く[21]、示談が成立すれば、いっそう、不起訴処分が見込まれます。暴行の場合、起訴率は１割ほど、略式命令となるのは２割ほどであり、起訴猶予は６割を超えます。起訴されたとしても、罰金にとどまるケースが多いです[22]。

(2)　傷害

初犯の傷害も、示談が成立すれば、不起訴処分となることがありますが、検察官の見立てにもよりますので、検察官に確認をしながら示談を進めるとよいです。全治２週間未満の軽微な傷害の場合は、宥恕文言がなくとも起訴猶予となることは十分あります。他方、重い傷害の場合は、示談が成立しても起訴されることもあります。凶器の利用、回数が多い、時間が長いなど態様が悪質な場合や前科・前歴がある場合は、起訴になるリスクが高まります[23]。

傷害の場合、起訴率は２割強、略式命令は２割ほどと、暴行よりは高いですが、起訴猶予は５割ほどあります。傷害については、態様や被害の程度により罰金から数年の実刑まで、ばらつきがあることから、『量刑調査報告集Ｖ』[24]などで、類似ケースを参考にするとよいです。

6　否認の場合

暴行や傷害の場合、被害者や目撃者がいたとしても、視認状況に問題があることや、被害状況を過大に申告していることもあります。

被疑者が犯人性を否認する場合は、被疑者の弁解を十分に聴取し、現場を

21　『情状弁護アドバンス（季刊刑事弁護増刊）』現代人文社（2019年）218頁
22　第一東京弁護士会刑事弁護委員会編『量刑調査報告集Ｖ』第一東京弁護士会（2018年）20～21頁
23　前掲注21・218頁以下
24　第一東京弁護士会刑事弁護委員会編『量刑調査報告集Ｖ』第一東京弁護士会（2018年）12頁以下

確認するとともに、目撃者がいる場合は、目撃者から聞き取りをすることを検討します。現場には事件と同じ曜日、同じ時間帯に行くのが望ましいです。現場に防犯カメラがあり、事件の様子が映っている可能性がある場合は、防犯カメラの保存期間が短いこともあるので、早期に管理者に連絡のうえ、23条照会などを検討すべきです[25]。そのうえで、被疑者には原則として黙秘を指示します（意見書を提出すべきかについては、「イントロダクション 6 否認事件における対応」参照）。

7　少年の場合

少年の場合、示談を成立させても、全件送致主義（少年法41条）により、家庭裁判所に送致されます[26]。家庭裁判所においては、要保護性の判断において、少年が謝罪意思を持つに至ったプロセスも重視されること、家庭裁判所送致までは時間があることから、自発的に謝罪意思を持つように促すことが重要です。

（淺井 健人）

25　前掲注21・126頁以下
26　暴行の場合、簡易送致とされることがあります。簡易送致では、原則、少年が呼び出されることはなく、書類審査のうえ、審判不開始とされます。暴行では、検挙人員のうち２割弱が簡易送致されています（法務省「微罪処分・簡易送致関係資料」（http://www.moj.go.jp/content/001228066.pdf））。

1 一方的事案

事例 Ⅳ-1-1【基本事例】

被疑者は上司にきつく注意をされてイライラしていた。出先から直帰するため、電車に乗ろうとホームに向かったところ、酔っ払った学生の肩が当たったが、学生が謝らなかったので、腹が立って学生を殴ってしまい、顔面に全治10日間の打撲傷を負わせてしまった。

1 事例の見通し

初犯で全治２週間未満の軽微な傷害であれば、示談が成立すれば、宥恕文言がなくとも、不起訴処分となる見込みは十分にあります[1]。不起訴処分となるかは検察官の見立てにもよることから、検察官に確認しつつ、示談を進めるとよいです（Ⅳ概論５参照）。

2 身体拘束の解放に向けた弁護活動

被害者と面識がなく、偶発的なケースでは傷害の結果がそこまで重いものでなければ、勾留されないことも多いです[2]。誓約書（参考書式３参照）と親族等の身元引受書（参考書式４参照）を取得します。誓約書には、可能であれば、当該路線を使わないことを記載し、偶然であっても被害者と会う機会がおよそないことを示すことを検討します。勾留前若しくは勾留決定に対する準抗告の意見書には、名前も連絡先もわからない被害者ないしは目撃者であることから、働きかけの現実的可能性がないことを具体的に主張します。

また、示談成立後も身柄解放されない場合は、勾留取消や勾留決定に対す

1 『情状弁護アドバンス（季刊刑事弁護増刊）』現代人文社（2019年）218頁
2 前掲注１・219頁

る準抗告が認められることもあります[3]。

3　終局処分に向けた弁護活動

(1)　自白事件

被疑者が身体拘束されている場合は、検察官に示談が成立した場合に早期の不起訴処分が見込まれるかを確認しつつ、示談をなるべく速やかに進めます。また、勾留延長がされないことや勾留期間が10日でないこともあることから、検察官にスケジュールを確認しつつ、勾留満期までに示談が成立するよう謝罪文の作成や被害者との接触のスケジュールを考える必要があります。

示談の際には、被疑者が被害者と遭遇しないように当該路線を使用しないとする条項や被害者の住所・氏名を黒塗りしたうえで被疑者に示談書を渡す旨を記載するなど、被害者が受け入れやすい条項を検討することとなります（参考書式12参照）。また、被害者が希望する条項がないか聞くことで、押しつけ的に受け取られないようにすることも検討します（その他の点については、Ⅳ概論3以下参照）。

(2)　否認事件

被疑者が犯人性を否認する場合は、被疑者の弁解を十分に聴取し、現場を確認するとともに、目撃者がいる場合は、目撃者から聞き取りをすることも検討します。そのうえで、被疑者には原則として黙秘を指示します（意見書を提出すべきかについては、イントロダクション「6　否認事件における対応」参照）。

事例 Ⅳ-1-2【酩酊の場合】

被疑者は、業務多忙で睡眠不足のなか、大量に飲酒し、目が覚めたときには、警察署の留置場にいた。警察には、見ず知らずの通行人を殴り、腹部に全治2週間のけがを負わせたといわれたが、被疑者は、そのよう

3　前掲注1・219頁

な記憶はなかった。

1　事例の見通し

まず、被疑者に記憶がある前後の状況を確認し、被疑者が警察、検察官から聞いた被害者や目撃者の供述と被疑者の前後の記憶を踏まえて、そもそも第三者ではなく、被疑者が行ったのか検討します。

次に、被疑者が行ったと考えられる場合は、飲酒酩酊による心神耗弱や心神喪失に当たらないかを検討します。

飲酒酩酊では、ビンダーの酩酊分類（単純酩酊、複雑酩酊、病的酩酊）が参照されることがあります。

もっとも、裁判においては、ビンダーの酩酊分類にとらわれず、平素の酒量と犯行時の飲酒の種類・分量、飲酒にかけた時間や食事の有無・程度といった飲酒に関するデータや、犯行の種類・態様、犯行時及びその前後の言動や記憶のあり方といった犯行に関する情報を総合しつつ、動機の了解可能性、行動の合理性、違法性の意識、平素の人格との異質性等を総合的に判断されることもあります[4]。

したがって、前記の情報を踏まえて、心神耗弱や心神喪失を主張するか判断していくこととなります。

また、飲酒によって暴力的な傾向がみられるような場合には、断酒会やアルコホリークス・アノニマス（AA）[5]のような自助グループに参加する等して、再犯を予防することも検討します[6]。

4　「刑事事実認定重要事例研究ノート」警察学論集68巻9号（2015年）134～135頁、142頁、日本弁護士連合会刑事弁護センター編『責任能力弁護の手引き』現代人文社（2015年）43～44頁

5　https://aajapan.org/introduction/参照

6　前掲注1・219頁

ビンダーの酩酊分類

① 単純酩酊

アルコール血中濃度に応じた通常範囲内の反応を指します。異常な興奮はなく見当識や自己統制は比較的よく保たれます。酔いが進むと感情が不安定になり、人柄が変わることはありますが、異質な行為や症状が生じることはありません。犯罪をしてしまう場合であっても、酔いは誘発的な役割にすぎず、完全責任能力が認められると判断すべきとされます。

② 複雑酩酊

単純酩酊を量的に逸脱したもので、飲酒によって、著しい興奮が持続的に出現し、平素の人格に異質な行動が出現します。酩酊時の記憶は断片的であることが多いですが、概括的な記憶はあることが多く、心神耗弱と判断すべきとされます。

③ 病的酩酊

意識障害があり、単純酩酊とは質的に異なる状態となります。幻覚が生じたり見当識が失われて、周囲の状況への認知はほとんど不可能になります。周囲からみると了解不能な言動を繰り返し、幻覚・妄想や状況の本質的な誤認があることから、原則、心神喪失と判断すべきとされます。

事例 Ⅳ-1-3【顔見知りの場合】

被疑者は、親友に彼女をとられたことから、激しい口論となり、カッとなって親友を殴ってしまい、全治2週間のけがを負わせてしまった。

1 身体拘束の解放に向けた弁護活動

被疑者は、被害者の氏名や連絡先を知っていることから、そのままでは、被害者に働きかけて罪証隠滅をするおそれがあるといわれやすいところです。そこで、検察官の考えを確認しつつ、早期に示談をすることで、不起訴処分を目指すとよいです。

示談前の段階での釈放のためには、被疑者が被害者のどのような情報を保有しているかを確認します。そのうえで、携帯電話の番号を変える、携帯電話の番号を消す、LINEなどのコミュニケーションツールのアカウントを削除するといった対応をとることで、連絡を絶つことが考えられます。また、SNSの場合、アカウントを削除することが考えられますが、厳密には、新たなアカウントをつくって接触を図ることができてしまうものが多いところです[7]。こうした対応をとったとしても、必ずしも身体拘束から解放されるものではなく、対応による被疑者の不利益もあることから、被疑者と十分協議のうえ、実行することが重要です。

また、被疑者と被害者が接触しないよう、被害者の自宅や職場の周辺に近づかない、路線を変える、第三者に監督させるといった、物理的な接触防止策も検討すべきです。

以上の方策は、示談の際にも条項として入れることを検討します。

事例 Ⅳ-1-4

被疑者は、被害者と口論をしていたが、被害者がエスカレートして被疑者の顔面を平手打ちしてきた。被害者はさらに被疑者を殴ろうとしたため、被疑者は自分の身が危ないと思い、被害者の顔面を平手打ちした。幸い、お互いけがをすることはなく、暴行にとどまった。

1　正当防衛の主張

正当防衛（刑法36条１項）が成立するためには、①侵害の急迫性[8][9]、②

7　『捜査弁護術』181頁以下

防衛の意思[10]、③防衛行為の相当性[11]が必要となります[12]。被疑者が正当防衛という言葉を使っていたとしても、それが刑法上の正当防衛に該当するとは限らないため、被疑者からは、侵害行為の態様、防衛行為の態様、被疑者と被害者の体格差、格闘技経験等を詳細に聞き取り、正当防衛の要件を満たすか、また、過剰防衛となっていないかを検討する必要があります[13]。

そのうえで、正当防衛の要件を満たすのであれば、原則としては意見書に

8　最一小決昭和52・7・21刑集31巻4号747頁〔24005465〕は、刑法36条における侵害の急迫性は、当然又はほとんど確実に侵害が予期されただけで失われるものではないが、その機会を利用し積極的に相手に対して加害行為をする意思で侵害に臨んだときは失われることになるとし、積極的加害意思がある場合には、急迫性を否定しています。

また、最二小決平成29・4・26刑集71巻4号275頁〔28251356〕は、行為者が侵害を予期したうえで対抗行為に及んだ場合、侵害の急迫性の要件については、対抗行為に先行する事情を含めた行為全般の状況に照らして検討すべきであり、事案に応じ、行為者と相手方との従前の関係、予期された侵害の内容、侵害の予期の程度、侵害回避の容易性、侵害場所に出向く必要性、侵害場所にとどまる相当性、対抗行為の準備の状況（特に、凶器の準備の有無や準備した凶器の性状等）、実際の侵害行為の内容と予期された侵害との異同、行為者が侵害に臨んだ状況及びその際の意思内容等を考慮し、緊急状況の下で公的機関による法的保護を求めることが期待できないときに私人による対抗行為を許容した刑法36条の趣旨に照らし許容されるものとはいえない場合には、侵害の急迫性の要件を充たさないものとしました。この判例については、事例判断にすぎないものとする見解もありますが、積極的加害意思が肯定されるケースだけでなく、刑法36条の趣旨に照らし許容されるものとはいえない場合に急迫性を否定したものとする見解があります（井田良ほか「座談会　正当防衛の成否は何で決まるのか」季刊刑事弁護96号（2018年）44頁以下参照）。

9　最三小判昭和46・11・16刑集25巻8号996頁〔24005163〕は、「『急迫』とは、法益の侵害が現に存在しているか、または間近に押し迫つていることを意味し、その侵害があらかじめ予期されていたものであるとしても、そのことからただちに急迫性を失うものと解すべきではない。」としています。

10　最三小判昭和50・11・28刑集29巻10号983頁〔24005383〕は、急迫不正の侵害に対し自己又は他人の権利を防衛するためにした行為である限り、同時に侵害者に対する攻撃的な意思に出たものであっても、刑法36条の防衛行為に当たるとし、防衛の意思と攻撃の意思が併存していても、防衛の意思は認められるとしています。

また、最三小判昭和46・11・16刑集25巻8号996頁〔24005163〕は、「相手の加害行為に対し憤激または逆上して反撃を加えたからといつて、ただちに防衛の意思を欠くものと解すべきではない。」としつつも、「攻撃を受けたのに乗じ積極的な加害行為に出たなどの特別な事情が認められ」た場合は、防衛の意思を欠くものとしています。

11　最一小判昭和44・12・4刑集23巻12号1573頁〔24004961〕は、「『已ムコトヲ得サルニ出テタル行為』とは、急迫不正の侵害に対する反撃行為が、自己または他人の権利を防衛する手段として必要最小限度のものであること、すなわち反撃行為が侵害に対する防衛手段として相当性を有するものであることを意味する」としつつ、「その反撃行為により生じた結果がたまたま侵害されようとした法益より大であつても、その反撃行為が正当防衛行為でなくなるものではない」としています。

12　長井長信「正当防衛・緊急避難事例の分析　ケーススタディをめぐって」季刊刑事弁護31号（2002年）21頁以下参照

13　三木祥史編著『Q＆A類型別　刑事弁護の実務〔改訂〕』新日本法規（2010年）246頁以下

おいて、主張していき、不起訴処分を目指すこととなります[14]。暴行のような軽微事案の場合、正当防衛と考えられるケースでも、検察官から示談をしてくれたら不起訴処分とするという話がされることがあります。この場合、示談をせずに正当防衛を主張しても不起訴処分となることもありますが、被疑者と十分に話をして、方針を決めるとよいです。

正当防衛かが微妙な事案では、起訴される可能性も十分あることから、被疑者にはそのことを伝えたうえで、方針を決めるとよいです。

（淺井　健人）

14　ただし、起訴が見込まれる場合は、起訴後に主張が変わるリスクもあることから、意見書の提出は慎重に検討します。

2　喧嘩事案

はじめに

被疑者と相手方の双方が暴行を振るう喧嘩事案は、実務上、「相互暴行」という言い方もされます。

罪名は、暴行（刑法208条）、傷害（同法204条）、傷害致死（同法205条）が大半ですが、集団的暴行罪・示凶器脅迫罪が問題となることもあります（いずれも暴力行為等処罰ニ関スル法律１条。３年以下の懲役又は30万円以下の罰金）。また、件数は少ないですが、当事者間で相互に暴行を加える合意があった場合は、決闘罪（決闘罪ニ関スル件）が成立し得ます。

喧嘩事案では、正当防衛（刑法36条１項）の主張がまず思い浮かびます。

要件は、①急迫不正の侵害、②防衛の意思、③防衛行為の相当性です。

相当性に欠ければ過剰防衛（同条２項）、急迫不正の侵害はなくても誤信していれば誤想防衛となり、故意が阻却されます。

他方、形式的には成立要件を満たすようでも、裁判上、正当防衛を否定されるものとして①積極的加害意思の場合など一定の侵害予期類型（急迫性を否定）、②侵害自招類型、③けんか闘争があります[1]。

喧嘩事案では、供述や示談等の方針判断に迷うことが多く、弁護士でも考え方がよく分かれるところです。

事例 Ⅳ-2-1

被疑者は、職場の同僚と口論となり、人のいない路上で、互いの服の胸元をつかみ合った。翌日、当該同僚は、会社に報告し、警察に被害届

1　井田良「正当防衛をめぐる議論の現状　対抗行為に先行する事情と正当防衛状況」季刊刑事弁護96号（2018年）10頁の分類によります。

を出した。

1　事例の見通し

軽微な相互暴行事案です。

互いの身元もはっきりしており、在宅での進行でしょう。

本事例では、当事者の行為が暴行罪に該当するのか考える余地があります。

暴行は、不法な有形力の行使とされますが、法益侵害が極めて軽微な物理力の行使や、身体的利益を損なう意義のない有形力（つばを吐くなど）の行使は暴行に該当しない[2]と主張することが考えられます[3]。

2　弁護活動のポイント

取調べには基本的には供述で対応します。起訴猶予も見込まれる軽微事案であること、現場には２人しかおらず相手方の供述しかないため、被疑者からも主張を出す意義はあると思います。

ただし、現場に防犯カメラがあるかどうかは確認しておきます。

被疑者からも被害届を出したり、双方被害届を取り下げる（あるいは出さない）条件で示談交渉も十分考えられます。

勤務先が間に入ることもあり、その方がスムーズに行く事案もあります。職場内の行為ではないですが、会社の処分が考えられることは念頭におきます。これらについては事例Ⅴ－１－３も参照ください。

事例 Ⅳ-2-2

被疑者は、同じマンション内のＡと不仲であり、つかみ合い寸前に発

2　橋爪隆「判例講座・刑法各論　第２回　暴行罪・傷害罪をめぐる問題」警察学論集72巻11号（2019年）208頁

3　大判昭和８・４・15刑集12巻427頁〔27915959〕は、被害者が電車に乗ろうとしたところ着衣をつかんで制止した事例ですが、本事例はより軽微です。

展したこともあった。

某日、被疑者とＡは、自宅ベランダを挟んで罵倒し合った。約10分後、被疑者は「いま出たらＡと鉢合わせになるかも」と思ったが、自宅を出てエレベーターに乗ろうとした。するとＡも自宅を出てきたため、「わざわざ乗るなよ。後で乗れよ！」と言った。Ａは顔色を変え、被疑者に手拳で殴りかかり、さらに被疑者の服を強くつかんだ（服の一部が破れた）。被疑者もＡをつかみ、双方の額が何度か強くぶつかった。

２人は揉み合いになりながらエレベーターの中にもつれて転倒したところ、別の住民が通りがかり、制止・通報した。

Ａは、額がぶつかったり、もつれて転倒した際に負傷し、全治２週間の傷害を負った。Ａは、警察に対し、被疑者から因縁をつけられ頭突きなどをされたと供述し、被害届を提出した。

なお、防犯カメラは、エレベーター内しか設置されておらず、双方がつかみ合ってもつれ込んだ状況しか映っていない。

1　事例の見通し

事例Ⅳ－２－１と同じく、面識ある者同士の喧嘩事例です。

Ａは一定のけがを負っており、示談成立でない限り、簡単に起訴猶予となるものではありません。犯罪成立も争います。

2　身体拘束の回避・解放に向けた弁護活動

双方の身元が判明しており在宅を念頭に置きますが、現行犯逮捕もあるだろうと思います。重傷事案や死亡事案はより拘束の可能性が高まります。

拘束された場合は、近所でこれまでもトラブルがあったとして罪証隠滅の相当理由（刑訴法60条１項２号）を認定される可能性があるため、そうならないようにします。被疑者自身が引越しや親族・知人宅への一時移転を考えているのであれば、その内容を主張することが考えられます。

3　正当防衛―侵害の予期、自招侵害[4]

⑴　被疑者の言い分を前提とすれば、最初に暴行をしたのはAであり、被疑者の行為は一見、正当防衛を満たすように思われます。

他方、被疑者は、Aの侵害を予期していること、Aにエレベーターに乗るなと言っており一種の挑発とも見受けられることから、正当防衛が否定される可能性があるかどうか検討しておく必要があります。

⑵　まず、侵害予期の検討をします。

判例上、侵害を予期しただけでは急迫性は失われませんが、その機会を利用して積極的に加害行為をする意思があった場合は急迫性が欠けます[5]。

そして、平成29年の最高裁決定[6]は「行為者が侵害を予期した上で対抗行為に及んだ場合、侵害の急迫性の要件については……対抗行為に先行する事情を含めた行為全般の状況に照らして検討すべきであ」り、「事案に応じ、行為者と相手方との従前の関係、予期された侵害の内容、侵害の予期の程度、侵害回避の容易性、侵害場所に出向く必要性、侵害場所にとどまる相当性、対抗行為の準備の状況（特に、凶器の準備の有無や準備した凶器の性状等）、実際の侵害行為の内容と予期された侵害との異同、行為者が侵害に臨んだ状況及びその際の意思内容等を考慮し、」緊急状況の下で公的機関による法的保護を求めることが期待できないときに私人による対抗行為を許容した「刑法36条の趣旨に照らし許容されるものとはいえない場合には、侵害の急迫性の要件を充たさない」と述べました。

当該判例は、急迫不正の侵害が否定されるケースについて、積極的加害意思が認められる場合よりも広げたものといえます。侵害を予期した者に一般的に「侵害回避義務」を負わせるものではありませんが、状況によってはそのような観点から正当防衛の成立を否定する余地を示したものであり、正当

4　平成20～29年の裁判例、争点整理の分析として、田岡直博＝出口聡一郎「正当防衛の成否が問題となった裁判例の分析　裁判員裁判における争点整理の実情を探る」季刊刑事弁護96号（2018年）19頁

5　最一小決昭和52・7・21刑集31巻4号747頁〔24005465〕

6　最二小決平成29・4・26刑集71巻4号275頁〔28251356〕

防衛を主張する場合には念頭に置く必要があるでしょう。

本事例の場合、侵害行為が確実になされるとは予期していないこと、口論から喧嘩発生まで短時間であること、凶器を準備していないことからすると、急迫性は失われないと考えられます。

⑶　次に、自招侵害の検討をします。

平成20年の最高裁決定[7]は、被告人から平手打ちされた被害者が被告人を追尾して反撃し、それに対して被告人が特殊警棒でさらに反撃して負傷させた事案において、被害者「の攻撃は、被告人の暴行に触発された、その直後における近接した場所での一連、一体の事態ということができ、被告人は不正の行為により自ら侵害を招いたものといえるから、」被害者「の攻撃が被告人の前記暴行の程度を大きく超えるものでないなどの本件の事実関係の下においては、被告人の本件傷害行為は、被告人において何らかの反撃行為に出ることが正当とされる状況における行為とはいえない」と判示しました。

これは自招侵害で正当防衛の成立を否定した初の最高裁判例とされますが、事例判断であり、正当防衛を否定する法律構成は示されていません。

さて本事例では、被疑者は、Ａにエレベーターに乗らないよう発言はしていますが、被害者を叩いたりしておらず挑発の程度は強くありません。また、被疑者の発言の経緯としては、双方罵倒し合ったうえ、被疑者が自宅を出た後Ａも自宅から出てきたためであり、Ａの行動に触発された面があります。

被疑者の行為について、正当防衛の成立は否定されないと考えられます[8]。

4　供述方針―黙秘か供述か

⑴　黙秘について

黙秘か供述かの判断が悩ましいところです。

ただし、黙秘といっても当初から完全黙秘という事案は少なく、弁護人がついた段階では被疑者が一定の初期供述をしている事案の方が多いでしょう。

7　最二小決平成20・５・20刑集62巻６号1786頁〔28145292〕

8　さいたま地判平成29・１・11判時2340号120頁〔28250291〕は、被害者に自転車で道を塞がれたため、自転車を蹴ったところ、数度殴りかかられたため、１度反撃した結果、被害者が死亡した事例において、正当防衛の成立を認めました。

つまり、黙秘をするかどうかの選択は、多くの場合、初期供述があることを前提として、さらに供述する必要性があるかの判断になります。

また、黙秘といっても程度や段階の差異はあり、勾留質問や勾留理由開示公判（検察官の弁解録取を含める場合もある）では自己の主張の骨格のみ供述する（「私はやっていません」「正当防衛です」など）という対応をとることもあります[9]。

(2) 本事例について

事件に至る被疑者の言動や内心の認識には、正当防衛の成否に当たって不利とされかねない部分があり、積極的に出すことには問題があります。

とはいえ、エレベーターの防犯カメラ動画にＡの暴行は映っておらず、Ａの一方的供述のみを残したままにもできません。

被疑者の初期供述にもよりますが、①Ａの方から暴力を振るってきたこと、それによって被疑者の洋服も損壊されたこと、②被疑者は頭突きをしていないこと（額がぶつかったのはＡの行為も原因）を何らかの形で出し、それ以上の事情を出す必要はないように思われます。

もう１つの問題は、身体拘束です。

否認自体にも逮捕・勾留等のリスクはあるわけですが、黙秘をしていても、勾留延長の理由に「被疑者は黙秘しており、取調べのため勾留延長の必要がある」旨を書かれることもあります（矛盾しているように思いますが、稀なことではありません）。

身体拘束のリスクを強調しすぎないよう留意しつつ、被疑者に説明します。

5　示談交渉

双方に非がある類型であり、示談の提案自体はしやすいです。

被疑者・相手方の双方の対立が根強く、示談ができないことも多々あるもののそれはそれとして割り切るしかありません。

交渉の前提として、被疑者自身の受傷状況を確認し、診断書も取得させ、

9　後藤貞人＝小坂井久＝菅原直美＝高山巌「座談会　黙秘をどのように活用するか　具体的設例から考える」季刊刑事弁護79号（2014年）41頁では、多様な考え方が示されています。

損壊された洋服の状況や金額も把握しておきます。

被害届ないし告訴を提出するかどうかは被疑者の判断ですが、迷っているうちに時機を逃すリスクもあるので、早めに判断すべきです。

相手への提案内容は、双方の被害届・告訴取下げ（並びに不提出）がベースとなります。ただし、相手の被害が大きく出た場合や、被疑者が示談成立を強く希望する場合は、相手に一定額を交付することも考えられます。

謝罪文言を仮に入れる場合は双方が謝罪し合うということになるでしょう。

今後の接触禁止条項も入れます。とはいえ、本事例では近所の者同士であり再発も懸念されるため、接触禁止にとどまらず引越しも検討されます。

被疑者あるいは相手に引越しの予定なり希望があるなら、それでよいでしょう。一方、互いに引越しを希望していない場合の調整は難しいですが、引越しする側の実費の一部を他方が負担するという解決もあり得ます。

事例 Ⅳ-2-3

被疑者は、駅のホーム上でぶつかった他の乗客と口論となり、何度か顔面を殴られた。相手方を突き飛ばしたところ、相手方が（電車の来ていない）線路上に転落して重傷を負ったため、傷害罪で現行犯逮捕された。

1　弁護活動のポイント

電車の運行状況によっては、殺人未遂になりかねない事案です。

一方、被害者と面識はありませんので、身元引受人の確保、誓約書（路線の変更、現場の駅の不使用等）の提出等により、勾留回避もあります。

事件後はなるべく早く現場を訪れましょう。駅員が防犯カメラを見せてくれることは少ないとしても、当時の状況や目撃者の有無など、話を聞かせてくれることはあります。

供述方針は、おおむね事例Ⅳ－２－２のとおりですが、本事例は駅のホーム上の出来事であり、映像や駅員等の目撃者などが供述している可能性もあること、けがが重く示談成立以外には起訴猶予は考えにくい（嫌疑不十分でなければ公判請求）ことから、積極的に供述をする理由は減少します[10]。

示談についても事例Ⅳ－２－２のとおりです。

事例 Ⅳ-2-4

被疑者は、深夜、友人と飲酒して路上を通行していると、酔った若い男３名と口論となった。男の１人から友人が数発殴られたため、被疑者はそれを制したところ、自身も蹴られた。

被疑者は激高し、男らと１分余り殴り合いになった（被疑者は気付かなかったが友人も男らと殴り合った）ところ、現場に警察官が到着し、被疑者らは逮捕された。

1　事例の見通し

相手方と面識はないものの、共犯事件の扱いになるため、勾留はもとより接見禁止がつく可能性も相当あります。

被疑事実としては傷害の共同正犯とされそうですが、被疑者自身は友人の暴行を認識していませんので、共謀を否認することになります。

相手の誰かが重傷化して、被疑者・友人のいずれかの行為によって生じたか判明しない場合は、同時傷害の特例（刑法207条）が適用される可能性があります。すなわち、傷害の原因たる暴行が（共謀関係のない）いずれの者によってなされたか立証できない場合でも、検察官が、各暴行が同一の機会になされたと立証したとき、行為者は、自己の関与した行為によって傷害が生じなかったことを証明しない限り、傷害結果について責任を負います[11]。

10　家庭内で起きた事案ではありますが、故意や正当防衛の成否が争点となり得る殺人被疑事件で、初期供述以外は（勾留期間満了後の在宅取調べでも）完全黙秘を通して不起訴とされた事案について、山本衛「実践例１　全面可視化のなか黙秘を通して不起訴を実現した事例」季刊刑事弁護82号（2015年）56頁以下

なお、判例上、傷害致死罪にも刑法207条は適用されます。

最初に友人や被疑者が手を出されているので、正当防衛の主張も考えます。

ただし、反撃の初期段階はさておいても、しばらく殴り合っている状態が続いている場合は、けんか闘争と評価され、正当防衛が成立しない可能性は相当にあります。特に、集団で暴行をし合うような場合は、個別の暴行・反撃の対応関係もなくなってくるので、けんか闘争と評価されやすくなります。

また、局面の変化も重要であり、当事者の誰かが凶器を持ち出した場合は、相手方に新たに正当防衛状況が認められる可能性があります。

他方、第三者や警察官が制止に入ったにも関わらず反撃を続けた場合、第三者介入後の行為は正当防衛と評価されない可能性が高いです。

2　弁護活動のポイント

この種の事案の立証の決め手は、喧嘩当事者の供述ではなく、客観的な受傷内容や防犯カメラ動画、第三者の目撃供述でしょう。

共犯事件全般でいえば、他の共犯者の供述で捜査側のストーリーがつくられるリスクを考慮して、供述を選択することもあります。

ただし、本事例では、共犯者とされる友人との利害対立は大きくないと考えられるので、黙秘が基本線と考えます。

（服部 啓一郎）

11　最三小決平成28・3・24刑集70巻3号1頁〔28241042〕

3 家庭内暴力（DV）

はじめに

家庭内暴力（DV）については、夫婦、恋人、親子、兄弟、親戚関係などがあり、また、夫から妻に対するもの、妻から夫に対するもの、実親から実子に対するもの、継親から幼児に対するもの、成人の子から老親に対するものなど様々なものがあります。刑法は、一定の類型の行為について、親族関係である場合に特別な取扱いを認めています（刑法105条、244条、255条、257条）が、これは、親族には期待可能性が低く、責任が減少すると認められることを考慮したものであること[1]、国家が刑罰権の行使を差し控え、親族間の自律に委ねる方が望ましいという政策的判断があること[2]等と解されています。この点について、暴力行為については、親権者が子の監護や教育のために必要な範囲で懲戒権を行使することはでき（民法820条）、正当行為（刑法35条）として違法性が阻却されることはありますが、それを除いては、特別な取扱いはありません[3]。

しかし、実際には、同居していたり、生活を依存していたり、関係性を解消することができなかったりと特殊な事情もありますので、この事情を踏まえた弁護活動が必要になります。

1　山口厚『刑法各論〈第２版〉』有斐閣（2010年）350～351、589頁
2　最一小決平成20・２・18刑集62巻２号37頁〔28145222〕、山口厚『刑法各論〈第２版〉』有斐閣（2010年）290頁
3　家庭内暴力に対する反撃の場合には、正当防衛（刑法36条）や緊急避難（刑法37条）が問題になることもあります（深町晋也「家庭内暴力への反撃としての殺人を巡る刑法上の諸問題 緊急避難論を中心として」高山佳奈子＝島田聡一郎編『山口厚先生献呈論文集』成文堂（2014年）93頁、小林憲太郎『刑法総論の理論と実務』判例時報社（2018年）245～249頁、268～271頁、佐伯仁志『刑法総論の考え方・楽しみ方』有斐閣（2013年）130～135頁、189～193頁）。

事例 Ⅳ-3-1【配偶者間の暴力行為】

Aは、その妻V（当時40歳）に対し、Vが「酒ばかり飲んでないで少しは働け」と言ったことに苛立ち、衝動的に、その顔面を拳骨で複数回殴る暴行を加え、その結果、Vに治癒まで約２週間を要する顔面打撲の傷害を負わせた。

1　事例の見通し

傷害罪が成立する可能性があります（刑法204条）。

配偶者間暴力に係る犯罪について、被害者が被疑者の配偶者であることを理由にして、特別な取扱いはなされていません[4]。実際、配偶者間暴力に係る犯罪について、被害者が被疑者の配偶者（内縁関係を含む）であった事案の刑法犯検挙件数の推移（最近10年間）をみると、平成29年の総数は、7,738件であり、平成20年（2,895件）の約2.7倍でした。特に、傷害、暴行及び脅迫の検挙件数が増加しています（法務省「平成30年版犯罪白書」第４編第６章第２節）。

傷害罪の法定刑は、１月以上15年以下の懲役刑又は１万円以上50万円以下の罰金刑です（刑法204条、12条、15条）。罰金刑であれば、略式手続とすることもできます（刑訴法461条）。起訴され、有罪となりますと、罰金20～30万円又は執行猶予付判決となることが見込まれます。

4　配偶者からの暴力の防止及び被害者の保護等に関する法律（配偶者暴力防止法。DV法）は、被害者からの申立てを受けて裁判所が加害者に対して発した被害者の身辺へのつきまとい等を禁止する保護命令に違反する行為（保護命令違反行為）等に対して罰則を設けています。なお、配偶者暴力防止法違反に係る検察庁新規受理人員の推移（最近10年間）は、平成24年以降、100人を超えて推移していましたが、平成29年は前年より減少し、81人（前年比32人減）でした（法務省「平成30年版犯罪白書」第４編第６章第２節）。

2　捜査機関の取調べ

配偶者間の暴力事案の取調べについては、一般的に、通常の暴行や傷害事件の取調べと変わらないと解されていますが、罪体に関する事実以外には、ＡのＶに対する執着心や支配意識の有無、ＡのＶに対する危害意思の有無などの事情について確認されます[5]。

3　身体拘束の回避・解放に向けた弁護活動

(1)　在宅で受任する場合

在宅で受任する場合には、逮捕されないようにすることが最も重要になります。配偶者からの暴力事案に関して、警察では、口頭注意等、被害防止の援助、刑事手続がとられているようです（次頁図表参照）。そのため、警察は、口頭注意等のため、呼出しをしている可能性があります。Ａが正当な理由なく、これに応じない場合には、逮捕されるおそれもあります。そこで、Ａに対しては、警察から呼出しがあった場合にはこれに応じるよう助言することになります。

5　城祐一郎『取調べハンドブック』立花書房（2019年）80頁

ストーカー事案・配偶者からの暴力事案等に関する手続の流れ
（警察庁「令和元年警察白書」第２章第１節第２項図表２-20）

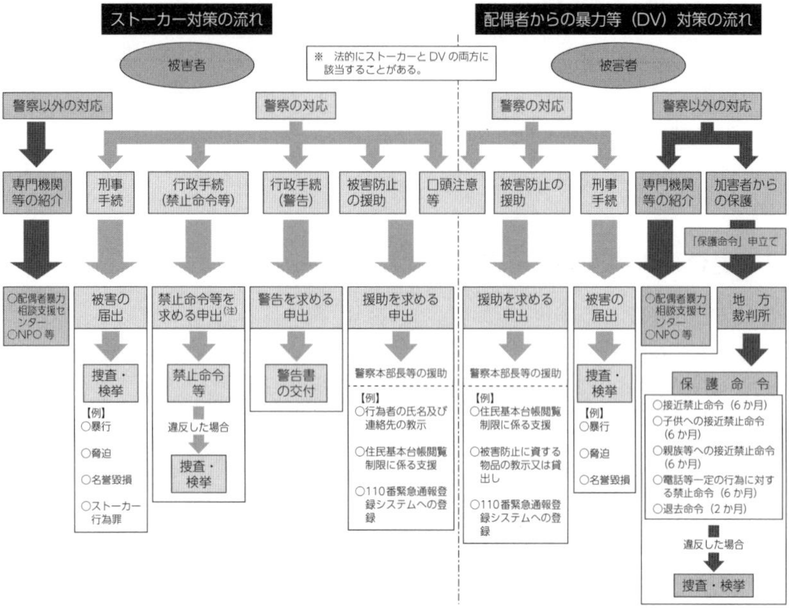

注：禁止命令等は、被害者の申出によらず、職権により行うことができる。
（緊急の場合は被害者の身体の安全が害される場合のみ。）

⑵　逮捕・勾留後に受任する場合

逮捕・勾留後に受任する場合には、身体拘束からの早期解放を目指すことになります。

ア　微罪処分

微罪処分となれば、警察から検察官に事件が送致されることはありませんので、検察官に事件が送致される逮捕後48時間以内に身体拘束からの早期解放が実現します。警察官が微罪処分する場合には、①被疑者に対して厳重に訓戒を加えて、将来を戒めること、②親権者、雇主その他被疑者を監督する地位にある者又はこれらの者に代わるべき者を呼び出し、将来の監督につき必要な注意を与えて、その請書を徴すること、③被疑者に対し、被害者に対する被害の回復、謝罪その他適当な方法を講ずるよう諭すことが必要になります（犯罪捜査規範200条）。そこで、弁護人としては、Aの関係者に打診して、請書の提出について協力を求めるとともに、Aに対して、取調べにおいて、Vに対する反省や謝罪を供述し、調書に残してもらうよう指示し、又は、Vに対する反省文や謝罪文を作成させ、弁護人の意見書と併せて警察官に提出することになります。

イ　人身安全関連事案の対応

ところで、配偶者間の暴行事件において逮捕・勾留されている場合、警察において、本事例が人身の安全を早急に確保する必要の認められる事案であると考えられている可能性があります。この点について、警察は、配偶者からの暴力事案については、私的な人間関係に起因するもので、加害者の被害者に対する執着心や支配意識が非常に強いものが多く、加害者が、被害者に対して強い危害意思を有している場合には、検挙されることを顧みず大胆な犯行に及ぶこともあるなど、事態が急展開して重大事件に発展するおそれが大きいものであると認識しており、迅速かつ的確に対処する方針とされています[6]。また、警察では、前頁の図表のとおり対策を講じているようですので、Aがこれまでも複数回にわたり、Vに対して暴力行為をしている可能性もあります。そのため、AのVに対する反省文や謝罪文については、過去の事象も踏まえた内容とする必要があります。

また、弁護人の意見書では、AのVに対する暴力行為の動機がAのVに対する執着心や支配意識に起因するものではなく、AがVに対して強い危害意思を有しておらず、今後、重大事件に発展するおそれがないことを説明する内容とすることが考えられます[7]。

4　終局処分に向けた弁護活動

(1)　自白事件

自白事件においては、不起訴処分を目指すことになります。

6　警察庁「令和元年警察白書」第2章第1節第2項(2)①参照
（https://www.npa.go.jp/hakusyo/r01/honbun/html/v2212000.html）

7　アルコール依存とDVが背景にある暴行事件の事例紹介として、治療的司法研究会編著『治療的司法の実践　更生を見据えた刑事弁護のために』第一法規（2018年）〔菅原直美〕173～179頁参照検察官において、Aの規範意識が鈍麻していると評価されてしまうと、罰金刑を科したり、公判請求したりする必要があるとの判断がなされてしまう可能性があります。そのため、検察官において、不起訴処分にしても、重大事件に発展するおそれがないと認識してもらう必要があります。

捜査機関の取調べでは、AにVに対する恨みや激烈な感情を表したりさせず、Aには、自らの行為を反省し、暴力行為に至った原因と今後暴力行為を行わないためにどうすべきかを捜査機関に自らの言葉で説明させ、調書を作成してもらうようにすべきです。また、必要に応じて、弁護人から、Aに対して、カウンセリングの受診やVとの別居を助言し、Aにおいて受け入れることが可能なものについては、捜査機関に自ら説明させるようにすべきです。

終局処分に関する弁護人の意見書では、Aの説明を補足するものとすればよいように思われます。

⑵ 否認事件

身体に向けた有形力の行使が複数回にわたり行われているにもかかわらず、否認するということは通常考えられませんので、Aの責任能力に問題があるか、Vが全くの虚偽供述をしているかが考えられます。Aの責任能力に問題があると思われる場合には、弁護人から捜査機関に対して、早期に責任能力に問題がある可能性があることを申し入れ、鑑定を依頼する必要があります。また、Vが全くの虚偽供述をしている可能性があれば、弁護人から捜査機関に対して、AのアリバイやVの傷害の状況を丁寧に照合するよう申し入れることが考えられます。

事例 Ⅳ-3-2【児童虐待】

Aは、Aが養子縁組をしている妻Wの連れ子V（当時10歳）に対して、勉強するよう指示したところ、Vが「お前なんて父親でもないくせに、父親面するな」と言ったことに腹立ち、衝動的に、その右腕部を強く捻り、その結果、Vに治癒まで約1か月を要する右腕骨折の傷害を負わせた。

1　事例の見通し

傷害罪が成立する可能性があります（刑法204条）。

児童虐待について、児童虐待の防止等に関する法律は、保護者（親権を行う者、未成年後見人その他の者で、児童を現に監護するものをいう）がその監護する児童（18歳に満たない者をいう）について、児童の身体に外傷が生じ、又は生じるおそれのある暴行を加える行為と定めています（同法２条１項１号）。本事例は、同法に定める児童虐待に該当するものと思われますが、児童虐待の防止等に関する法律には、児童虐待に対して罰則規定がありませんので、児童虐待を理由として検挙されるものではなく、あくまでも傷害罪によって検挙されることになります。児童虐待に係る事件（児童虐待防止法２条の規定する児童虐待により犯罪として検挙された事件）について、検挙件数及び検挙人員は平成26年から４年連続で増加し、平成29年は1,116件、1,153人であり、それぞれ平成20年（304件、316人）の約3.7倍、約3.6倍でした。また、罪名別では、暴行が平成29年は347件、347人であり、それぞれ平成20年（19件、18人）の約18.3倍、約19.3倍、傷害が平成29年は471件、493人であり、それぞれ平成20年（135件、144人）の約3.5倍、約3.4倍でした（法務省「平成30年版犯罪白書」第４編第６章第１節）。

傷害罪の法定刑は、１月以上15年以下の懲役刑又は１万円以上50万円以下の罰金刑です（刑法204条、12条、15条）。罰金刑であれば、略式手続とすることもできます（刑訴法461条）。起訴され、有罪となりますと、罰金20〜30万円又は執行猶予付判決となることが見込まれます。

2　捜査機関の取調べ

児童虐待事件の取調べについては、一般的に、通常の暴行や傷害事件の取調べと変わらないと解されていますが、懲戒目的の有無などの事情について確認されます[8]。

8　事案によっては正当行為（刑法35条）として、違法性が阻却されるかが問題になることもあります。

3　身体拘束の回避・解放に向けた弁護活動

(1)　在宅で受任する場合

在宅で受任する場合には、逮捕されないようにすることが最も重要になります。

警察では、児童の安全確保を最優先とした対応を行っており、児童虐待が疑われる事案を認知した際には、現場臨場等を行い、警察職員が児童の安全を直接確認するように努めています。その他にも、必要な捜査を積極的に行い、児童の死亡等事態が深刻化する前に児童を救出及び保護することができるようにし、また、児童を迅速かつ適切に保護するため、児童虐待を受けたと思われる児童を発見した際の児童相談所への確実な通告の実施、通告に際しての事前照会の徹底等、児童相談所等との情報共有を図るとともに、必要に応じて地域の要保護児童対策地域協議会に参加するなど、関係機関との緊密な連携を保ちながら、児童の生命・身体の保護のための措置を積極的に講じています[9]。そのため、Aには警察からの呼出しはもちろんのこと、その他の関係機関からの調査に対しても誠実に対応するよう助言します。

(2)　逮捕・勾留後に受任する場合

逮捕・勾留後に受任する場合には、身体拘束からの早期解放を目指すことになります。

ア　環境調整の工夫

A、W及びVの一家において、Aの所得に生活を依存している場合には、Aの身体拘束が長期化し、Aが解雇されることになれば、A、W及びVは生活に困窮するおそれがあります。そこで、Wには速やかにAと一時的に別居するなどVの生命と身体の安全が確保されるよう環境調整し、Aが身体拘束から早期に解放されるよう協力を求めることが考えられます。そして、Wにおける環境調整の内容については、報告書を作成して、速やかに捜査機関に提出します。

9　警察庁「令和元年警察白書」第2章第1節第2項(3)参照
（https://www.npa.go.jp/hakusyo/r01/honbun/html/v2212000.html）

イ　取調べに対する姿勢の助言

弁護人において、Ａや関係者から事情聴取をした場合には、Ａや関係者に、検察官から取調べや電話聴取があることを伝え、検察官から取調べや電話聴取があった場合には、弁護人に説明した内容を検察官に積極的に説明するよう助言します。検察官は、弁護人の提出する録取書に記載されている内容が真実であるか被疑者や関係者に確認しますので、Ａや関係者が弁護人に説明した内容を検察官に説明しなければ、検察官は、終局処分に当たって、弁護人の提出する録取書に記載されている内容を踏まえて判断することができなくなってしまいます。

ウ　正当行為（刑法35条）該当性

ところで、微罪処分や人身安全関連事案の対応については、配偶者間の暴力事案と同様ですが、児童虐待事案の場合には、懲戒目的があれば、正当行為（刑法35条）に該当し、違法性が阻却される可能性もあります[10]。そのため、終局処分において、検察官が正当行為の成立の可能性について十分に検討できるよう、逮捕・勾留の早期段階において、弁護人から、積極的に正当行為の成立の可能性が高いことを検察官に伝え、検察官において、正当行為の成立を肯定できるよう必要な捜査を尽くさせることが重要です。

エ　弁護人による事実調査

捜査機関による捜査は、被害者Ｖの診断書以外には、Ａの取調べ、Ｖの取調べ、Ｗの取調べ、Ａの関係者からの取調べが中心になります。捜査機関と弁護人とでは事実の調査能力にそれほど差異はありません。むしろ、弁護人の方がＡやその家族から容易に情報を得ることができますので、機動的ですらあります。面接や電話による方法で、積極的に事実聴取をして、聴取録取書を作成し、検察官に情報提供していくことも検討します。

10　親権者は、児童のしつけに際して、その適切な行使に配慮しなければならず（児童虐待の防止等に関する法律14条１項）、児童虐待に係る暴行罪、傷害罪その他の犯罪について、当該児童の親権を行う者であることを理由として、その責めを免れることはないことが明文上も定められています（同条２項）。他方で、親権者は、子の利益のために子の監護及び教育をする権利を有し、義務を負い（民法820条）、その必要な範囲内でその子を懲戒することができます（民法822条）。

オ　被疑者や家族の聴取録取書の作成

弁護人においても、弁護人の意見書として、懲戒目的の存在を立証できるよう、ＡやＷから①日常におけるＡとＶの関係、②事件発生の経緯、③事件当時の状況について事情聴取し、録取書を作成します。その際、Ａに不利益な内容であっても、捜査機関の取調べにおいて供述している内容と齟齬がないように作成することも検討すべきです。

4　終局処分に向けた弁護活動

⑴　自白事件

自白事件においては、不起訴処分を目指すことになります。配偶者間の暴力事案と同様であると考えられます。

仮に常習的に虐待がなされている場合には、量刑を加重する事情であると一般的に解されていますので[11]、情状酌量による起訴猶予を獲得することは困難になります。そこで、Ａにおいて、家族との別居や離婚、養子縁組の解消を検討し、再犯のおそれがないよう環境調整することも考えられます。また、児童虐待の防止等に関する法律は、児童虐待を行った保護者について児童福祉法27条１項２号の規定により行われる指導は、親子の再統合への配慮その他の児童虐待を受けた児童が良好な家庭的環境で生活するために必要な配慮の下に適切に行われなければならないと定め（児童虐待の防止等に関する法律11条１項）、また、児童虐待を行った保護者について児童福祉法27条１項２号の措置が採られた場合においては、当該保護者は、同号の指導を受けなければならないと定められています（同条２項）。Ａにおいて、児童福祉法に定める指導に服する誓約をすることにより、再犯のおそれが低いことを示すことができます。

⑵　否認事件

身体に向けた有形力の行使が複数回にわたり行われているにもかかわらず、否認するということは通常考えられませんので、不合理な否認の場合には、

11　池田直人「児童虐待の処罰に関する考察」東京大学法科大学院ローレビュー第12巻（2017年）60頁

弁護人として、Aに対して、反省を促すことも考えられます。

（後藤 晃輔）

4 公務執行妨害

はじめに

公務執行妨害は、公務員の公務の執行に対して、暴行又は脅迫を加え、これを妨害することとされています。保護法益としては、公務そのものであり、公務員個人を守るものではありません。

構成要件として、注意すべき点としては、主観的構成要件要素として公務員の公務であることの認識が必要であること、当該公務の適法性が必要となることです。特に日本語を十分に理解できない外国人の事件において、公務員であることの認識ができたのかということは問題になりやすいです。

保護法益が公務であることから、被害者との示談は考え難いことになります。もちろん、公務執行妨害の結果、傷害を負わせてしまった場合には、傷害罪について示談をすることも理屈としてはあり得ますが、公務中の公務員であることから、被害者として示談に応じることは考え難いです。

公務執行妨害については、検察庁に身柄送致される事件が全体の７割であり、さらに、検察官に送致された事件でも23.99％が勾留請求をされることなく釈放されており、勾留請求された場合でも13.38％が勾留請求を却下されています。

勾留中公判請求率も27.01％と刑法犯全体の42.39％と比べても著しく低いですが、略式請求率は21.42％と、刑法犯全体の7.63％に比べて著しく高いです。

在宅を含めた起訴率は、刑法犯全体と比べて高く（公務執行妨害42.86％、刑法犯全体37.47％）、釈放になった後に在宅事件として処分されることが多い類型です（法務省「2018年版検察統計統計表」）。

事例 Ⅳ-4-1

日本人であるＸは、飲酒した帰り道において、制服の警察官Ａから、職務質問を受けた。Ｘは、Ａの職務質問に対して、「うるせー、バーカ」などと悪態をつき、Ａの職務質問に応じず、Ａが所持品の確認を求めようとＸの鞄を指さしたところ、「触んじゃねーよ！」と述べ、Ａを右足で蹴った。

1　事例の見通し

酔余のうえの犯行であり、行為態様も悪質とは言い難い事件であり、前科・前歴や具体的な行為態様にも左右されますが、基本的には公判請求される可能性はかなり低い事件です。

また、勾留請求の却下率及び検察官による釈放率からみても、勾留されずに済む可能性が相当程度高い事案です。まずは、身体拘束の回避・解放を目指していくことになります。

他方で、釈放されたとしても、在宅事件となる可能性も相当程度ありますので、接見の際には釈放されても、在宅事件となる可能性があることを伝えておく必要があります。

黙秘を指示するかということについてですが、本事例では、検察官が勾留請求をしない可能性が相当程度あります。そのため、検察官が、勾留請求をしないための材料の提供として、供述をするという判断、すなわち黙秘を解除するということも検討すべきです。もっとも、供述する場合には、何を話すかということについてしっかりと接見で打ち合わせておく必要があります。特に、本事例においては、依頼人は酔っていたことから、記憶が曖昧になっている可能性があります。黙秘を解除することはよいとしても、それは、弁解録取の際に、検察官の誘導に乗ることを是認するものではありません。記憶が残っている部分、曖昧な部分、覚えていない部分などをしっかりと確認しておくべきです。

2　身体拘束の回避・解放に向けた弁護活動

⑴　勾留決定前

検察官に勾留請求に反対する意見書を提出します。本事例のような公務執行妨害については、罪証を隠滅することはそもそも困難ですので、罪証を隠滅すると疑うに足りる相当の理由がないことを明記するのは当然ですが、逃走し又は逃走すると疑うに足りる相当の理由がないことについての方に重点を置く必要があります。

これは、前者はある意味当然であり、検察官としても、本気で罪証を隠滅すると疑う相当の理由があるとは考えておらず、釈放後、在宅事件として扱えるかということを気にします。

接見の翌日には送検となることが多いため、依頼人の家族等と直接会い、身元引受書を作成することは難しいかもしれませんが、電話聴取書でもよいので、出頭を確保することを約束しておくことが重要です。

勾留の必要性についても重要です。公務執行妨害において送検された事件の4割強が釈放されていることを引き合いに出して、本事例が公務執行妨害の中で、比較的軽微な事案であることから、これを勾留することはバランスを欠くこと等を指摘していくこともよいでしょう。

検察官が勾留請求をした場合には、勾留決定に反対する意見書を裁判所に提出します。勾留決定をした場合には準抗告をするという牽制にもなります。内容としては、検察官への意見書と大きく異なることはないです。

⑵　勾留決定後

勾留に対する準抗告を行います。ただし、送検された事件の約4割強が釈放されているにもかかわらず、本事例がなぜ、勾留決定されたのかという原因を考える必要があります。

例えば、単身独り暮らしであった場合には、出頭の確保に問題があるとされた可能性があります。この場合には、家族と同居できないかを検討し、また、雇用主の身元引受書を用意することも考えられます。

裁判官としては、勾留請求に反対する意見書が出されている場合には、準抗告の可能性があることは当然理解しています。それにもかかわらず勾留決定をしているのですから、少なくとも裁判官の中では、準抗告に耐え得る判断をしたということです。

意見書で弱かった点について、検討をし、接見では、弁解録取の際に検察官から聴取されたことや、事実についての確認をしっかりと行う必要があります。

3　終局処分に向けた弁護活動

勾留を回避できたとしても、在宅事件となる可能性があります。国選弁護人であれば、終了となりますが、在宅事件になった場合の見通しなどについても説明をしておくべきです。

特に、在宅での略式請求というのは少なくないので、勾留から解放されて終了したと依頼人が思っていると、後々トラブルになりかねません。

勾留を回避できなかった場合ですが、略式請求の可能性があることを説明しておく必要があります。

示談が困難であることから、それ以外の弁護活動を行う必要があります。酔余のうえの犯行ということですので、酒癖について理解させることはもちろん、在宅であれば実際に専門家の診察を仰ぐこと、勾留されているのであれば、釈放後に専門家の診察を仰ぐことの制約をしておくことも必要です。

酒癖が悪いわけではなく、今回が初めての酔余のうえでのトラブルであれば、そのような事態になってしまった原因について探り、解消していくことも重要です。

事例 Ⅳ-4-2

非英語圏出身の外国人であるXは、飲酒した帰り道において、私服の警察官Aから、職務質問を受けた。Xは、日本語も英語も十分に理解しておらず、Aが絡んできたと思っており、Aが同行を求めるためにXの手を肩に掛けたところ、Aを右足で蹴った。

1　事例の見通し

公務執行妨害については、公務であることの認識が必要です。そのため、Ａが警察官であることを認識できていない場合には、公務執行妨害は成立しないことになり、暴行罪が成立するにとどまります。

事例Ⅳ－４－１で述べたように、公務執行妨害については、そもそも、勾留請求をされないケースが多いです。まして、本事例のように公務執行妨害が成立しない可能性がある事件では、勾留してこない可能性も相当程度高いです。

他方で、来日歴が長ければ、「警察」という言葉程度は理解できると思われます。そのため、公務執行妨害が成立すると判断される可能性があります。来日歴が短く、単身であれば、逃走すると疑うに足りる相当の理由があるとされ、勾留請求される可能性もあります。

外国人事件においては、捜査機関の通訳にどの程度信用を置いてよいのか、不安な部分があります。日本人の場合には、黙秘を解除することについて積極的な場面であっても、外国人の場合には、この点も考える必要があります。

本事例では、弁解録取の際に、来日歴、日本語の理解力、Ａが警察官だと理解していなかったことについては黙秘を解除するとしても、それ以上のことについて、黙秘を解除するのはリスクがあると考えます。

2　身体拘束の回避・解放に向けた弁護活動

⑴　勾留決定前

検察官に対して意見書を提出しますが、内容としては、本事例については、公務の認識が欠けるため、公務執行妨害は成立しないことを述べることになります。そのうえで、付言として、必要であれば捜査には協力すること、公務執行妨害における勾留請求率などを指摘して、勾留請求をすることに対して反対であり、勾留請求をされた場合には徹底的に争うことを明らかにします。

黙秘を解除するわけではないので、意見書には弁面調書を添付することが考えられます。弁面調書には、事件のことのほかに、どの程度の日本語能力があるかを具体的に書きます。来日歴や、来日以前の日本語の勉強期間なども重要です。来日目的が仕事であれば、日本語を全く勉強せずに来日することは考え難いのではないかという疑問も出てきます。その場合には接見の際に疑問を明らかにしておくべきです。

また、警察官が"Police"という単語を使用している可能性があります。そのため、英語の能力についても確認しておくことが必要でしょう。

勾留請求がされてしまった場合には、裁判所へ意見書を提出します。本事例に関して、日本人であれば勾留請求されないケースであることや、情状事件であれば勾留請求されないケースであること等がいえれば、そのことを盛り込み、外国人であることを理由とした差別的な対応であることや、否認することを実質的な理由として勾留するのは人質司法であることを加え、強く反対していくことになります。

⑵ 勾留請求後

準抗告を行いますが、補充の弁面調書を作成することも検討する必要があります。なお、弁面調書を作成する際には、客観証拠との矛盾に気をつける必要がありますが、本事例では、公務の認識が欠けることが争点になるため、主として、依頼人の日本語能力について記載することになります。そのため、客観証拠との矛盾は生じにくいです。

3 終局処分に向けた弁護活動

弁解録取の際には範囲を限定して黙秘を解除しましたが、それ以降の取調べについては、黙秘すべきです。依頼人の日本語能力について積極的な弁解を行う必要がありますが、これは弁面調書で行えば足ります。

在宅事件になった場合で、私選としてついているのであれば、取調べの立会いを申し入れておくことも重要です。取調べの立会いが認められなくとも警察署に同行し、依頼人には必要があれば警察署にいるので、取調べを中断して弁護人と話したい旨、申し入れるように伝えることも１つの方法です。

事例 Ⅳ-4-3

Xは、制服警察官のAから職務質問を受け、鞄の開披を求められた。Xは、これを拒否したが、Aは構わず鞄を開披しようとしたため、Xは、Aに対して再度、開けるなと述べたがAがこれを無視したため、鞄を開けさせないためにAを突き飛ばした。

1　事例の見通し

公務執行妨害罪の成立のためには、公務が適法であることが必要です。しかし、本事例におけるAの行為は任意捜査の範囲を明らかに逸脱している違法な所持品検査です。そのため、Aの行為は違法な公務として、公務執行妨害罪によって保護される対象ではありません。

また、本事例については、そもそも、行為態様としても、悪質とは言い難い事案です。そのため、公務執行妨害罪が成立するとしても、勾留が必要であるとは言い難いです。公務執行妨害罪について否認しつつ、勾留を回避していくことが求められます。

他方で、XがAの開披行為について許可したと、Aは供述している可能性があり、Aの同僚などが、これを補強した供述をしている可能性があります。

この事件単独で公判請求してくる可能性はともかくとして、他の余罪等が存在した場合に、本事例についても公判請求してくる可能性もあります。

公務執行妨害罪の公判請求率が高くないからといって油断することはできません。

取調べに対する対応ですが、これについても黙秘が原則となります。弁解録取の段階で争点を明らかにしておくことは意味がありますが、それ以上のことを述べる必要はありませんし、弁護人作成の意見書で対応することが可能です。

2　身体拘束の回避・解放に向けた弁護活動

⑴　勾留決定前

本事例については、公務の適法性が問題となることを検察官に伝える必要があります。弁面調書を作成し、公務の違法性を主張することも考えられますが、生の事実をある程度書くことになります。そのため、矛盾する客観証拠が出てこないかということを意識しなくてはなりません。弁面調書を作成するよりも、意見書で、公務の適法性を争うことを牽制しておくことにより、供述することで果たそうとしている目的は達成することができます。

意見書で記載すべき内容としては、公務執行妨害が成立しないことのほか、公務執行妨害罪における勾留請求率の低さを指摘して、本事例が成立するとしても自白している場合には勾留請求しないとみられる事件であるところ、否認していることから勾留請求することは人質司法であると指摘することなどがあります。

また、勾留の理由については、警察官であるAを威迫等することは極めて困難であることから、罪証を隠滅すると疑うに足りる相当の理由は存在しないと指摘することは当然になります。

⑵　勾留請求後

勾留請求が認められた場合には準抗告を検討します。

その場合は、なぜ、勾留請求が認められたのかを分析しなくてはなりません。裏付けの客観証拠が存在する可能性や臨場した警察官以外の目撃者の有無などをできる限り確認しておくことが必要です。

準抗告申立書に、生の事実をどこまで書くかは、非常に悩ましいところがあります。生の事実を書き過ぎれば、客観証拠が存在したときに矛盾するリスクが高まりますし、また、捜査機関にも弁護人側の主張が伝わります。そのため、必要以上に盛り込むことは避けるべきです。もっとも、こちらの主張を裏付ける客観的事実が存在する場合にはその主張について述べるリスクが減りますので、必要があれば盛り込むことになります。

3　終局処分に向けた弁護活動

公判請求を防ぐことが目標になります。

勾留請求に反対する意見書や、勾留に対する準抗告をしていた場合には、弁護人の主張が伝わっていることになります。これに加えて、不起訴を求める意見書をあえて出す必要があるかということについては、新たにこちらにとって有利な事情が判明するなどのことがあればともかく、そうでないなら、積極的に行う意味はありません。

（髙木 小太郎）

COLUMN 6

外国人事件

1　外国人による刑事事件の傾向と被疑者国選事件の拡大

外国人（特別永住者や永住者等を含まず）による犯罪事件について、その受理事件（合計17,331件）を罪名別にみていきますと、出入国管理及び難民認定法（以下、「入管法」という）違反5,583件（約32.2%）、窃盗3,561件（約20.6%）、傷害1,564件（約9.0%）、その他の特別法犯1,259件（約7.3%）、覚醒剤取締法684件（約4.0%）、風俗営業等の規制及び業務の適正化等に関する法律違反413件（約2.4%）、支払用カード電磁的記録関係436件（約2.5%）の件数が多くなっています（法務省「2018年版検察統計統計表」）。

被疑者国選対象事件は、2018年６月、「死刑又は無期若しくは長期３年を超える懲役若しくは禁錮にあたる事件」から「勾留された全事件」に拡大されました。そのため、これまで被疑者国選対象事件とされていなかった入管法違反事件や風俗営業等の規制及び業務の適正化等に関する法律違反事件も被疑者国選対象事件となり、刑事弁護事件における外国人事件の件数は増加していくことが見込まれます。

2　刑事手続と退去強制手続

外国人による犯罪の場合における刑事手続は、日本人による犯罪の場合におけるものと変わりませんが、外国人には、入管法に基づく退去強制手続（入管法27～55条）があります。検挙された外国人が入管法上の退去強制事由（同24条）に該当する場合には、退去強制手続の対象にもなります。この退去強制手続は、刑事手続とは異なる行政手続で、実務上は、刑事手続が退去強制手続に先行する場合が多いようです。犯罪を行った外国人が検挙された場合における刑事手続及び退去強制手続の流れは、次頁の図のとおりです。

被疑者国選弁護事件として受任した場合において、刑事手続について早期に身体拘束から解放させることができたときでも、その釈放後、退去強制手続により収容される可能性もありますので（入管法39条）、被疑者に手続の見通しを説明する際には留意が必要です[1]。

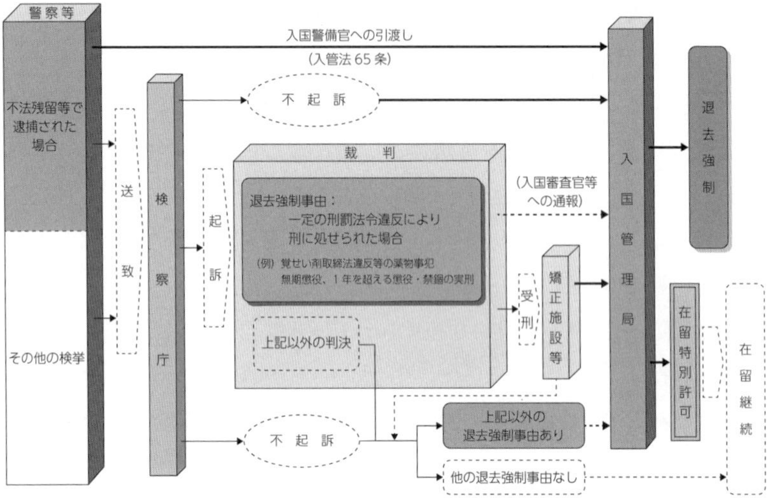

（法務省「平成25年版犯罪白書」第７編第２章第２節２　７－２－２－２－１図）

3　外国人の取調べ対応と通訳の問題[2]

捜査機関による外国人の取調べにおいては、捜査機関が依頼した通訳人が同席し、通訳人が述べた日本語に基づいて調書が作成されます。また、「犯罪白書」によれば、捜査機関は、外国人の取調べや身体拘束に際しては、言語、風俗、習慣等の相違を考慮し、日本の刑事手続に関する基本的事項について、理解に資するような説明等を行うなどしているようです

1　「退去強制手続と出国命令制度」については、出入国在留管理庁のホームページに詳細な解説があります（http://www.immi-moj.go.jp/tetuduki/index.html#sec_06）。
また、入管法の重要な改正も近年多くありますので、入管法及びその関係法令については、出入国在留管理庁のホームページを確認する必要があります（http://www.immi-moj.go.jp/hourei/index.html#sec_02）。

2　外国人ローヤリングネットワーク編『外国人事件ビギナーズ』現代人文社（2013年）、大木和弘＝金竜介＝児玉晃一＝関聡介『外国人刑事弁護マニュアル〈改訂第３版〉』現代人文社（2014年）、宇井稔＝萬羽ゆり『Ｑ＆Ａでわかる　外国人犯罪捜査（捜査手続編）』実務法規（2014年）、萬羽ゆり『外国人犯罪捜査の手引き〈改訂版〉』近代警察社（2010年）、小林裕子『司法通訳人という仕事ー知られざる現場』慶應義塾大学出版会（2019年）参照

（法務省「平成25年版犯罪白書」第７編第４章第３節１）[3]。

しかし、被疑者が正確に日本の刑事手続について十分に理解しているとは限りません。そこで、初回接見時には、通訳人を同行し、「外国人被疑者接見時の差し入れ文書」[4]を差し入れます。差入れ時には、日本語訳の提出を求められることもありますので、日本語原文も併せて持参します。また、識字能力の低い被疑者もいますので、同行した通訳人にその要点を説明してもらいます。また、捜査機関の通訳人については、捜査機関からの独立性に問題がありますし、その能力も様々です。調書も、通訳である以上、ニュアンスまで正確に表現できているとは限りません。そのため、原則として調書の作成には応じない方針が望ましいと考えられます。また、被疑者に対して通訳人の日本語能力及び外国語能力が十分であるか確認し、十分でないのであれば、必要に応じて、弁護人から捜査機関に申入れを行うことも考えられます。さらに、公判において通訳人に対する証人尋問は基本的にできませんので、取調べ全過程の録音・録画を捜査機関に求めることも考えられます[5]。

他方で、接見時の通訳人については、当番弁護事件や国選弁護事件では、法テラスから紹介があります。日常会話であれば日本語でも支障のない被疑者も、刑事手続や事件の詳細に関する説明などについては、日本語では十分に意思疎通できない可能性もありますので、接見時には、必ず通訳人を同行します。ただし、法テラスから紹介される通訳人の能力も様々ですので、通訳人との信頼関係が構築されるまでは、通訳人の話の長さや被疑者の反応に注意を払い、必要に応じて、説明を繰り返し行うなど工夫することも必要です。通訳人との信頼関係を構築することが難しい場合には、法テラスに他の通訳人を紹介してもらうことも検討すべきです。

3　刑訴法175条、市民的及び政治的権利に関する国際規約（Ｂ規約）14条３項(a)

4　日本弁護士連合会会員専用ページ（HOME→書式・マニュアル→刑事関係→被疑者段階（身体拘束関係）→外国人被疑者接見時の差し入れ文書）でPDFデータを入手できます。

5　要通訳事件の場合における申入書の参考例については、日本弁護士連合会編『取調べ対応・弁護実践マニュアル～被疑者・被告人の権利を守るために～〈第３版〉』日本弁護士連合会（2017年）54頁参照

4　外国人の保釈

裁量保釈（刑訴法90条）について、外国人の場合において、現に在留資格がないときには、退去強制手続により国外退去されてしまうため、仮放免許可（入管法54条）の可能性が高くなければ、実務上、保釈が認められることはありません。そのため、仮放免許可の申請を検討することになります[6][7]。

他方で、在留資格があるときには、身体拘束から解放すれば自国に戻る可能性が高いため、「逃亡のおそれ」（刑訴法90条）が高いと評価されてしまうおそれがあります。もっとも、外国人といえども、パスポートがなければ日本を離れることができませんので、パスポートを自由に使えなければ「逃亡のおそれ」に外国人特有の問題はありません。ただし、外国人は原則として、パスポートを携帯する義務がありますので（入管法23条１項本文）、弁護人がパスポートを預かることができません。そこで、携帯用の超小型金庫などにパスポートを入れて持ち歩けるようにし、その鍵を弁護人が預かるなどの工夫をすることが考えられます。これに対し、在留カードを携帯していれば、パスポートを携帯する義務のない外国人（中長期在留者）の場合には（同条１項ただし書、２項）、弁護人がパスポートを預かることを保釈条件とすることが考えられます[8]。

（後藤 晃輔）

6　仮放免許可申請手続（法務省のホームページ）
(http://www.moj.go.jp/ONLINE/IMMIGRATION/16-11.html)

7　弁護士が身元保証人となる場合又は出頭義務の協力を表明した場合には保証金額が少額になる等の配慮がなされることとされています（日本弁護士連合会の平成23年１月21日付「弁護士が身元保証人となる場合等の入国管理局の仮放免の取扱いと、被退去強制者の送還予定時期の弁護士への通知制度についてのお知らせ」や「弁護士が外国人の仮放免申請を行う時の取扱いの変更について」）。

8　その他、外国人事件の保釈請求の実践例として「ゴーンさんの保釈はどのように獲得したのか　人質司法の原因とその打破の方策」季刊刑事弁護100号（2019年）144～166頁参照

V 器物損壊事案

V　器物損壊事案［概論］

1　罪名・構成要件・法定刑

(1)　器物損壊罪・動物傷害罪（刑法261条）

他人の物を損壊、他人の動物を傷害した場合に成立します[1]。

法定刑は３年以下の懲役、30万円以下の罰金です。親告罪です。

「損壊」は、判例上、①物質的に物の全部又は一部を毀損するか、②本来の効用を減損させる行為と解されます[2]。隠匿行為も損壊の一態様です。

時間的・経済的・技術的観点から原状回復の困難性を判断し、効用侵害状態の固定化が強い場合は、効用の減損があったと考えられます[3]。

(2)　建造物損壊罪・艦船損壊罪（刑法260条）

法定刑は５年以下の懲役です。

人を死傷させた場合は傷害罪より重い罪で処罰されます。

建造物と器物の区別が難しい場合があります（事例V－１－４参照）。

損壊の意味は器物損壊罪と同じとされますが、ごく軽微な毀損は損壊とはなりません。

落書き行為は、工作物や標示物への貼り紙・汚す行為を罰する軽犯罪法１条33号（科料又は拘留）との区別が問題となります。

判例[4]は、公衆トイレの外壁に「反戦」等の文言をペンキで大書した事例について、建物の外観ないし美観を著しく汚損し、原状回復に相当の困難を生じさせ、効用を減損させたとして、建造物損壊罪を適用しました。

(3)　公用文書・電磁的記録毀棄（刑法258条）

法定刑は３月以上７年以下の懲役です。

1　愛護動物をみだりに殺傷した場合は、５年以下の懲役又は500万円以下の罰金です（動物の愛護及び管理に関する法律44条１項）。

2　最二小判昭和25・４・21刑集４巻４号655頁〔27610225〕

3　大塚仁ほか編『大コンメンタール刑法第13巻〈第２版〉』青林書院（2000年）577頁

4　最三小決平成18・１・17刑集60巻１号29頁〔28115072〕

交付前の交通反則告知書（いわゆる青切符）や供述調書を破く行為は、本罪に該当します（態様によっては公務執行妨害罪も成立します）。

(4) その他

私用文書・電磁的記録毀棄（刑法259条）の法定刑は５年以下の懲役です。

境界損壊等（同法262条の２）は５年以下の懲役又は50万円以下の罰金です。

信書隠匿（同法263条）は６月以下の懲役、10万円以下の罰金等です。

2 見通し

(1) 身体拘束

毀棄・隠匿罪は、現行犯でない限り在宅が多いでしょう。

逮捕されても、身元引受人の確保等ができれば勾留回避できます。

ただし、被害者とたびたびトラブルになっているような事案では勾留の可能性が出てきます。

(2) 終局処分

器物損壊罪の起訴率は20.8％（平成30年）であり、起訴事案の約58％が略式命令です[5]。公用文書毀棄や建造物損壊も起訴率はさほど変わりません。

公用文書毀棄を除けば、示談で不起訴となるはずです。

器物損壊は、被害額や前科にもよりますが、告訴を取り消してもらえなくても、被害弁償を受け取ってもらえているなら、不起訴の見込みはあります。

弁償未了の器物損壊事案は、被害の大きなものを除き、初犯では十数万円程度の罰金でしょう。

建造物損壊や公用文書毀棄は、罰金刑がないので、起訴猶予にならなければ公判請求です。

（服部 啓一郎）

5 法務省「2018年版検察統計統計表」（表番号18-00-08）

1　器物損壊、建造物損壊

事例 V-1-1

被疑者（外国籍、日本人配偶者の資格で在留中）は、繁華街で酔って、路上に置かれた被害店舗のごみ箱を蹴って壊したところ、器物損壊で現行犯逮捕された。なお、暴行、公務執行妨害の前歴２件を有する。

1　事例の見通し

器物損壊も粗暴犯の一種であり、被疑者の前歴２件は同種といえます。少なくとも罰金刑の可能性があります。

他方、器物損壊罪は親告罪ですから、示談して告訴を取り消してもらえれば、仮に同種前科があっても不起訴となります。

2　弁護活動のポイント

被疑者が外国籍であっても弁護活動の根本は変わりません。

本事例では、身元引受人を確保すれば基本的に勾留は回避できます（ただし、検察官が勾留請求する可能性は相当あります）。

留意点としては、通訳人の確保、弁護人による被疑者パスポートの保管（出国防止のため）、在留期間更新手続等の要否の確認が挙げられます。

なお、弁護人がパスポートを預かる対応となるのは、在留カードを携帯することによってパスポートの携帯義務を免除される中長期在留者に限られます（入管法23条２項参照）。

「COLUMN 6　外国人事件」も参照してください。

事例 V-1-2

被疑者は、何度か口論したことのあるAの駐車中の車のナンバープレートを遺棄した。後日、被疑者は、通常逮捕された。

被疑者とAは、互いの顔を知っているが、名前と自宅は知らなかった。

車は、厳密にはAの勤務先会社の所有であった。車にはいくつか引っかき傷があったが、被疑者は、自分がつけたものではないと述べている。

1　身体拘束の解放に向けた活動

器物損壊は在宅の進行が多いものの、本件のように被害者と何度かトラブルを起こしている事例では逮捕されることがかなりあります。

身元引受人の確保、（被害者と接触しない旨の）誓約書の提出を受けます。

裁判官への意見書では、被疑者もAも互いの氏名や住所は知らず罪証隠滅の現実的可能性は低いこと、Aの勤務先（法的な意味での被害者）は知らないし働きかけたこともないこと、弁護人が示談交渉すること等を書いて説得します。その結果、勾留を回避できることはあります。

2　示談交渉

車の所有者はAの勤務先であるため、告訴を取り消す権限のある被害者は、Aの勤務先となります。弁護人としては、A個人とのトラブルと、器物損壊事件の問題は切り分けてもらうよう被害者を説得します。

ただし、理解してもらえず「Aも納得できなければ、告訴取消しはできない」と言われることは十分あり得ます。そうなった場合はAとも交渉します。

A個人と交渉する場合、感情的になったAから、事件についての賠償だけでなく、従前の口論についての謝罪や賠償、被疑者の自宅の引越し等も求められる可能性があります。過剰要求は拒まざるを得ないですし、不当な要求があれば、Aの勤務先である被害者に伝えて仲介してもらうのも１つの対応方法です。

なお、車の引っかき傷は被疑者がつけたものではないので、それを明示的に賠償する形の示談はできないですが、妥協点として迷惑料ないし慰謝料に含めることは考えられます。

事例 V-1-3

被疑者は、会社の同僚４名と不仲になり、同僚らの不在の間にそのデスク上の私物を隠匿したり、損壊した。

その後、防犯カメラの動画から被疑者が浮上した。被疑者は、会社の上司から呼出しを受け、事実を認めた。その後、警察からも呼出しを受けた。

1　事例の見通し

本事例は職場の者とのトラブルです。会社が主体となって被疑者の処罰を求める場合は身体拘束の可能性があります。他方、会社が中立を保ち、捜査協力や被害回復の協力はするが会社からは積極的に事件化を求めないというとき、身体拘束は基本的に回避されます。

終局処分については、被害者の数が多いこともあり、隠匿・破棄された私物の種類や数、被害金額によっては略式命令にとどまらないことがあります。

なお、刑事処分とは別に懲戒処分を受ける可能性が高いです。謝罪や弁償を実行するのであれば懲戒解雇には至らないでしょうが、停職、減給、降格の可能性はあります[1]。『捜査弁護術』135頁以下も参照ください。

少なくとも、被害者らと同じ職場にいることは困難であり、配置転換、転勤、出向、転籍等の処遇を受けることになるでしょう。

1　人事院事務総長発平成12年３月31日職職68「懲戒処分の指針について」（最終改正：平成30年９月７日）は、民間でも参照されます。同第２－１(5)によれば「他の職員に対する暴行により職場の秩序を乱した職員は、停職又は減給」です。なお、公務外非行としての器物損壊は、減給又は戒告相当とされています（同第２－３(5)参照）。

2　弁護活動のポイント

示談交渉します。このようなケースでは会社の上司が被害者との連絡を取り次ぎ、時には被害者を説得してくれることもあります。

弁護人があえて表に出ず、被疑者の謝罪文や示談書のチェックに徹する選択もあり得ます。

事例 V-1-4

被疑者は、飲食店のトイレのドアを思いきり蹴って、大きく凹ませた。

1　器物損壊か建造物損壊か[2]

ドアは、壁や柱と違って取り外しが可能であることが多く、器物損壊と建造物損壊の区別が問題となります。後者となれば、法定刑は懲役刑しかないことを念頭に置く必要があります。

判例[3]は、市営住宅１階の居室入口に設置された厚さ約3.5cm、高さ約200cm、幅約87cmの金属製ドアをバットで凹損させた件について、「建造物に取り付けられた物が建造物損壊罪の客体に当たるか否かは、当該物と建造物との接合の程度のほか、当該物の建造物における機能上の重要性をも総合考慮して決すべきものである……本件ドアは、住居の玄関ドアとして外壁と接続し、外界とのしゃ断、防犯、防風、防音等の重要な役割を果たしているから、建造物損壊罪の客体に当たるものと認められ」るとしました。

つまり、建造物性は、接合の程度と機能上の重要性を踏まえて総合的に判断されることになります。

一般的に接合の程度が強く、機能上の重要性がある、居室の玄関ドアやシャッターについては、建造物性を肯定する判決が相当数出ています。

2　川島喜弘「建造物等損壊罪・器物損壊罪（刑法各論12）」捜査研究809号（2018年）65頁
3　最一小決平成19・３・20刑集61巻２号66頁〔28135141〕

他方、居室内部の各スペースを区切るドアについては微妙な認定が要求され、器物損壊での検挙例もあります。

本事例のようなトイレのドアについては、保護観察所の待合室と男子トイレを分ける木製ドアを建造物とした裁判例はあるものの[4]、美観維持のために設けられているだけで防音等の役目はほとんど果たさないようなドアも多いです。個別の事案によって、建造物性を争う余地は十分あるでしょう。

（服部 啓一郎）

4　福岡地判平成30・10・9平成30（わ）744号公刊物未登載〔28264820〕

Ⅵ
性犯罪事案

Ⅵ　性犯罪事案［概論］

1　性犯罪の類型

(1)　強制性交等罪、準強制性交等罪、強制性交等致死傷罪

ア　13歳以上の者に対し、暴行又は脅迫を用いて性交、口腔性交、肛門性交（以下、「性交等」という）を行った場合、5年以上の有期懲役です（刑法177条）。13歳未満の者に性交等をした場合も同様です。

平成29年刑法改正により、①従来の「強姦」という言葉が改められ、②客体に男女の区別がなくなり、③性交の態様に口腔性交、肛門性交が加わり、④法定刑が加重され、⑤親告罪の規定が撤廃されました。

暴行、脅迫は、被害者の犯行を抑圧する程度は必要ないとされます。

被害者との合意があった（和姦）との主張が成立すれば犯罪不成立であり、合意があったと誤信していた場合も故意が欠け犯罪不成立です。

イ　人の心神喪失・抗拒不能に乗じ、あるいはこれらの状態にさせて性交した場合は準強制性交等となります（刑法178条2項）。

実務上、抗拒不能の事実及びこれに対する認識の有無（故意の有無）について争点となることが多いです。Ⅵ－3を参照してください。

ウ　（準）強制性交等の罪又は未遂罪を犯して人を死傷させた場合は、無期又は6年以上の懲役です（刑法181条2項）。

被害者に外傷はないが、PTSD等の精神障害が顕れた場合に致傷罪が成立するか問題となります。肯定の裁判例[1]があることに留意すべきです。

エ　なお、集団強姦、集団強姦致死傷は、平成29年の強制性交等罪及び強制性交等致死傷罪の法定刑引上げに伴い、廃止されました。

(2)　強制わいせつ罪、準強制わいせつ罪、同致死傷罪

ア　13歳以上の者に暴行又は脅迫を用いてわいせつな行為をした場合は、6月以上10年以下の懲役刑となります（刑法176条）。13歳未満の者にわいせ

1　東京高判平成28・7・5平成28年（う）250号公刊物未登載〔28242798〕

つ行為をした場合も同様です。

非親告罪となりました。

暴行、脅迫は、被害者の意思に反してわいせつ行為を行うに必要な程度であれば足りるとされます。

本罪は、従来は傾向犯とされていたわけですが、平成29年最高裁大法廷決定[2]はこれを改め、被害者の性的自由の侵害、程度こそが問題であるとしました。行為者の性的意図が常に不要というわけではないものの、行為自体のわいせつ性の判断の際に参酌され得る一要素にとどめました。

「わいせつ」性についても、従前、「徒に性欲を興奮または刺激せしめ、かつ、普通人の正常な性的羞恥心を害し、善良な性的道徳観念に反する」との定義がありました。しかし、前記大法廷決定は、「わいせつな行為に当たるか否かの判断を行うためには、行為そのものが持つ性的性質の有無及び程度を十分に踏まえた上で、……社会通念に照らし、その行為に性的な意味があるといえるか否かや、その性的な意味合いの強さを個別事案に応じた具体的事実関係に基づいて判断せざるを得ない」としか示しておらず、不透明といえます。

イ　人の心神喪失・抗拒不能に乗じ、あるいはこれらの状態にさせてわいせつ行為をした場合は、準強制わいせつとなります（刑法178条1項）。

ウ　（準）強制わいせつの罪又は未遂罪を犯して人を死傷させた場合は、無期又は3年以上の懲役です（刑法181条1項）。

⑶　監護者性交等罪、監護者わいせつ罪、同致死傷罪

平成29年刑法改正で導入されました。

18歳未満の者に対し、監護者としての影響力に乗じて性交等やわいせつ行為を行う場合は、強制性交等罪及び強制わいせつ罪に準じて処罰されます（刑法179条）。

監護者性等の要件は、事例Ⅵ－5－4で説明します。

2　最大決平成29・11・29刑集71巻9号467頁〔28254560〕

⑷　公然わいせつ、わいせつ物公然陳列等

ア　公然とわいせつな行為をした者は、６月以下の懲役若しくは30万円以下の罰金又は拘留若しくは科料です（刑法174条）。

「公然」とは、不特定又は多数人が認識し得る状況をいい、実際に認識されたかどうかは問われません。

社会的法益の罪とされますが、路上で特定の者に陰部を見せた場合など、特定被害者がいるケースは、被害者との示談を試みることになるでしょう。

イ　わいせつな文書、図画、電磁的記録に係る記録媒体その他の物を頒布し、又は公然と陳列した者は、２年以下の懲役若しくは250万円以下の罰金若しくは科料となり、あるいは併科されます。電気通信の送信によりわいせつ電磁的記録を頒布した者も同様です（刑法175条１項）。

また、有償で頒布する目的で、わいせつ物を所持し、又は同項の電磁的記録を保管した者も、同様に処罰されます（同条２項）。

「頒布」は不特定又は多数に対する提供をいいます。

わいせつ性については、周知のとおり憲法21条１項との関係で判例の変遷がありますが、現状、性器の露出が重要な基準となります。

⑸　迷惑防止条例違反（痴漢、盗撮）

ア　痴漢

⑺　概要

都道府県が制定するいわゆる迷惑防止条例では公共の場所又は公共の乗り物における痴漢行為を規制しています。

法定刑は、１年若しくは６月以下の懲役、又は100万円若しくは50万円以下の罰金とするところが多いです。また、常習行為は、２年若しくは１年以下の懲役、又は100万円以下の罰金と定める例が多いです。

⑴　構成要件

要件は、文言にやや差異はあるものの、おおむね以下のとおりです。

①　公共の場所又は公共の乗り物において、

② 人を羞恥させ、あるいは不安を覚えさせるような行為であって、
③ 衣服その他の身に着ける物の上から又は直接に人の身体に触れる行為

このうち「公共の場所」は、道路、公園、広場、駅、商業施設などです。「公共の乗り物」は、電車、（貸切りでない）バス、船舶、航空機です。

条例にもよりますが、いずれも不特定多数の者が出入りする空間であり、特定多数人が出入りする集会や教室、貸切りバスは除外されます。

条例違反と強制わいせつ罪との区別は事例Ⅵ－１－１及びⅥ－１－２で説明します。

イ 盗撮

(ア) 概要

公共の場所、公共の乗り物における下着等の盗撮も都道府県の条例で規制されています。ただし、規制範囲は近年拡大傾向にあり、拡大に着手していない自治体との間で差異が広がっている状況です[3]。

なお、盗撮とのぞき見を同じ規定で処罰している自治体も多いです。

法定刑は、１年若しくは６月以下の懲役、又は100万円若しくは50万円以下の罰金とするところが多いです。また、常習行為は、２年若しくは１年以下の懲役、又は100万円以下の罰金と定める例が多いです。

(イ) 構成要件

規制範囲が自治体で異なりますが、東京都では、以下のとおりです。

① 次の②の場所又は乗り物において、(ⅰ)人の通常衣服で隠されている下着又は身体を、写真機その他の機器を用いて撮影し、(ⅱ)又は撮影する目的で写真機その他の機器を差し向け、若しくは設置すること
②(a) 公共の場所、公共の乗り物、学校、事務所、タクシーその他不特定又は多数の者が利用し、又は出入りする場所又は乗り物

3 毎日新聞2019年７月30日付記事「学校、事業所の盗撮16県規制せず 住居は26府県が対象外 格差明白」

(b)　住居、便所、浴場、更衣室その他人が通常衣服の全部又は一部を着けない状態でいるような場所

(ウ)　留意点

多くの自治体では、実際に盗撮する行為だけでなく、その未遂態様（写真機の差向け、設置）が処罰されます。

盗撮行為については、透視機能付カメラで撮影することを明文で規制する例もあります。

盗撮の場所については、公共の場所、公共の乗り物に加えて、特定多数人の出入りが想定される学校（教室)、事務所に拡大される例が多いです。条例によっては「公衆の目に触れる場所」という拡大をする例もあります。

また、住居、浴場、更衣室といった、人が衣服を通常着けない場所における盗撮等も処罰されます。しかし、同様の場所におけるのぞき見を科料又は拘留にとどめる軽犯罪法１条23号との抵触が問題となり得ます。

ウ　迷惑防止条例違反の法益等

迷惑防止条例違反罪は、公共の場所、公共の乗り物における行為であること等を根拠に、社会的法益の罪とする見解[4]が有力です。

しかしながら、前記のとおりプライベートな空間での撮影行為も規制する自治体が増えています。条例規制の矛盾・不合理が生じていることから、将来的には国の立法で統一的に規制される可能性があります。

迷惑防止条例違反は、親告罪ではありませんが、現在、痴漢ないし盗撮のいずれにおいても、示談が成立すれば原則として不起訴となります。

(6)　児童買春、児童ポルノ法違反

18歳未満の者との買春（５年以下の懲役又は500万円以下の罰金、併科)、児童ポルノの単純所持（１年以下の懲役又は100万円以下の罰金)、提供（３年以下の懲役又は300万円以下の罰金）などが処罰されます。

4　合田悦三「いわゆる迷惑防止条例について」『小林充先生・佐藤文哉先生古稀祝賀刑事裁判論集〈上巻〉』判例タイムズ社（2006年）517頁以下

児童ポルノの定義（同法２条３項１～３号）は、①児童を相手方とする又は児童による性交又は性交類似行為に係る児童の姿態、②他人が児童の性器等を触る行為又は児童が他人の性器等を触る行為に係る児童の姿態であって性欲を興奮させ又は刺激するもの、③衣服の全部又は一部を着けない児童の姿態であって、殊更に児童の性的な部位（性器等若しくは周辺部、でん部又は胸部）が露出され又は強調されているものであり、かつ、性欲を興奮させ又は刺激するもの、と列挙されています。

児童買春、児童ポルノ単純製造については事例Ⅵ－５－１、Ⅵ－５－２で説明します。

⑺ 児童福祉法違反、青少年育成条例違反

児童と淫行する行為、させる行為の規制です。

事例Ⅵ－５－３で説明します。

⑻ リベンジポルノ防止法違反

リベンジポルノ防止法は、平成26年に成立しました。正式名称は「私事性的画像記録の提供等による被害の防止に関する法律」といいます。

撮影対象者を特定できる方法により、私事性的画像記録ないし記録物を、不特定又は多数の者に提供した者は３年以下の懲役又は50万円以下の罰金となります。

リベンジポルノといわれますが、提供の目的は限定されておらず、撮影対象者への報復等の目的がなくても成立します。親告罪です。

私事性的画像記録（同法２条１項）とは、撮影対象者の性的画像（定義は、児童を対象とする部分を除き、児童買春、児童ポルノ法の定義をほぼ踏襲）のうち、第三者の閲覧を認識したうえで撮影対象者が撮影を承諾したものを除外したものです。

⑼ 出会い系サイト規制法違反

正式名称は「インターネット異性紹介事業を利用して児童を誘引する行為

の規制等に関する法律」です。

児童を性交等の相手方となるよう誘引する行為（同法6条1号）や、対償の供与を示して児童を異性交際の相手方となるよう誘引する行為（同法6条4号）には、100万円以下の罰金となります（同法33条）。

同法上のインターネット異性紹介事業を利用することが要件であり、この事業に当たらないサイトやSNSを利用して、援助交際を募る書き込みをしても同法には違反しません。

そのこともあってか、近年は摘発件数が減少しています。

⑽　その他

強盗・強制性交等罪（刑法241条）は、無期又は7年以上の懲役です。平成29年刑法改正により、強盗強姦罪から罪名が改められたほか、強盗が先行するか強制性交等が先行するかを問わなくなりました。

他に罪名そのものは性犯罪でなくても、性犯罪に該当するものはあり、事例Ⅰ－4－1で取り上げた下着窃盗（住居侵入（刑法130条）、窃盗（235条））は代表的なものです。

また、暴行（208条）、強要（223条）、器物損壊（261条）は、迷惑防止条例や強制わいせつ罪ではとらえ切れない性犯罪を捕捉するため適用されることがあります。

2　性犯罪の在宅・身柄捜査の見通し

⑴　迷惑防止条例違反（痴漢、盗撮）など

迷惑防止条例違反や公然わいせつの場合、現行犯逮捕が多いです。

ただし、前者は逮捕されずに在宅となる事案もかなりあります。

発覚後に逃走したとか特定の被害者を付け狙っているという事例でない限り、現在は勾留は少ないです。

盗撮は、撮影機器や記録媒体の解析が必要であり、余罪が判明することも多いので、検挙から終局処分までの期間が長くなることがあります。

⑵ 強制わいせつなど

事例ごとにばらつきがあり、被害者と面識のない事案（電車痴漢やナンパ）は勾留回避もあります。他方、路上痴漢では勾留が多い印象です。

被害者が警察に相談・被害申告する前から当事者で交渉が行われることも多く、被害申告がなされた後も警察はすぐに動かずに当事者の交渉経過を待つ（示談成立なら不送致）ことがあります。

警察が立件すれば身体拘束の可能性は高いです。

⑶ 強制性交等

立件されれば多くの場合、逮捕・勾留となります。

被害申告前に交渉が行われることがあるのは強制わいせつと同様です。

⑷ わいせつ物頒布等

通常逮捕が多いと思います。共犯者がいるようなことも多いので、勾留になることが多く、接見禁止もつくことがあります。

⑸ 児童買春、児童ポルノ法違反など児童を対象とした犯罪

Ⅵ-５の各事例内で説明します。

3　性犯罪の処分の見通し

⑴ 総論

被害者がある事例では、起訴前に被害者と示談できていれば原則として不起訴の公算です。ただし、被害が重大だったり、同種前科があるような場合は公判請求・略式命令もあります。

強制性交等罪や強制わいせつ罪は非親告罪となりましたが、被害者の意思が尊重される方針に変わりなく[5]、示談成立で不起訴が原則です。

5　平成29年６月26日法務省刑事局長依命通達により、非親告罪化後も、被害者の意思を尊重すべきである方針が示されています。

(2) 強制性交等罪など

強制性交等罪の平成30年度の起訴率は39.3％です[6]。不起訴の大部分は嫌疑不十分です。

量刑については、平成24年から平成26年までの強姦罪（未遂含む、集団強姦含まず）の宣告刑の約37％が懲役３年超５年以下に分布していました[7]。懲役３年以下の事案も約30％あり、その約４割に執行猶予が付されました。

ただし、事案の内容、被害者数によって量刑は大きく変わります。

強姦致死傷となると、懲役５年から10年以下の案件が全体の約46％となっていました。

(3) 強制わいせつ罪など

平成30年度の起訴率は34.4％でした[8]。不起訴の約半数が起訴猶予です。

量刑については、平成24年から平成26年までの強制わいせつ罪（未遂含む）の宣告刑の約62％が懲役２年以下でした[9]。宣告刑懲役３年以下まで拡大すると判決全体の92％であり、うち約70％が執行猶予でした。

強制わいせつ致死傷となると、懲役３年以下の宣告刑が全体の約56％となり、このうち約67％に執行猶予が付されていました。

ただし、従前、強制わいせつ行為とされた口腔性交や肛門性交が強制性交等罪で処罰されるため量刑傾向が変化する可能性があります。

(4) 迷惑防止条例違反（痴漢、盗撮）

罰金前科があっても示談していると不起訴の可能性は高いです。

条例違反事件（公安条例及び青少年保護育成条例違反を除く）全体の統計となりますが、平成30年度の起訴率は約54％でした[10]。起訴案件の約83％が略式命令でした。

6　法務省「2018年版検察統計統計表」（表番号18-00-08）
7　法制審議会刑事法（性犯罪関係）部会第１回会議配付資料18「量刑に関する資料」
8　前掲注６
9　前掲注７
10　前掲注６

初犯は20～30万円程度の罰金が多く、２犯では50万円程度の罰金となります。それ以降は公判請求となります[11]。ただし、前科が複数あっても反省の程度や前刑との間隔により、100万円程度の罰金でとどまることはあります。

(5) 児童買春、児童ポルノ法違反など児童を対象とした犯罪

Ⅵ－５の各事例内で説明します。

4　性犯罪と示談[12]

(1) 方法について

示談に関しては本書イントロダクション、『捜査弁護術』222～252頁で触れました。以下では、性犯罪における注意点、金額の考え方を述べます。

示談条項や否認の場合については、個別の事例で述べます。

ア　被害者側との連絡方法

性犯罪では、被害者の連絡先等の個人情報は弁護人に限り教えてもらう前提で、捜査機関を通じ、被害者とコンタクトをとることになるでしょう。

被害者と連絡がついたら、面会を打診するのが基本と考えます。顔を合わせて謝罪する意義はありますし、示談に先立ち、被害者に説明すべき事項があるからです。もちろん、被害者が面会に前向きでないケース、最初の電話でも被害者が示談に積極的な姿勢を示しているケースで面会を求めないことは十分あり得ます。

イ　交渉相手

被害者本人が成人していれば、本人との交渉が原則です。

ただし、事案の性質上、親や親族が連絡を取り次いだり、交渉の席に立ち会うことは排除できないと思います。また、被害者の職場等で起こった事件については、職場関係者の立会いを拒否はしにくいでしょう。

友人・知人の代理は、反社会勢力が介入する可能性もありますし、断るべ

11　『情状弁護アドバンス（季刊刑事弁護増刊）』現代人文社（2019年）204～206頁

12　公刊書籍では、前掲注11・107頁以下、坂本正幸ほか編著『情状弁護ハンドブック』現代人文社（2008年）127頁以下など

きでしょう（立会いは認めざるを得ないこともあります）。

ウ　謝罪文

謝罪文作成の要否は考え方も分かれますが、経験上、性犯罪や傷害事案では被疑者の謝罪文を求める被害者は多いです。

書かせた結果「被害者が怒るのではないか」と思うような謝罪文が出てくることもあります。限度はありますが、最低限記載すべきこと、体裁の整え方、被害者に言ってはいけないことを、弁護人が指導するのは許されると思います。

本書イントロダクション記載のとおり、謝罪文の提出はリスクもあるので、被疑者には書かせたうえで出す出さないを弁護人が判断するのがよいと考えます。

エ　交渉の進め方

被害者との面談の席では、まず謝罪し、事件や被疑者の状況に関する説明を行い、そのうえで示談の意義と法的な効果（民事、刑事）を説明します。また、被害者からの質問も受けます。

性犯罪では、行為の動機（否認したり逃走した場合はその理由も）、同種前科等の有無、被疑者の家族の受け止め方、現在の被疑者の通勤・通学方法、再犯防止への取組みなどを被害者から聞かれることが多いです。答えられない事項もあると思いますが、準備はしておきましょう。

弁護人は、被疑者の権利を擁護する立場にありますが、被害者との会話においては、弁護人がまず共感を示した方が話は進むと思います[13]。

説明ができたら、被害者に、示談条件とともに示談金額の提案をします。

⑵　示談金額の考え方と傾向

ア　性犯罪の損害賠償の中心は慰謝料です。

被害者の休業・引越し・通院が逸失利益なり積極損害に含まれることは当然あり得ますが、示談交渉で範囲を画することは困難が伴いますので、休業

13　前掲注11・21～22頁の金杉美和発言

等の事情は、示談金額の総額や慰謝料額の中で包括的に考えてもらうことになるでしょう。

慰謝料額を考えていくときは、被疑者の行為の内容、程度、回数、被害者と被疑者の関係等を基本として、目途をつけていきます。

具体的な金額は、①示談の実践例に関する書籍など、②民事事件の判決、③刑事事件の罰金額を参照するとよいでしょう。

金額の目途をつけた後、それをまず被疑者に説明し、希望や資力を確認します。「最大いくら示談金を出せるか？」も考えておきます。

イ　性犯罪の示談金は、一定の傾向はありますが、枠を超える案件も多く、「正解」はありません。

有力な資料としては、千葉県弁護士会編『慰謝料算定の実務〈第２版〉』ぎょうせい（2013年）378頁以下があります。解決金（訴訟事例も含む）のアンケート調査結果が添付されています。

同書によれば、調査結果として、迷惑防止条例違反の解決金額は40万円未満が全体の67％であること、強制わいせつの解決金額はばらつきがあり、150万円未満の解決が全体の69％である（50万円未満の解決は約30％）一方、300万円以上の解決も12％存在することが確認できます。また、強制性交等（強姦）の解決金はおおむね200万円以上600万円未満に集中していますが、1,000万円以上の解決も15％あることなどがわかります。

筆者としても前記傾向はおおむね同意できますが、各犯罪の中心帯をやや上回る金額での解決が相当数あります。

示談金額を左右する大きな要素は、被疑者側の資力であり、相場に満たない金額でもそれしか資力がないのであれば提示せざるを得ません。一方、被疑者に資力がある場合は、なるべく確実に示談をするため、相場よりも高額の示談金を提示することはあります。

（服部 啓一郎）

1　痴漢

はじめに

「痴漢」の厳密な定義はありませんが、本項目では、電車や路線バス、路上などパブリックな空間において、面識のない他人に対するわいせつ行為を対象として解説します。

痴漢については、行為の内容に従って、迷惑防止条例違反、強制わいせつ、公然わいせつ、暴行、器物損壊等の成立が考えられます。

なお、ナンパした女性に対する行為や強制性交等については、Ⅵ－3でそれぞれ扱うことにします。

事例 Ⅵ-1-1

被疑者は、神奈川県内の某駅から電車に乗車した。

被疑者は、満員電車の中、右斜め前にいる女性の太ももや尻に、手のひらや手の甲を押し当てた。行為は約8分間、断続的に行われた。

電車が東京都内の某駅に到着する直前、被疑者は女性に手をつかまれて「触りましたよね？」と詰問された。被疑者は否定し、降車した後、足早にその場を立ち去ろうとしたものの、他の乗客に制止された。

被疑者は駅事務所に連行され逮捕された。逮捕直後、犯行を認めた。

なお、被疑者には、1年前に同種行為の罰金前科があった。

1　成立する犯罪

(1)　着衣の上から約8分間性的部位を触る行為

本事例は、典型的な電車痴漢です。

各都道府県の迷惑防止条例違反の罪と強制わいせつ罪（刑法176条）の適

用がそれぞれ考えられるので、両者の限界が問題となります。

強制わいせつ罪が成立する典型的なケースは、陰部や乳房、尻等の性的部位を直接触る、口唇にキスをする行為とされます。他方、迷惑防止条例違反は、着衣の上から女性の身体を触る行為が典型的とされます。

女性の着衣の上から尻のような性的部位を触る行為についても強制わいせつ罪が成立する余地はあります。しかし、単に触るというだけでなく、着衣の上から陰部等を「もてあそんだ」[1]といえるだけの強制性ないし執拗性（＝被害者の抵抗を著しく困難にするだけの暴行）が必要とされます。

本事例では約８分間犯行が行われていますが、犯行は断続的であり、被害者の尻等をわしづかみにしたわけでもありません。

よって、本事例では、迷惑防止条例違反が成立するにとどまります。

⑵　常習痴漢

多くの県の条例では常習の痴漢を重く処罰するところ、１年前に痴漢前科のある本事例の被疑者は、常習痴漢罪を適用される可能性もあります。

罪名によって処分が大幅に重くなるわけではありません。

⑶　犯行が県をまたいでいること

犯行は、神奈川県と東京都をまたいで行われています。

被疑事実の罪名では「神奈川県迷惑行為防止条例」と東京都「公衆に著しく迷惑をかける暴力的不良行為等の防止に関する条例」の双方が記載されます。

罪数について、裁判例は、観点的競合ではなく包括一罪とします[2]。

そうすると、刑法10条２項により、より重い神奈川県の条例の罪の刑で処断されます（神奈川県は懲役１年以下又は100万円以下の罰金、東京都は懲役６月以下又は50万円以下の罰金）。

なお、常習痴漢が成立するとされた場合も、包括一罪となります[3]。

1　大塚仁ほか編『大コンメンタール刑法第９巻〈第３版〉』青林書院（2013年）〔亀山継夫＝河村博〕67頁
2　東京高判平成20・５・15東高刑時報59巻１～12号38頁〔28165229〕
3　東京高判平成19・３・14高刑速報（平19）号145頁〔28155091〕

2　身体拘束の回避・解放に向けた弁護活動

電車痴漢は、被害者と面識がないので、通常、働きかけは困難です。

近年の運用では、特定被害者につきまとった、前科多数、現場から逃走（線路に降りた場合は鉄道営業法違反も成立）といった事例を除き、勾留却下になりやすいです。後述の平成26年最高裁決定の影響もあると思われます。

この傾向は、罪名が強制わいせつでもおおむね同じですが、法定刑は重くなるので、逃亡の相当理由を認定されるリスクはやや高まるでしょう。

弁護人としては、身元引受人の確保、誓約書（現場の駅を利用しないこと、路線変更の誓約もする）の提出等をします。その結果、検察官が釈放したり、裁判官が勾留を却下することが多いです。

なお、本事例では逮捕されていますが、在宅での進行もあります。

3　終局処分に向けた弁護活動

⑴　見通し

処分については、被害者と示談が成立すれば原則として不起訴です。

示談できなければ初犯で20～30万円の罰金となるところ、本事例では２犯のため、比較的高額の罰金となります[4]。

⑵　取調べ対応

黙秘するとそれが被害者に伝えられる可能性のあること、終局処分がそれほど重いとは想定されないことも踏まえると、供述でよいです。

ただし、余罪のある事案では、今後立件されないとはいえず、常習性を認定されるリスクもあることから、余罪は黙秘が考えられます。

⑶　示談

基本的な方法や金額は、本章概論で述べました。

なお、被疑者は、逃走まではしていませんが、そのような素振りをしたこ

4　なお、東京高判平成29・５・17高刑速報（平29）号115頁〔28265286〕は、強制わいせつ罪の保護観察付き執行猶予中の痴漢事件について、原判決の言い渡した罰金10万円は、比較的軽い部類の痴漢行為に相当する罰金20万円さえ下回るとして破棄しました。ただし、罰金刑の選択は相当としました。

とも含めて被害者に謝罪する必要があるでしょう。

電車痴漢で挿入される示談条項としては、①現場の駅や路線の利用禁止(一定の期間等に限定を付す必要はあります)、②通院など再犯防止のための具体的措置を採ることがあります。

⑷ 更生に向けた活動

再犯の非常に多い類型です。

再犯防止を意思の力に委ねることは相当でなく、心療内科、精神科への通院を考えます。なお、性犯罪の依存症の治療等については積極的でない医師もいるので、専門性のあるクリニックに通院するに越したことはないでしょう。近年は、インターネット上の情報も充実しています。

治療は、認知行動療法が主です。原田隆之『痴漢外来 性犯罪と闘う科学』筑摩書房（2019年）138～156頁では、治療の実践の例として、例えば以下の対応が紹介されています。

① 痴漢再発の「引き金」を回避する（満員電車を回避する、乗車時はいつも手袋をするなど。「引き金」は個人によって異なる）

② 代替行動の学習を行う（家族と食事をする、夜11時までに寝る、週３回運動するなど「望ましい行動」を継続する）

③ 周囲のサポートを活用する

事例 Ⅵ-1-2

被疑者は、某日午前８時頃、通勤のため最寄り駅から電車に乗った。

乗車中は鞄を左手に持っていて、右手でたまに携帯電話をいじった。

また、勉強のため、イヤホンで英語の学習用教材を聞いていた。

すると、某駅に着く少し前に、女性から、「やめてください。痴漢ですよね」と突然言われ、手をつかまれた。

降車後、被疑者は、他の乗客や駅員に囲まれ、逮捕された。

被疑者は、身に覚えはないと警察に供述した。

1　身体拘束の回避・解放に向けた弁護活動

本事例は否認事件ですが、身柄対応は、事例Ⅵ-1-1と同じです。

否認していると検察官から勾留請求はされやすいですが、やることができていれば勾留請求は却下されます。

最高裁は平成26年の決定[5]で、被疑者と被害者の供述が真っ向から対立していたものの、「本件が京都市内の中心部を走る朝の通勤通学時間帯の地下鉄車両内で発生したもので、被疑者が被害少女に接触する可能性が高いことを示すような具体的な事情がうかがわれない」として、勾留却下の判断をしています。

2　電車痴漢の否認事件

(1)　電車痴漢事件の特徴

満員電車や満員バスでの痴漢事件については、被害者とされる女性が犯人を誤認したり、あるいは（故意のない）接触を痴漢行為と誤認するケースがあります。「痴漢冤罪」という言葉も広く知られるようになりました。

代表例として、平成21年の防衛医大教授事件最高裁判決[6]があります

最高裁は、「満員電車内の痴漢事件においては、被害事実や犯人の特定について物的証拠等の客観的証拠が得られにくく、被害者の供述が唯一の証拠である場合も多い上、被害者の思い込みその他により被害申告がされて犯人と特定された場合、その者が有効な防御を行うことが容易ではないという特質が認められることから、これらの点を考慮した上で特に慎重な判断をすることが求められる」とします。

そして、「被告人は、捜査段階から一貫して犯行を否認しており、……物的証拠等の客観的証拠は存しない（被告人の手指に付着していた繊維の鑑定が行われたが、Aの下着に由来するものであるかどうかは不明であった。）。被告人は、本件当時60歳であったが、前科、前歴はなく、この種の犯行を行

5　最一小決平成26・11・17裁判集刑315号183頁〔28224614〕
6　最三小判平成21・4・14刑集63巻4号331頁〔28155445〕

うような性向をうかがわせる事情も記録上は見当たらない。したがって、Aの供述の信用性判断は特に慎重に行う必要がある」としました。

さらに、A（被害申告者）が相当に執拗な痴漢行為を受けながら積極的回避行為をとっていないこと等の事情を指摘し、痴漢行為の存在について、合理的疑いが残ると判示しました。

前記最高裁の存在もあってか、電車痴漢は無罪判決も比較的みられる分野であり、否認しているときは検察官も起訴に慎重であるといえます。

しかし、前記最高裁判決は３対２の僅差であり、反対意見に説得力があるとする見解[7]も有力に主張されています。物証が乏しくても、被害者が被告人の犯行を断定している場合等は起訴される可能性は十分あります。

(2) 電車痴漢否認の類型

ア　犯人性の誤認

被害者が痴漢行為を受けたことは事実だが、犯人を誤認したケースです。

満員電車やバスでは加害行為を行い得る人物が複数いることが通常であり、かつ視認状況が悪く、犯人の取り違えは起こりやすい状況といえます[8]。

被疑者と被害者の位置、体格、姿勢等、さらに他の乗客の状態についても問題となります。

イ　事件性の誤認

被害者と被疑者と接触したことは認められるが、被疑者と鞄等が接触したのを痴漢行為と誤認したり、被疑者の意図的でない身体接触を痴漢と誤認するケースです[9]。

犯人性の誤認と同様、痴漢否認事件でよく見受けられます。

この場合、行為のわいせつ性及び故意を争うことになります。

7　石井一正『刑事訴訟の諸問題』判例タイムズ社（2014年）535頁以下

8　近時の無罪例として、東京高判平成25・7・25平成24年（う）1740号公刊物未登載〔28212556〕（評釈として瓜生めぐみ・研修783号（2013年）67頁）、東京高判平成29・12・12平成29年（う）735号公刊物未登載〔28260248〕など

9　リュックサックの接触を誤認した例としていわゆる三鷹バス事件・東京高判平成26・7・15東高刑時報65巻54頁〔28223249〕。その他、近時の無罪例として東京高判平成31・3・8平成30（う）1864号公刊物未登載〔28271693〕など

ウ　虚偽の被害申告（事件自体の不存在）

事件性が争われる点は前記イと共通ですが、被害者（とされる人物）が意図的に虚偽の被害申告をしたと疑われる事案です。

前記平成21年最高裁判決も、この類型となります。

電車痴漢の虚偽申告の目的として考えられるのは、①示談金喝取（美人局）、②言動を注意されるなど被疑者と生じたトラブルに対する報復、③学校等への遅刻に対する言い訳などです。さらに、被害供述者が、被疑者から以前迷惑行為を受けた（と思っている）ことから、被疑者を懲らしめるため虚偽申告に及んだ疑いを指摘された例[10]もあります。

3　終局処分に向けた弁護活動[11]

(1)　証拠関係

被害者、（目撃者がいれば）目撃者の供述がメインとなります。

電車の場合、乗降状況はホームのカメラがありますが車内には通常ありません。バスでは、ドライブレコーダーが設置されている可能性があります。

続いて、検挙時に、被疑者の手指に付着した繊維片を採取し、被害者が触られたと主張する衣服の繊維片と比較することが一般です。ただし、被疑者の手指から被害者の衣服の繊維片が発見されないことが被疑者の犯人性等を否定する事情にはならないとする裁判例[12]もあります。繊維鑑定については、繊維片は犯人以外の乗客にも付着するものであり、採取される白色木綿や青色木綿はどこにでもある、どれも同じような染料で染められているということで、役に立たないという意見があります[13]。

強制わいせつなど直接の接触のケースでは、被疑者の手指に被害者の皮膚片や体液が付着し得るので、被害者のDNAの対比が行われます。強い態様あるいは比較的長時間の接触では、DNAは付着している方が自然と思われ

10　京都地判平成27・3・20平成26年（わ）939号公刊物未登載〔28231443〕

11　生駒巌「捜査段階の弁護技術」『続・痴漢冤罪の弁護』現代人文社（2009年）24頁

12　東京高判平成29・8・29高刑速報（平29）号151頁〔28265295〕

13　河合潤「鑑定不正の見抜き方(4)　微物や繊維片の同一性－同種と類似」季刊刑事弁護87号（2016年）187頁

るため、これがないことは犯人性等を否定する事情となります。

また、被害者の衣服の材質によっては、皮膚片などDNAが残るので、検挙時に被疑者の口腔細胞を採取してDNA鑑定を実施することがあります。

その他、被疑者から押収した携帯電話を解析し、痴漢や盗撮などの用語で検索をかけたりそのようなサイトを見たことを捜査官が問題としてくることもあります（一般に犯行の間接事実とはならないと考えますが、捜査官側の心証には影響しているかもしれません）。

⑵ 取調べ対応

近時は、被告人の捜査・公判段階の供述をつぶさに検討する裁判例は少ないように感じますが、従前は、被告人の供述を被害者供述と対比させて信用性の優劣を論ずるかのようなものも見受けられたところです。

被疑者供述の細かな矛盾や変遷を後でつかれるリスクを避けるという面において、否認事件は、黙秘が基本と思われます[14]。

ただし、初期段階での供述の保全は重要ですから、弁護人の方で被疑者の供述（録取）書を早く作成します。

事例 Ⅵ-1-3

被疑者は、約２年11か月前、電車内で自慰行為を行い、女性のジーンズに精液を付着させたとして、器物損壊罪で令状逮捕された。

1　弁護活動のポイント

器物損壊は心理的に物の効用を喪失させる行為も含まれることから、本件行為は器物損壊罪に該当します。

また、令状の被疑事実になっていませんが、女性の身体に向けて精液をかける行為も暴行といえるため、強制わいせつ罪も成立する可能性が高いです。

14　被疑者が当初自白したが、弁護人の接見後、黙秘に転じた事案において無罪が言い渡した裁判例として、東京地判平成30・４・20平成29年（刑わ）2494号公刊物未登載〔28271186〕

本事例は、器物損壊罪の公訴時効（３年）の成立が近いため、捜査側はその点を強調して勾留を請求してくると思われます。

弁護人としては、電車痴漢事件一般で主張すべき事情のほか、器物損壊罪の公訴時効成立前であっても被疑者に逃亡する相当理由はないことを具体的に主張します。

被害者との示談では、器物損壊と強制わいせつ罪それぞれについて、告訴取下げ等を求めることになるでしょう。

事例 Ⅵ-1-4

被疑者は、夜間、人通りの少ない路上において、女性の前で陰部を露出し、その後、驚いている女性の胸を１回揉んで走り去ったとして、公然わいせつ、強制わいせつ罪で通常逮捕された。

1　事例の見通し

路上痴漢行為です。

着衣の上から女性の胸を１回揉むという行為については、迷惑防止条例違反と強制わいせつの区別が問題となります（被疑者が「触りはしたが、揉んではいない」と程度を争ったり、触った回数を争うケースもあります）。

この点、問題となる行為において、暴行の程度が強度とはいえなくても、突発的行為であって、被害者の驚愕を利用し、被害者の抵抗困難な状況をつくり出したという理由で、強制わいせつ罪に当たる可能性は十分あります[15]。

2　身体拘束の解放に向けた活動

路上痴漢は通り魔的犯行であり、電車痴漢と同様に、被疑者と被害者との面識のないことが通常です。

15　嘉門優「強制わいせつと痴漢行為との区別について」季刊刑事弁護93号（2018年）147頁

しかしながら、路上痴漢は勾留や勾留延長が比較的多いです。

犯行場所と被害者の自宅ないし勤務場所が近いとか、被疑者に土地勘がある（とされる）ことが多いこと、犯行後現場から逃走しているといった点が、電車痴漢より不利な事情と思われます。

身元引受人の確保や誓約書の提出等に加えて、自白事件であれば、示談成立を急ぐことが重要かと思います。

3　終局処分に向けた弁護活動

(1)　自白事件

示談の成立を目指します。

公然わいせつ罪は、社会的法益の罪ではありますが、本事例では実際に被疑者の行為を目撃したのは１名だけです。強制わいせつも含めて示談ができれば、不起訴となる可能性は高いです。

前記のとおり、被害者と被疑者の間では細かいところで言い分が食い違っている可能性はありますが、認識・受け止め方の差異として説明すれば、被害者に理解してもらえることは多いでしょう。

(2)　否認事件

ア　黙秘

路上痴漢で否認の場合は、犯人性否認が多いでしょう。

証拠関係では、被害者の目撃供述、目撃者の目撃供述、被害者の着衣から被疑者のDNAが検出されているかどうか、周辺路上の防犯カメラに被疑者らしき風体の人物がいたかどうかなどです。

取調べ対応では、黙秘となります。

イ　アリバイ主張

ただし、アリバイを主張するかは悩ましいです。

主張すると、アリバイ潰しの捜査がなされるおそれがあるからです（被害者に犯行時刻を訂正させるなど）。

まず一般論として、捜査段階でアリバイ主張をするとしても、早期に行う必要はないです。弁護人が事実確認し、証拠を保全してからになります。

まず、弁護人の方で、被疑者本人の供述（録取）書を作成し、確定日付もとっておきます。

続いて、裏付け証拠が、被疑者のSNSだったり、誰かとのメールであれば、印刷し、かつデータとして保存しておくべきでしょう。

被疑者以外の者がアリバイ供述をしてくれる場合は、まず弁護人が接触し、必ず録音もします。

アリバイの主張時期については、従前、被疑者本人や被疑者と親しい関係にある者のアリバイ供述は、捜査段階でなされていなければ不自然という意見[16]があったことも確かです。しかし、弁護人が捜査段階で（日付を含めて）証拠を保全していれば問題とはならない、という反論ができます。

そうすると、アリバイを捜査段階で主張することの意義は、主として、不起訴をとるために必要かどうかということです。ある程度固い証拠があるなら、捜査段階で出しておくべきという考え方も成り立ちますが、証拠の証明力や確実性の判断を他の証拠も見ずに行うことが困難であるということで否定的な考えも強いです。事案によっては勾留理由開示公判で被疑者に供述させる案もあります[17]。

（服部 啓一郎）

---

16 小西秀宣「アリバイの主張」『新実例刑事訴訟法Ⅲ 証拠・裁判・上訴』青林書院（1998年）161頁

17 後藤貞人＝小坂井久＝菅原直美＝高山巌「座談会：黙秘をどのように活用するか 具体的設例から考える」季刊刑事弁護79号（2014年）43頁以下

2　盗撮

事例 Ⅵ-2-1

被疑者は、駅のホームから改札口へ上るエスカレーターの下で、上にいた女性のスカートの内部が映るような角度で携帯電話を差し向け、動画を撮影した。

被疑者は下にいた男性に呼び止められ、盗撮ではないかと指摘された。

その後、駅の事務所に連れて行かれて、被疑者は犯行を認めた。

なお、被疑者の携帯電話には、他の女性のものと思われる下着等が映った動画が20点ほど保存されていた。

1　事例の見通し

駅という公共の場所での盗撮行為であり、各都道府県において迷惑防止条例が適用される典型的事例となります。

本事例もそうですが、盗撮は携帯電話による動画撮影が多いです。シャッター音が鳴ることを回避するため、盗撮の大分前から撮影ボタンを押したり、撮影や動画の保存について専用のアプリを用いることもあります。鞄内にカメラを隠すなどの方法での盗撮もあります。

身柄については、その場で現行犯逮捕もありますし、警察署に身柄引受人を出頭させたうえで在宅での進行もあります。

処分については、被害者と示談が成立すれば原則として不起訴です。示談できなければ（後述の例外はありますが）初犯で20～30万円の罰金でしょう。2犯以降は高額の罰金や公判請求となります。

なお、本事例の被疑者の携帯電話には他の被害者の動画が多数あります。盗撮事案では余罪のある方が普通です。しかし、余罪が併合罪として起訴されたり、常習の盗撮罪として処罰されたりする例は多くはないです。親告罪ではないので告訴がなくても起訴は可能ですが、被害者や撮影場所が特定できない、被害者の同意の有無が確認できない、といった事情が考えられます。

2　身体拘束の回避・解放に向けた弁護活動

盗撮は、電車痴漢と同じかそれ以上に、在宅での進行があり得ます。

ただし、在宅でも家宅捜索はほぼ確実に行われます（事前に捜索日時の通告ないし打診がなされることは多いです）。自宅のパソコン等に盗撮画像を保存している可能性があるという理由です。

現行犯逮捕された場合ですが、身元引受人の確保、誓約書（現場の駅を利用しないこと、路線変更の誓約もします）の提出をします。そのうえで、罪証隠滅の現実的可能性がないこと、逃亡する相当理由がないことを検察官ないし裁判官に主張していきます。

身元引受人がいないとか、特定被害者を付け狙っているといった事情がなければ、検察官ないし裁判官において勾留回避となることは多い事案です。

3　終局処分に向けた弁護活動

⑴　取調べ対応

本事例そのものは供述でよいですが、携帯電話に残っている画像について黙秘するか供述するかは考えどころです。

前記のとおり、実際に余罪が立件されることは多くないです。

ただし、余罪に話が及べば「それは別件です」とか（弁護人就任前の初期供述で余罪を認めている場合は）「最初にお話したとおりです」と述べて、それ以上応じないのも１つの対応かと思います。

⑵　示談

不起訴となるか否かは示談の成否で大きく左右されます。

基本的な方法や金額については、本章概論で述べたとおりです。

盗撮は、被害者との身体的接触がないため、被害感情がさほど強く出ないケースもありますが、甘く考えては絶対にいけません。

盗撮事件で挿入されることのある示談条項としては、①撮影機が還付される際の盗撮動画の削除（特に誓約しなくても通常は実施するでしょう）、②撮影機や記録媒体の破棄、③現場の駅や路線の利用禁止（限定を付す必要はある）、④再犯防止のための具体的措置を採ること、があります。

⑶ 被害者が特定できず示談交渉できない場合

【設問】被害者は立ち去ってしまい、その後も特定できなかった場合はどうか。

盗撮事件では、被害者自身は犯行を認識しておらず、立ち去ってしまう例もしばしば見受けられます。

ただし、親告罪ではなく、被害者の特定は必須の要請ではないため、目撃者の現認と盗撮画像の存在で処罰されることもあります。筆者の経験では、略式命令になった事例も起訴猶予となった事例もいずれも複数あります。

弁護人としては、更生に向けた弁護活動をとりわけ充実させます。

また、被害者が万一現れたときに備えて損害賠償金を弁護人に預託してもらい、返還請求権を放棄させ、消滅時効を迎えたら弁護人が贖罪寄付に充てる、といった方策も考えられます。

⑷ 更生に向けた活動

盗撮も痴漢と同じく、再犯の非常に多い類型です。

検挙される前の余罪が多いので、初犯であっても依存性を軽視できません。

事例Ⅵ－1－1で述べたように、（できる限りは）専門性のあるクリニックで診てもらうとよいです。受診の有無に関わらず、盗撮行為の「引き金」を抑制する対応が必要です。被疑者自身の「意思」に委ねるのは望ましくないです。

もっとも端的な対応は、キリなどを使って携帯電話のカメラを破壊することでしょう[1]。

1　原田隆之『痴漢外来 性犯罪と闘う科学』筑摩書房（2019年）140頁以下

⑸　否認の場合

なお、盗撮は、痴漢の場合と比較して否認事件は比較的少ないです。

盗撮すれば、被疑者の携帯電話内に、被害者の下着なりスカートが映った動画等が残るので、否認をするのは通常困難だからです。

盗撮の否認事件は、動画は残されていないが、被害者や目撃者が撮影機の差し向けを現認したと主張している事件がメインでしょう[2]。

否認事件では、痴漢の場合と同じく、被害者側と被疑者の水掛け論になるので、被疑者は原則黙秘します。駅の防犯カメラなど客観証拠がどの程度あるかも念頭に置く必要があります。事例Ⅵ－1－2も参照してください。

事例 Ⅵ-2-2

被疑者は、とある飲食店の男女共用トイレに、小型のカメラを設置した。2日後、カメラを回収しに行くと、カメラはなくなっていた。

後で判明したところでは、利用者（女性）がトイレのカメラに気付き、店舗に届け出て、その後、店舗が警察に被害届を出していた。

1　事例の見通し

盗撮カメラの設置事例です。

条例にもよりますが、「公共の場所」には飲食店の（客が利用できる）トイレも含まれ、撮影機の設置が迷惑防止条例違反に問われます。また、トイレは、通常、衣服の一部をつけない場所となりますので、そのような場所での撮影機設置を禁止している自治体ではその関係で処罰されます。他方、設置行為を明示的に処罰していない自治体では条例違反にはならない可能性があります。

2　東京高判平成22・1・26判タ1343号247頁〔28175340〕は、被害者が携帯電話機の電子音を聞いたと主張したものの、それが撮影音とは限らないし、盗撮画像も残されておらず、そもそも撮影音が鳴るような態様で盗撮するのも不自然として、被害者供述及び自白調書の信用性を否定しました。

迷惑防止条例違反とは別に、施設管理者の許容しない目的の立入り行為として、建造物侵入で検挙される例も多いです。

2　身体拘束の回避・解放に向けた弁護活動

⑴　自首

対応としてはまず自首が考えられます。

ただし、事案はそれなりに重いので、確実に拘束回避とは限りません。

自首の方法等は事例Ⅵ－５－１で解説しておりますので参照してください。

出頭前には、聞き取りをして証拠化し、身元引受人の確保等もしておいてください。弁護人が警察とアポイントをとる段階で被疑者を特定できる情報は伝えてはなりません（出頭する前に令状逮捕の可能性もある）。

警察に出頭後は、自首調書の作成になると思います。

⑵　自首せず検挙された場合

逮捕・勾留のおそれが相当にある事案です。

身元引受人の確保のほか、撮影機は押収済みであり、被疑者を特定するに至った客観証拠も保全済みであること、トイレを使用した利用客とは面識がないこと、店舗には今後接触しないことを検察官・裁判官に主張します。

3　終局処分に向けた弁護活動

示談交渉がメインです。

本事例の特徴は、被害弁償すべき相手方が、少なくとも①盗撮カメラを発見した女性利用客、②カメラを設置された飲食店の２者となることです。

①の女性客はもとより、②の被害店舗についても、営業上の損害が主張され得ますし、利用客から「店の従業員が盗撮したのではないか」と嫌疑を向けられることもあるでしょうから、厳しい感情を示される可能性は高いです。

なお、①の女性客が、今後の関わり合いを嫌って飲食店や捜査機関にも連絡先を明かしていないケースもあり得ます。そうすると女性への被害弁償ができないので処罰も否定できないわけですが、被害店舗との示談が成立することもかなり重要な事情であり（少なくとも建造物侵入との関係では当該店舗が被害者となる）、更生に向けた取組も併せて主張し、起訴猶予を求めることになります。

（服部 啓一郎）

3 （準）強制わいせつ、（準）強制性交等

事例 Ⅵ-3-1

被疑者は、繁華街で女性をナンパし、女性と付近で飲食した。

カラオケ店に女性と一緒に入り、個室内で女性の腰に手を回した。その数分後、女性の首筋に２回キスをした。

しばらくして女性がトイレに立ち、さらにその十数分後、警察が個室に来て、被疑者は強制わいせつ罪で逮捕された。

女性は、被疑者から首筋に２回無理矢理キスをされ、さらに、被疑者から口唇に１回キスをされる等したと供述している模様である。

1　事例の見通し

強制わいせつ（刑法176条）と暴行（同法208条）の区別が問題です。

強制わいせつとなると、法定刑が懲役刑しかありません。

一般に、被害者の抵抗が困難な状況で口唇に接吻する行為については、強制わいせつ罪が成立するものとされます。本事例では、個室内の行為であり、被害者の腰に手を回した状況ですから、抵抗が困難であったという評価はされやすいです。

他方、首筋へのキスだけであったとすれば、性的部位への行為でないということでわいせつ性を争う余地もあるでしょう。文化的背景もあるでしょうが、頬やあごに対するキスはただちに強制わいせつ罪にはならないとされます[1]。他の事情も含めて判断されることになります。

1　嘉門優「強制わいせつと痴漢行為との区別について」季刊刑事弁護93号（2018年）147頁

2　身体拘束の回避・解放に向けた弁護活動

ナンパは、もともと被害者と面識がないですし（SNSのアドレス交換をしていたとしてもそれだけで被害者を特定できないことは多い）、繁華街で声をかけたような事例では被害者の自宅が近くないことも多いでしょう。

そのため、被疑者の身元がしっかりしていれば、勾留回避もあります。

身元引受書と誓約書の提出（被害者から取得した情報の削除、捜査終了まで問題となった現場繁華街付近に接近しないことなどの誓約）をします。

3　終局処分に向けた弁護活動

(1)　自白事件

被害者との示談成立に尽くします。

方法、金額については本章概論で述べました。

強制わいせつ罪としてみれば態様が重いとまではいえませんが、被害者の受け止め方はそれぞれであり、軽く考えることは許されません。

ナンパ事例に限らず、被害者の心情に思いが至らない被疑者もいます。被疑者の反省が深まらぬまま書いた謝罪文を、被害者や捜査機関に提出することにはリスクもあり、見極めが必要です。

(2)　否認事件

ア　態様の否認

首筋へのキスはしたが、口唇へのキスはしていないという場合は、前記のとおり、わいせつ性を否認することが考えられます。

ただし、首筋へのキスであっても、被害者の同意がなければ暴行に該当し得るため、次に述べる同意ないし同意の誤信の主張を検討します。

イ　被害者の同意・同意の誤信

強制わいせつ事件では、被害者との同意があった、あるいは同意はなかったがあるものと誤信していた（故意阻却）との主張が考えられます。

証拠関係では、被害者供述、カラオケ店の防犯カメラ、店員の供述、当事者間でSNS等のやりとりがあった場合はその内容等です。

本事例では、被害者が在店中に通報という行動に出ており、同意してないことを示す事情となるでしょう。他方、女性がナンパに応じて飲食したこと、個室カラオケ店への入場にも同意したことなど、被疑者に有利に働く事情もあります。さらに、当事者間の具体的なやりとり（入店前の身体的接触の有無、会話内容、腰に手を回したり、キスをする前後の会話や態度等）が問題となるでしょう。

取調べ対応としては、行為態様や同意の有無等に関する被疑者の初期供述が出ていれば、その後は、黙秘することが考えられます。被疑者の供述は、弁護人面前の供述録取書として保全しておきます。

また、弁護人の方で、カラオケ店や、被疑者らが事前に飲食した飲食店から事情を聞くことを考えます。

ウ　否認と示談

被疑者の行為の中身に大きな対立がないのであれば、被害者の同意等に関する認識の違いはあるとしても、被害者にとって不本意な行為をしたことは事実であるため、示談することは否認とは矛盾しません。

他方、口唇へのキスの有無に争いがある場合、当事者が当時相当に飲酒していたなどという事実でもない限り、（被害者ないし被疑者の）認識の違いでは説明がつかないため、示談のハードルは高いといえます。

事例 Ⅵ-3-2

被疑者（男性）は、はり師であったが、1対1で被施術者（女性）を施術中、うつ伏せになって抗拒不能の被施術者に対し、陰部を押し当てたという被疑事実で逮捕された。

1　自白事件

準強制わいせつ（刑法178条1項、176条）事案です。示談を試みます。

被害者の性的自由の侵害はもとより、職業倫理上許されない行為で、顧客の信頼を裏切ったという面からしても慰謝料は相応の金額になり得ます。

示談書には、双方において第三者に秘密を漏らさない旨の守秘条項を盛り込むことになるでしょう。

被害者からは、廃業や一定地域からの移転を要求されることもありますが、これに応じるかどうかは被疑者の判断に委ねざるを得ません。

なお、罰金以上の刑が確定すると、免許取消しや業務停止となることがあり、業務上、不正又は犯罪の行為があった場合も同様です（あん摩マッサージ指圧師、はり師、きゅう師等に関する法律９条１項、３条３号、４号）。

2　否認事件

(1)　1対1施術事案

１対１の施術事案において、準強制わいせつの否認は珍しくありません。

否認事件では、「施術はしたが、わいせつ行為はしていない」との主張となることがほとんどでしょう。

別の場所の接触を被害者が誤認したとか、うっかり体勢が崩れて陰部付近が当たってしまったが故意ではない、といった主張です。

事案の性質上、被害者の身体から被疑者のDNAが出ることは不自然ではないため[2]、被害者の供述の内容や被害申告の時期などが特に重要といえます。

被疑者からは、まず問題の状況の聴取と保全をします。

具体的には、当事者の位置、姿勢、施術台の幅、高さ等、施術の手順、内容、当事者の着衣、当事者の会話などです。

(2)　取調べ対応

取調べ対応ですが、被疑者は専門職であるため、説明内容も合理的で詳細であるなどして信用できると感じることも多いです。供述したがる人も多いです。そのため、捜査機関に対して供述させることも考えられます。

2　近時の無罪事例として東京地判平成31・２・20医療判例解説79号11頁〔28270795〕。患者が医師の手術中に胸を舐められたと主張した事例ですが、麻酔後のせん妄の幻覚だった可能性があり、被害者から検出された医師の口腔細胞も、会話による唾液の飛沫中に含まれ得るとされました。

ただし、何をもって有利か不利かをあらかじめ知るのは難しいので、否認の骨格だけ初期に供述させ、その後は黙秘する方がリスクは低いと思います。供述するとしても、裁判官の前だけに限定するとか、録音録画がなされている場合にのみ限定し、捜査官との議論には応じないとした方がよいでしょう。

⑶ その他

示談についてですが、この種の事案での示談は、否認と基本的に矛盾するので行わないことになります。

示談をする余地があるとすれば、わいせつ行為をしていないけれども、そのように被施術者が認識したことについて、被疑者に何らかの落ち度があるケースに限定されるでしょう。

事例 Ⅵ-3-3

被疑者（男性）は、知人らの飲み会に参加した。A（女性）は、被疑者の友人（飲み会には不参加）の交際相手であり、被疑者とも面識があった。

被疑者とAは意気投合し、2次会のカラオケにも参加した。Aは酔っているようであり、終電も逃していたため、2人でシティホテルに入った。

翌朝10時近くに被疑者が起きると、Aはいなかった。

さらに翌日、被疑者は、警察から連絡を受けた。「被疑者とセックスしたが、同意していない」という趣旨の相談がAからあったという。

1 事例の見通し

被疑者や関係者からこのような抽象的な問い合わせを受けて、相談が始まることがあります。いくつかの場合を想定して検討していきます。

まず、Aが酩酊により抗拒不能であって、それに乗じて性交したとすれば、準強制性交等（刑法178条2項、177条）が成立します。

Aが抗拒不能でなかったとしても、暴行、脅迫を加えて性交したとすれば強制性交等（同法177条）が成立します。

これらの罪が認定されると、初犯であっても、示談成立の場合を除き、５～６年程度の懲役刑となる可能性があります。

本事例では、在宅の状態で警察から連絡がありましたが、被害者から告訴や被害届が提出され、証拠が固まれば、令状逮捕の可能性が高いです。

2　身体拘束の回避・解放に向けた弁護活動

いったん逮捕されると勾留、勾留延長の可能性が非常に高いです。

保釈の可能性はあるので、勾留となれば、保釈の準備もします。

自白事件であれば、できる限り在宅の段階から示談交渉を進めるべきでしょう。在宅の段階で示談が成立すれば、不送致や不起訴が見込まれます。

3　自白事件

示談交渉をします。強姦罪から強制性交等罪となり、非親告罪となりましたが、示談が成立すれば原則として不起訴と考えられます。

進め方や金額については本章概論のとおりです。

示談金額が一括で支払えそうにないときは、頭金を多く支払うとか保証人を付すなどして分割払の示談が成立することはあります。

取調べ対応については、被疑者が事実関係をどこまで話すべきか吟味が必要です。示談できない限り公判請求が確実であるため、量刑に関わる事情を含めて供述をコントロールする必要があるからです[3]。そのため、黙秘しつつ示談交渉という選択肢もあるわけですが、黙秘の事実を捜査機関が被害者に告げるなどして示談がしにくくなるリスクもあり、どの観点を重視するのか被疑者と相談して方針を決めるしかありません。

3　『情状弁護アドバンス（季刊刑事弁護増刊）』現代人文社（2019年）64頁

4　否認事件

(1)　性交の事実の否認

【設問】被疑者は、Aと性交していないと述べている。

ア　性交の有無に関する客観証拠としては、被疑者の体液等が想定されますが、時間が経ってからの被害申告のケースでは、被害申告者の供述の信用性が主として問題となります。

性交の事実がないのに、被疑者に性交されたと申告する理由として考えられるのは、①買春上のトラブル[4]、②示談金喝取のため（美人局）、③被疑者と関係が悪く遠ざけたいため、④性的知識が未熟であるため（児童事案など）、⑤特殊な状況下での記憶の混濁・思い込み等があります。

取調べについては黙秘となります。並行して、弁護人は、被疑者の供述録取書を作成し、被疑者の主張を裏付ける証拠を保全するよう努めます。

なお、示談については、性的行為をした事実が全くない場合は、否認と矛盾するので、交渉は困難でしょう。

イ　一方、「性交はしていないが前戯行為はした」といった主張の場合、（準）強制わいせつや（準）強制性交等未遂は成立し得ます。

取調べ対応は黙秘が原則となりますが、認めている部分を限度として示談交渉は可能です。強制性交等の部分も含めて告訴を取り消してもらうことは当然ながら容易ではないものの、示談が成立する事例も少なくありません。

(2)　暴行・脅迫等の否認、合意（和姦）、合意の誤信

【設問】被疑者は、Aとの性交の事実を認める一方、暴力や脅迫などはしておらず、Aも同意していると思ったと述べている。

ア　性交の事実は認めるが、暴行・脅迫あるいは抗拒不能を否認するとい

4　最二小判平成23・7・25裁判集刑304号139頁〔28175783〕は、被害申告者と被告人の性交を裏付ける客観証拠がなく、被害申告者に報酬支払条件で手淫してもらったとする被告人供述を排斥できないとしました。

う事案も多いです。これと重なる部分の多い主張として、被害者と合意があった（和姦）、合意があると信じていた（故意阻却）との主張があります。

被害者が、当時は性交に同意したにも関わらず、後になって同意していなかったと主張する理由としては、(1)ア①～③で掲げた事情のほか、浮気した事実を交際相手から隠すため、といった事情が考えられます。

イ　強制性交等における「暴行又は脅迫」は、相手方の反抗を著しく困難にする程度であることを要し、かつ、それで足ります[5]。準強制性交等における「抗拒不能」についても反抗が著しく困難な状態とされます。

行為態様だけみれば反抗困難とまではいえない場合であっても、相手方の年齢、性別、素行、経歴等やそれがなされた時間、場所の四囲の環境その他具体的な事情とあいまって反抗困難と判断されることがあります。

ウ　合意の有無の判断では、以下の点が重要と考えられていました[6]。

①　暴行・脅迫の程度が強烈なものであったか、被害者の抵抗が積極的で激しいものであったか

②　被害者の抵抗がそれほど激しいものでなかったとしても、被害者のおかれた具体的状況が抵抗できないような又は拒否的な態度をとれないようなものであったか

③　被害者の犯行中における挙動、所作の中に、かりそめにも性行為を容認したとうかがわせるものがなかったか。逆に拒絶の意思を陰に陽に示す振る舞いがあったか

④　格別の有形力の行使もないのに、被害者の方でも（いうなれば）なすがままにされていた場合においては、被害者がどのような経緯、心理状況、四囲の状況からそういう挙動に出たかなどについて自然で合理的な説明がつくか

⑤　被害者からの届出、通報等が犯行直後になされたかどうか

⑥　被害者の同意を予期又は期待できるような経過・事情があったか

5　最三小判昭和24・5・10刑集3巻6号711頁〔24000618〕

6　礒邉衛「強姦の成否」小林充ほか編『刑事事実認定　裁判例の総合的研究（下）』判例タイムズ社（1992年）122頁参照

しかし、被害者は、体格の大きな加害者が立ちはだかったり、大きな声をかけられたりするだけでも恐怖で身体が硬直してしまうことは多いとされます[7]。

また、事件に対するショック等から、被害者が周囲に被害を相談できないことは多いとされ、平成29年刑法改正により、強制性交等が非親告罪となり、告訴の期間制限がなくなった経緯もあります。

そのため、合意の有無の判断に当たっては、前記①～⑥の事情には従前ほど重きがおかれない可能性も十分あると思います[8]。

エ　本事例のような密室における１対１の事例は、客観証拠に乏しく、弁護人にとっても見通しを立てることに困難が伴います。

被害者が早期に被害申告をしたことは被疑者に不利な事情となります[9]。

被害者の飲酒量は重要な点であり、例えば、ホテルに入る前後に泥酔していた（寝込んだり足下がふらつく様子が防犯カメラに映っている。嘔吐しているなど）場合には、合意が否定され得る事情となります。

その他には、性交の際に避妊具を付けているかどうか、被害者とその交際者間のやりとりや交際状況も問題となります。

性交前後の当事者間のやりとりはもとより、性交に及んだ時刻や睡眠した時刻、その他入室前や入室後のあらゆるやりとりが有利にも不利にも左右し得るため、取調べ対応としては、黙秘が原則となります。

「被害者が合意していると思った」という被疑者の主張については、もっともと思える事案もあれば、「ムシが良すぎるのではないか」と思うケースもあります。ただし、それを「認知の歪み」で片づけるのではなく、本人の

7　法務省「性犯罪の罰則に関する検討会」第２回（2014年）議事録参照

8　川合昌幸「強姦の成否⑵―犯行抑圧の有無」小林充ほか編『刑事実認定重要判決50選（上）〈第２版〉』立花書房（2013年）349頁は、「一見軽微な暴行脅迫でも女性の意思決定の自由を阻害する危険性が大きいことについての社会の理解も相当に深まっている……そのような観点からみると、本稿で掲げたやや古い裁判例の判断のいくつかには、今日では維持し難いものもあるように思われる。」とします。

9　他方、前橋地判平成30・５・23判時2405号103頁〔28262709〕は、強盗・強制性交等事件ですが、①被害申告者と被告人に面識がない、②昼間に行われている、③避妊具不使用、④被害申告者が当日に被害申告等の各事実があるものの、これらの推認の程度は高くないとして無罪を言い渡しました。

認識が形成された経緯・原因を丹念に聞くことが必要です。

(3) 近時の動向について

平成29年刑法改正の附帯決議において、「刑法第百七十六条及び第百七十七条における『暴行又は脅迫』並びに刑法第百七十八条における『抗拒不能』の認定について、被害者と相手方との関係性や被害者の心理をより一層適切に踏まえてなされる必要があるとの指摘がなされていることに鑑み、これらに関連する心理学的・精神医学的知見等について調査研究を推進するとともに、司法警察職員、検察官及び裁判官に対して、性犯罪に直面した被害者の心理等についてこれらの知見を踏まえた研修を行うこと。」とされました[10]。

当該決議の後も、強制性交等や準強制性交等の事案で無罪判決[11]が言い渡されていますが、これらの無罪判決を批判する動きもみられるところです。

前記のとおり、暴行・脅迫の程度や合意の有無に関する従前の裁判例が、今日でも必ず通用するとは言い難い状況であり、弁護人は、近時の立法や裁判例等の動向をとりわけ注視する必要があります。

（服部 啓一郎）

10 裁判官に配布されたものとしては刑事裁判資料第291号があり、司法研修所における専門家の講演録や法務省の検討会における議事録等が掲載されています。

11 静岡地判平成31・3・28平成30年（わ）37号等公刊物未登載〔28271529〕、静岡地浜松支判平成31・3・19平成30年（わ）397号公刊物未登載〔28271467〕、名古屋地岡崎支判平成31・3・26平成29年（わ）549号等公刊物未登載〔28272469〕など

4　集団強制性交

はじめに

平成29年改正の前は、強姦罪と別に集団強姦罪が存在し、集団強姦罪の法定刑は強姦罪よりも重く定められていました。しかし、平成29年改正によって強姦罪が強制性交等罪になり、法定刑の下限が引き上げられたことで、集団強姦罪の法定刑の下限を超えたことから、あえて存在させる理由がなくなり、廃止されました。

しかし、当然ながら、これまでの集団強姦罪に相当する事件について、不処罰となるのではなく、強制性交等罪によって処分されることになります。

また、集団強姦罪が存在していたときは、法定刑の下限が高かったことからも明らかなように、通常の強姦罪よりも悪質とされていました。そのため、集団強姦罪の廃止後も集団強制性交については、単独の強制性交罪に比べて情状として悪質になります。

事例 Ⅵ-4-1

Xは、Yから「出会い系サイトで連絡をとっているAという女性を呼び出している。性交できるかもしれない」との話をされ、自分もこれに乗じたいと相談したところ、Yから承諾を受けた。YはAを呼び出し、自宅に連れ込み、Aと飲酒をしていたところ、Xもやってきて、飲酒後、Aが性交為に同意していないにもかかわらず、２人でAに対して性交を行った。

1　事例の見通し

集団強制性交については、被疑事実に争いがないのであれば、示談が成立しない限り、公判請求がされることになります。

示談をまとめることが重要になりますが、他方で、共犯者がどのようなスタンスでいるのかということも事件の処理について影響を及ぼします。共犯者と一緒に示談をすることができるのか、共犯者は示談をしない場合、単独で示談をまとめることができるのかということを検討していくことになります。

示談が成立できれば、通常の強制性交等罪と同様に公判請求されない可能性が極めて高くなります。他方で、示談が成立していない場合にはほぼ確実に公判請求がされます。理論的には、共犯者が示談をすることで違法性が減少することになりますが、量刑上の影響はともかくとして、公判請求を避けることができるだけの事情になるかというと、そうはならないでしょう。

2　身体拘束の回避・解放に向けた弁護活動

本事例の重大性、被害者との関係等を考慮すると、示談が成立している状況でもない限り、原則として身体拘束から解放されることはありません。

3　終局処分に向けた弁護活動

⑴　取調べ対応について

情状事件であれば、示談を成立させ、不起訴にすることを目指します。

他方で、必ず示談が成立するわけではありませんので、取調べに対する対応としては、公判請求を見据えて、黙秘を指示することになります。

共犯事件で黙秘をしている場合に、共犯者が供述をしていると、取調官から、「共犯者が供述しているのに供述しないのは心証が悪い」「首謀者だから供述しないんだろう」などと詰め寄られることがありますので、事前にこの点について依頼人に説明をしておくことが必要です。

切り違え尋問は偽計であり、これによって得られた供述証拠は証拠能力を欠くので、切り違え尋問そのものを行うことは考えにくくとも、実際に共犯者が供述している場合に、そのことを使って、黙秘を崩しに来る手法は否定されていませんので、注意が必要です。

⑵　共犯者と歩調を合わせるか

共犯者がいる場合には共犯者と歩調を合わせて示談に臨むことができるのであれば、示談金の原資が増えることになり、示談をまとめやすくなるというメリットがあるので、可能であれば共犯者と協力体制をとることを積極的に考えるべきです。

他方で、明確な主従関係があるなどして、被害者が共犯者に対して強い憤りを持っており、被害者が共犯者に対しては何があろうと許さないであろう場合には、協力体制をとることがかえって足枷になりかねません。また、共犯者と協力体制をとると、共犯者との連絡の時間が必要になり、解決が遅れます。示談金の原資を増やすというメリットを放棄しても、その分のメリットがあるのなら、協力体制をとる必要はありません。

共犯者の弁護人を探す方法ですが、弁護士会のメーリングリストで事件を抽象化したうえで、弁護人を探していますというメールを送る方法や、法テラスに確認をする方法、検察官に確認する方法が考えられます。

しかし、メーリングリストに関しては、共犯者の弁護人が、同じ単位会に所属しているなどして当該メーリングリストを確認していることが必要ですし、また、法テラスについては、国選事件のみを把握しているため、共犯者の弁護人が私選であれば法テラスも回答できません。検察官に確認をしてみるのがよいでしょう。

⑶　被害者との交渉

共犯者と一緒に示談を行う場合には、謝罪のための連絡は個別に行うべきですが、条件の交渉窓口は一本化することが望ましいです。

どちらが交渉を担当するかということについての原則論などはありませんが、共犯者の弁護人が交渉で被害者の感情を損なった場合には、自分の依頼人にとっても不利益になるので、直接交渉をしない場合に、完全に任せるのではなく、条件面のほか、交渉の際の注意事項等についても打合せをしておく必要があります。共犯者としては受け入れることができない条件であっても、こちらとして受け入れることができる条件というのもあり得ますので、先方からの要求に対して、必ず持ち帰ってもらうなどの対応をしてもらうことも必要です。

足並みをそろえる場合に厄介なのが共犯者と意見が合わない場合です。共犯者が応じることができるという条件についてこちらが応じることができない場合には、断ることになりますが、共犯者が単独で当該条件に応じる（示談金は提示額の２分の１）ということになった場合、被害者にしてみると基準ができたわけですので、この条件よりも示談金の額が低い等、依頼人に有利な条件で示談に応じてくれると安易に期待することはできません。破談後の交渉はハードになると考えるべきですし、依頼人にも十分説明を尽くす必要があります。

逆に、こちら側が応じることができるが、共犯者が応じることができない場合には、共犯者の弁護人に単独で示談をすることを伝えることになります。被害者には、意見が合わず単独で交渉をすることになったうえで、当初の案について依頼人の負担分である示談金全体の２分の１を支払金額とした形での示談書を交わすことができないかを交渉していくことになります。

ところで、黙秘をしている場合に、被害者から、なぜ黙秘をしているのか、反省していないのではないかということを聞かれることがありますが、弁護人としての方針であって、事実について否認しているわけではない程度のことについては説明しても差し支えないでしょう。

そのうえで反省状況等について聞かれることもありますが、口外しないことをお約束いただいたうえで、反省状況について、依頼人から許可を受けている範囲で説明するのがよいでしょう。もっとも、法定刑が５年以上の懲役ですので、公判請求され、有罪の場合には、酌量減刑にならない限り実刑になります。示談が成立できるように、極力被害者のリクエストには対応できるようにしておきたいです。

（髙木 小太郎）

5 児童を被害者とする犯罪（児童ポルノ法違反等）

はじめに

若年者は、性的事柄に対する判断能力が未熟であり、また、保護者など力関係で優位な者から性的に搾取・虐待される危険があります。刑法及び他の法令では、若年者を対象とする性的行為等を規制しています。

本項では、18歳未満の人（以下、「児童」という）を被害者とする性犯罪のうち、児童買春、児童ポルノに係る行為等の規制及び処罰並びに児童の保護等に関する法律（以下、「児童ポルノ法」という）違反を中心に検討します。

児童を被害者とする性犯罪等の概観

対象年齢	規制行為	態様	罪名（法令は略称）
13歳未満	性交・性交類似行為等	同意の有無問わず	・強制性交等罪（刑法177条、178条２項） ・強制わいせつ罪（刑法176条、178条１項）
18歳未満	性交・性交類似行為等	監護者であることに乗じ	・監護者性交等罪（刑法179条２項） ・監護者わいせつ罪（刑法179条１項）
		淫行をさせる（事実上の影響力を及ぼし）	・児童福祉法違反（同法60条１項等）
		対償を供与等	・児童ポルノ法違反（同法４条等）
		みだらな（単に自己の性的欲望を満足等）	・青少年健全育成条例又は青少年保護条例違反（各都道府県による）
	性的画像（児童ポルノ）	製造・提供等	・児童ポルノ法違反（同法７条２項以下）
		単純所持	・児童ポルノ法違反（同法７条１項）
	掲示板上の募集行為		・出会い系サイト規制法違反（同法33条）

事例 Ⅵ-5-1

被疑者は、SNSに援助交際を希望する書き込みをしていたA（16歳）と知り合った。被疑者は、Aとラブホテルで会い、その場で1万5,000円を交付し、Aと性交した。

1　事例の見通し

被疑者には児童買春罪（児童ポルノ法4条）が成立します。

なお、対償供与の約束がない場合、条例の淫行罪（後述）となります。

児童買春罪の保護法益は、相手方となった特定児童の個人的法益、並びに、児童を性欲の対象とする風潮の抑止及び児童一般の健全な育成という社会的法益の双方であるとする考え方が、立案担当者[1]から示されています。

初犯で被害者が1名であればおおむね50万円の罰金とされています[2]。

性交時に被害児童を撮影したり（児童ポルノ法7条4項の単純製造罪も成立します）、被害者が複数となれば当然重くなります。

児童買春罪は、通常逮捕が多いです。児童ポルノ法違反全体の統計では、勾留請求される割合は約86%、勾留請求後の勾留率は約88%です[3]。

自首した場合は身体拘束を回避できることが多いです。

2　身体拘束の回避・解放に向けた弁護活動

(1)　逮捕・勾留後に受任した場合

被疑者の誓約書、同居親族等の身元引受書の取得を試みます。

被疑者は、被害者の名前や電話番号を知らないことも多いので、意見書や準抗告申立書では働きかけの現実的可能性がないことを具体的に主張します。

1　森山真弓＝野田聖子編著『よくわかる改正児童買春・児童ポルノ禁止法』ぎょうせい（2005年）83頁

2　東京高判平成29・12・22高刑速報（平29）233頁〔28265383〕は、100万円の罰金刑とした原判決の量刑は重すぎるとします。

3　法務省「2018年版検察統計統計表」表番号18-00-41

⑵　在宅で受任した場合

誓約書、身元引受書の取得のほか、家宅捜索前であれば児童とのやりとりの内容を保全したうえで、捜査機関へ携帯電話機等の任意提出を試みます。

⑶　捜査機関発覚前の対応（自首・出頭）[4]

> 【設問】事件から１週間後、被疑者は、別の人が児童買春で逮捕された報道を見て不安になり、弁護士に相談してきた。

ア　自首をするかどうかの検討

捜査機関への発覚前（厳密には「被疑者が捜査機関から事件について何らかの接触を受ける前」です）に相談を受けたときは、自首も検討します。児童買春は、身体拘束と報道のリスクがあるからです。児童の年齢を知らないなど犯罪不成立の場合、自首とはなりませんが、出頭のメリットはあります。

一方、事件が捜査機関に発覚しないまま時効を迎えることもあるので、自首が「やぶ蛇」となることもあります。多くの被疑者は逡巡して、発覚する可能性や発覚した場合の具体的な処分の見通しをしつこく質問してきます。

児童買春が発覚する経路の１つとして、サイバー補導なり別の事件で補導された被害児童の携帯電話等が端緒となることが考えられます。捜査機関は、やりとりをしたSNSの運営会社及び通信会社に照会をかけて被疑者端末を特定するので、事件から被疑者の逮捕まで数か月から１年程度かかります。被疑者端末の特定に至るまでに通信会社のアクセスログが消去されて、被疑者が特定されないということもあるでしょう。

前記一般論はともかく、被疑者を安易に安心させたり、逆に危険をあおったりしてはなりません。被疑者本人に、自首するかどうかを判断させてください。

イ　自首をする際の留意点

・相談前に被疑者がSNSのアカウントを消去したり証拠を破棄していることも多いですが、相談以降はこれらをやらないよう注意します。

4　自首の方法については『捜査弁護術』16頁以下を参照

・弁護人選任届のほか、被疑者の弁護人面前調書を作成してください。
・身上に関する調書と、事件内容の調書は分けた方がわかりやすいです。
・児童の特定に資する情報は必ず記載し、関係証拠は確保してください。
・被疑者が家族に事件を打ち明けられるのであれば、身元引受書をとります。
・出頭先は、事件の管轄を意識します。原則として対償供与（の約束）をした場所か、性行為をした場所を管轄する警察署に出頭します。
・事前に、管轄警察署の少年係に連絡してアポイントをとります。その際、事件の概要は伝えますが、自首する前に逮捕されては困りますので、被疑者の名前等は念のため伝えないようにしておきます。
・本人には、出頭時に印鑑と身分証が必要となること、携帯電話は任意提出を求められる可能性があることをあらかじめ伝えておきます。
・出頭した際は、最初は弁護士同席のもとで事件を説明します。その後、警察だけで取調べをさせてほしいと言われることが多いです。弁護人立会いを求めるかどうかは争点や余罪の有無も踏まえて判断します。
・出頭先の警察署が事件を覚知していない場合、自首調書（犯罪捜査規範64条）が作成されないことが多いですが、自首であることに変わりはないです。

以上に対し、本人だけ出頭する場合は後記の想定問答を参照してください。

ウ　出頭後について

任意捜査がなされ、被害児童が特定されれば、改めて被疑者の取調べを実施のうえ、送致（送検）されます。

児童の特定に至らない場合や、児童側が警察への協力を拒む場合、不送致となって前歴にすらならない可能性があります。

3　終局処分に向けた弁護活動

(1)　自白事件

ア　供述方針、更生

事実に争いがなければ原則として供述します。同種余罪があるなら、供述をすることによって立件されるリスクを考慮して供述か黙秘かを判断します。

更生に向けた活動としては、動機・依存性に目を向ける必要があります。専ら児童が対象だった（指向）のか、買春を通じた性交渉に依存性があるか等です。通院等の対応については事例Ⅵ－１－１を参照してください。

イ　示談・被害弁償

児童買春について、「被害者なき犯罪である」といわれたり、対価を払って児童を搾取する行為であるため被害弁償を評価しないという考え方もあります。しかし、児童買春罪は児童個人の法益を保護していますし、性交渉への対償供与と精神的苦痛への被害賠償は意味が違うはずです[5]。

一方で、示談の効果に限度があり得ることは被疑者に説明しておきます。

示談の進め方は事例Ⅵ－５－３を参照してください。

⑵　知情性の否認

【設問】 AがSNSでもホテルでも年齢を明かさなかった場合はどうか。

児童買春罪は、被害者の年齢を知っていること（知情性）が要件です。

児童の使用者は知情性が推定されますが（児童ポルノ法９条）、その他の者は推定を受けません。ただ、未必の故意でも犯罪は成立します。

捜査側は、知情性の否認を潰そうとしてきます。

弁護人は、被疑者からSNSでのやりとり、被害者の外見や言動等を詳しく聴取し、記録しておく必要があります。

取調べにおいては、概括的に知情性を否認したうえで、細部は供述しない（少なくとも調書には残さない）方が安全性は高いと考えます。

事例 Ⅵ-5-2

被疑者は、SNSで親しくなったB女（15歳）に「えっちな写真送ってよ」などと申し向けた。B女は、アプリのカメラ機能で上半身裸の写真

5　奥村徹「児童ポルノ・児童買春弁護人FAQ」季刊刑事弁護35号（2003年）89頁は、安易に贖罪寄付に逃げてはならないとし、被害弁償が減刑理由となった判決を紹介しています。

を撮り、被疑者に送信した。被疑者は画像を削除しないまま、後日、捜索を受けた。

1　事例の見通し[6]

本事例は“sexting”といわれる自画撮り行為の要求事例です。

児童に児童ポルノ法2条3項1号所定の姿態をとらせて児童ポルノを製造したとして、同法7条4項の製造罪（単純製造罪）が成立し得ます。

ただし、児童が任意に自画撮りした場合の法的構成は分かれます。児童は製造罪の正犯とはならないとして要求者を単純製造罪の間接正犯とする裁判例、要求者は単純製造罪の教唆ないし共謀共同正犯とする見解があります[7]。

なお、脅迫したり、被害者が13歳未満であれば、強制わいせつ罪でも立件されます。また、児童が自画撮りに応じなくても、地域によっては一定の児童ポルノ要求行為が条例で処罰される[8]ので、留意が必要です。

単純所持罪（児童ポルノ法7条1項）や提供罪（児童ポルノ法7条2項、6項）などを含めた児童ポルノ規制の保護法益は、①個人的法益、②社会的法益、③個人的法益及び社会的法益の双方とする見解[9]があります。

初犯で被害者少数の単純製造罪や単純所持罪は、罰金刑が見込まれます。

2　身体拘束の回避・解放に向けた弁護活動

児童ポルノ法違反全体では在宅案件が約79％と多く[10]、単純製造や単純所持事案も多くは在宅事案と推測されます。

弁護活動のポイントは事例Ⅵ－5－1で述べたところと同様です。被害者と

6　児童ポルノ規制の裁判例の分析は、園田寿＝曽我部真裕編著『改正児童ポルノ禁止法を考える』日本評論社（2014年）〔奥村徹〕15頁参照

7　前掲注6・〔園田寿〕34頁参照

8　例えば、東京都青少年健全育成条例26条7号、18条の7

9　前掲注1・96頁。学説の状況は、永井善之「児童ポルノの刑事規制根拠に関する一考察」金沢法学60巻1号（2017年）125頁など

10　前掲注3参照

面識のあるケースは、罪証隠滅の現実的可能性に留意します。

3　終局処分に向けた弁護活動

⑴　自白事件

動機や余罪の有無を確認します。児童に性的関心はなく興味本位だったと述べる被疑者もいますが、鵜呑みにはせず、動機の裏付けを確認します。

示談も検討します。第三者への提供を予定しない単純製造は、被害者個人の法益侵害ととらえやすく、示談になじむ行為類型といえます。

示談金額の考え方は、本章概論を参照してください。

⑵　否認事件

「裸の画像を要求はしていない」と争うことがあります。本事例も「えっちな写真」という言葉だけでは判断できないので、従前のやりとりや要求行為の回数（執拗性）などを踏まえ、児童ポルノ法２条３項１号から３号規定の「姿態」をとらせ、これを撮影・送信させたといえるのか、検討します。

なお、要求行為はしていないという理由で単純製造罪が不成立でも、単純所持罪成立の可能性があります。

> 【設問】被疑者は、Ｂ女の年齢は知らなかったし、送信された裸の画像を見ても18歳未満であると思わなかったと述べている。

製造罪や単純所持罪等でも知情性の否認のケースがあります。

弁護人は画像取得の経緯から知情性を認定できないことを主張します。

画像自体を捜査段階で見ることは難しいでしょうが、明らかに低年齢の児童の場合を除けば、知情性を否定できる余地はあります。

一方、捜査機関は、被写体となった人物の年齢の判定を小児科医に求めることがあります。その際「タナー法」が用いられることが多いようです。しかし、タナー法はもともと生身の人間に対して発育の度合いを判定するものであり、画像での年齢判定への応用について開発者のタナー教授自身が批判した経緯もあることから[11]、小児科医の意見を争う余地はあると思われます。

事例 Ⅵ-5-3

被疑者は、学習塾の生徒であるC（16歳）と親しくなり、被疑者の自宅にCを呼んで、性交した。

1　事例の見通し

都道府県の条例ひいては児童福祉法上の淫行罪成立の可能性があります。

⑴　青少年育成条例違反

まず、都道府県では、青少年健全育成条例ないし青少年保護（育成）条例（以下まとめて「育成条例」という）を定めており、児童との淫行を処罰します。ただし、具体的な文言や処罰範囲は条例で異なるため、注意が必要です。

判例は[12]、福岡県の事例で、淫行とは性交・性交類似行為であって、①青少年を誘惑、威迫、欺罔、困惑させる等心身の未成熟に乗じた不当な手段により行うもの、又は、②青少年を単に自己の性的欲望を満足させるための対象として扱うものと定義し、２つの類型を提示しています。

育成条例違反は、初犯では略式命令による罰金刑が多いです。

⑵　児童福祉法違反

続いて、児童福祉法60条１項、34条１項６号は、児童に淫行させる行為を処罰します。罰則は育成条例より重く、公判請求が多いです[13]。淫行の回数や態様によっては実刑の可能性も相当にあると思われます。

「淫行をさせる行為」の典型例は、児童に売春させるような行為（三者関係）ですが、保護者や教師が自ら児童の相手方になって性交をする事案（二者関係）でも児童福祉法違反が成立するというのが判例の立場です。

11　吉井匡「児童ポルノ事件における児童性の認定方法に関する考察 タナー法を用いた年齢推定法の利用について」『浅田和茂先生古稀祝賀論文集〔下巻〕』成文堂（2016年）347頁

12　最大判昭和60・10・23刑集39巻６号413頁〔27803700〕

13　法務省「2018年版検察統計統計表」表番号18-00-08によれば、公訴提起となった事件で公判請求の割合は約86％を占める。

判例上「淫行をさせる行為」とは、児童に事実上の影響力を及ぼして淫行を助長・促進させる行為をいい[14]、児童との関係、助長・促進行為の内容、児童の意思決定に対する影響の程度、淫行の内容・動機・経緯、児童の年齢等を総合考慮して判断します[15]。この「事実上の影響力」は比較的緩やかに解されており、本事例でも、児童福祉法違反で立件される可能性が十分あります。

なお、監護者性交等罪（刑法179条）は、生活全般にわたって児童を保護する関係にない学習塾講師には成立しません（事例Ⅵ－５－４参照)。

2　身体拘束の回避・解放に向けた弁護活動

児童福祉法違反は身体拘束が多く、逮捕後の勾留率は99.3％[16]です。

しかし、筆者は、準抗告認容・勾留却下を得たことがあります。

近時の準抗告決定は、認容例も棄却例も理由書きが簡略化されているため分析が困難ですが、淫行の時期から年数が経っていて、被害者と被疑者との接触が途絶えている事実がプラスに作用しています。

その他、誓約書、身元引受書の取得、示談の試みのほか、罪証隠滅の現実的可能性がないことを具体的に主張していきます。

否認していても、基本的事実関係に争いがなければ、その点も指摘します。

育成条例違反では身体拘束の割合は低下しますが、弁護方針は同じです。

3　終局処分に向けた弁護活動

⑴　保護者との示談交渉・被害弁償

自白事件はもとより、否認事件であっても被害児童の年齢及び性行為をしたこと自体に争いがない場合、示談を検討する必要があります。

淫行罪の社会的法益の側面を無視できないとしても、性犯罪では被害者の意思が最も重要だからです。そして、示談締結の事実や金額のみならず、被

14　最二小決昭和40・４・30裁判集刑155号595頁〔27681318〕
15　最一小決平成28・６・21刑集70巻５号369頁〔28242241〕
16　前掲注３参照

害者側に宥恕の意思があるかどうかも量刑に大きく関わります。

さて、被害者が未成年であれば親（法定代理人）との交渉が原則です。交渉自体を拒否されることもありますが、応じてもらえたときは、時間を十分に確保し、面会場所にも注意を払います。被害者本人より親が怒っていることも多いですが、仕方ありません。

示談成立の場合は、単独親権でない限り、親権者法定代理人２名の押印を求めます。なお、被害者が同席しないときは本人も示談に納得しているかどうか確認してください。

交渉時に被害者が成人していれば、示談は被害者本人と行います。親の同席を求められたら排除しないようにします。淫行罪の性質上、被害者の判断能力を担保する事情があった方がよいからです。

被害者が親に事件を秘密にしていることもあり、未成年の被害者に「親に内緒のまま話をしたい」と言われることがあり得ます。取消し（民法５条２項）のリスクを被疑者に説明したうえで、応ずるかどうか判断します。

示談金額の考え方は本章概論を参照してください。

⑵　否認事件

児童福祉法違反では、「事実上の影響力行使」の否認があります。被疑事実には「学習塾講師としての立場を利用し」などと簡潔に記載されますが、前記のとおり考慮要素は様々です。被疑者の地位や被害者の年齢をもって定型的に判断することのないよう反論します。当事者間の交際・性交に至る経緯の具体的内容が問題となり、被疑者取調べでも集中的に聞かれます。

また育成条例違反では、真剣交際があったとか、威迫・困惑等はなかったとして淫行を否認することがあります。当事者間のやりとりなどは保全します。被疑者が別の女性と結婚していたり、性行為の様子を撮影するといった事実があれば不利な事実になり得ます。

被害者は子どもであり、捜査官に誘導されたり、親の叱責をおそれて経緯を誇張することがあります。意見書を書くときはその点も指摘します。

ちなみに、主として子どもに対して供述を聴取する際に、誘導による事実誤認や二次被害を避けるため、司法面接[17]（Forensic Interview）の手法が一部で実践されています。

司法面接では、①できるだけ早く、原則として1回行う、②録音・録画する、③子どもに圧力をかけず、自由報告を主とする、④検察・警察・児童相談所等の関係機関が連携し、その代表者が行う、とされます。

被害者との性交の事実を否認する場合は事例Ⅵ－3－3、Ⅵ－5－4を参照してください。

事例 Ⅵ-5-4

被疑者は、養子（再婚相手の実子）であるD女（17歳）とはじめは自宅で性交し、その後、同女とラブホテルで継続的に性交していた。

1　事例の見通し

平成29年刑法改正で新設の監護者性交等罪（179条2項）が成立し得ます。

なお、同一の被害者に対し、時間的・場所的に接着して複数回行為を行った場合、併合罪ではなく包括一罪の余地があります[18]。

本罪と児童福祉法の淫行をさせる罪とは観念的競合となります。

また、被害者に外傷がなくても、PTSDに罹患し、因果関係が認められる場合は、監護者性交等致傷罪（刑法181条2項）が成立し得ます。

終局処分の見通しですが、法定刑の下限が5年であるところ、若干の裁判例をみる限り、高額賠償事例[19]や減刑嘆願書取得事例[20]でも懲役5年6月あるいは同6年を宣告されています。

17　仲真紀子編著『子どもへの司法面接 考え方・進め方とトレーニング』有斐閣（2016年）。司法面接には厳密な定義はありませんが、「協同面接」と同一視するものもあります。

18　松田哲也＝今井將人「刑法の一部を改正する法律について」法曹時報69巻11号（2017年）267頁

19　鹿児島地判平成30・8・7平成30年（わ）75号公刊物未登載〔28263953〕

20　大津地判平成30・7・31平成30年（わ）176号公刊物未登載〔28263965〕

2 身体拘束の回避・解放に向けた弁護活動

他の類型を含めた強制性交等罪の勾留請求率及び勾留率は各99%[21]です。

量刑が重いうえ、事件当事者と面識のあるケースですから、逮捕・勾留を回避することはかなり困難ですが、被害者やその母と別居し、被疑者自身は本人の父母に身元を引き受けてもらうなどし、罪証隠滅・逃亡の現実的可能性を低下させることが必要です。

これが在宅捜査段階で実行できればベストでしょうし、身体拘束後であっても調整をすることによって、早期保釈につなげられると思います。

3 終局処分に向けた弁護活動

⑴ 「監護者」性

「現に監護する者」とは、法律上の監護権者に限られないが、民法820条に照らし、生活全般にわたって保護・被保護ないし依存・被依存の関係が必要と解されます。具体的には①同居の有無、②指導状況、生活状況、③経済的状況、④未成年者に関する諸手続の実施状況等で判断するとされます[22]。

実子であれ養子であれ、同居している親子の間で監護者性を否定することは困難と思われます。

別居中の親子間の性交、同居中のおじと姪の性交、扶養関係のあるきょうだい間の性交といった非典型事例では、具体的事案ごとに監護者性の有無を判断するしかないと考えられます。

⑵ 「影響力に乗じて」

被害者の同意の有無が要件となるかは条文上、明記されていません。

議論状況は不透明ですが、従来13歳以上の女子との同意ある性交には強姦罪が成立しなかったこと、児童福祉法違反罪と監護者性交等罪の法定刑の大幅な差異に照らすと、真の同意があったり被害者が進んで性交に応じたりし

---

21 前掲注３参照

22 前掲注18・269頁、加藤俊治「性犯罪に対処するための刑法改正の概要」法律のひろば2017年８月号55頁

た場合[23]には「影響力に乗じて」はいない、と主張する余地があります。

本事例では、当初自宅で性交が行われた経緯、その後、ラブホテルで性交するようになった経緯等を被疑者から聴取し、被害者側に性交に至る積極的意思があったとみられるのであれば、犯罪成立を争うことは考えられます。

⑶　性交の事実や経緯の否認

捜査段階での司法面接を経ていても、被害者（養子）の供述の信用性が否定された無罪事例があります[24]。

被害者の供述動機に関する証拠（被疑者と折り合いが悪い、実親から虚偽供述を唆されている等）、被疑者側に不利な証拠（メール、慰留精液等）がある場合は弾劾する証拠の収集を試みます。

⑷　示談・被害弁償

基本的に事例Ⅵ－５－３で述べたとおりとなります。

本事例のような場合、被害者の実親との間でもトラブル等があったりするので、実親も含めた三者間の示談書を取り交わすことも十分考えられます。

4　弁護活動における想定問答

【設問】児童ポルノ法違反や淫行が実名報道されるリスクはありますか。

特に身体拘束の時点で報道リスクが相当にあります。当初の逮捕時点でなく、再逮捕の時点での実名報道もあります。

児童ポルノ法13条は、被害児童の推知報道を禁止していますが、被疑者と被害者に面識のある事案（教師と生徒など）でも「被害者が実名でなければ問題ない」とばかりに実名報道されたりします。推知報道禁止の規定がない児童福祉法違反や育成条例違反も同様です。

報道機関に抗議しても「速報性」、「公益性」の建前ばかりで反応が鈍いです。しかし、実名報道によって被害者側がショックを受けることもあります。

23　三島聡「性犯罪に関する2017年刑法改正 強制性交等罪と監護者わいせつ・性交等罪をめぐって」季刊刑事弁護94号（2018年）60頁

24　福島地郡山支判平成30・９・20平成29年（わ）182号公刊物未登載〔28264636〕

【設問】自首に弁護士が同行しなくても問題はありませんか。

法律的には同行しなくても自首は成立しますが、事前にアポイントがとりにくいです。また、本人がアポイントをとらずに出頭すると、(少年係の)担当者不在といわれて簡単に話を聞かれるだけで終わる可能性もあります。弁護士同行の自首では、弁護士から事情を説明できるメリットもあるので、可能な限り同行すべきだと思います。

参考資料

・森山真弓＝野田聖子編著『よくわかる改正児童買春・児童ポルノ禁止法』ぎょうせい（2005年）

・園田寿＝曽我部真裕編著『改正児童ポルノ禁止法を考える』日本評論社（2014年）

・奥村徹弁護士のブログ（http://okumuraosaka.hatenadiary.jp/）は、主として実務家向けに発信されているもので、参考になります。

（服部 啓一郎）

COLUMN 7

インターネット上の名誉毀損・脅迫・ストーカー行為

近年、匿名掲示板やSNSで、名誉毀損や脅迫の投稿が行われる事案が増加しています。見通しや留意点を概観します。

1　名誉毀損（刑法230条 1 項）

法定刑は 3 年以下の懲役又は50万円以下の罰金です。

匿名掲示板やSNSで行われる名誉毀損は、侮辱、名誉感情侵害、プライバシー侵害といった他の不法行為も含め、民事の解決がほとんどです。

一般的に、被害者側は、発信者情報開示請求（いわゆるプロバイダ責任制限法 4 条 1 項）を通じて、加害者の住所・氏名等の情報を得ます。その後、被害者側は発信者に損害賠償を求めつつ、示談できなければ捜査機関に告訴、という経過を経ることが多いと思われます。

本来、名誉毀損が成立するのであれば、被害者が加害者を特定しなくても、捜査機関が捜査を実施して特定すればよいはずです。しかし、従前は、被害者側が加害者を特定したうえでないと警察が行動することは少ないとされてきました。また、特定して送検されても、前科・前歴がなければよほど悪質でもない限り起訴猶予といわれています[1]。

なお、筆者個人としては、さほど悪質と思われない事案でも略式命令だったことがあり、担当検察官によるまぎれが大きいと感じています。

名誉毀損で検察官が起訴を検討するような事案は、社会的評価の低下が明らかで、真実性の証明による免責（刑法230条の 2 ）や確実な資料・根拠に基づいて誤信した場合の故意阻却（最大判昭和44・ 6 ・25刑集23巻 7 号975頁〔24004915〕）が困難なことが多いでしょう。

捜査は在宅が基本です（検察官送致事件の約86％が在宅[2]）。

1　清水陽平『サイト別ネット中傷・炎上対応マニュアル〈第 2 版〉』弘文堂（2016年）95頁
2　法務省「2018年版検察統計統計表」（図表18-00-41）

2　脅迫（刑法222条１項）

２年以下の懲役又は30万円以下の罰金です。

ネット上の脅迫は、ネットの名誉毀損と比較すると、現実世界で接点のある人を脅迫する事案の割合が高いと思います。接点のある人を脅迫するとなると、勾留ひいては勾留延長を選択されることがどうしても多くなります。

初犯では略式命令、重い事案なら公判請求となるでしょう。

弁護人としては示談を目指しますが、示談が成立しても検察官が被害者の真意を疑うことがあります。また、示談をしたからといってすぐに釈放してくれるとは限りません。

3　ストーカー規制法違反

好意の感情あるいはこれが満たされなかった怨恨の感情を充足する目的で、特定人に反復して粗野な言動をしたり、名誉を害する事項を告げた場合、ストーカー規制法違反の罪（18条、２条３項、同条１項各号）が成立します。

ネット上でストーカー行為をすると、脅迫罪や名誉毀損罪と一緒に立件されたりします。

DV・ストーカー事件は、警察が携帯型データベース端末を全国で配布する[3]など対応が強化されており、事件発生から逮捕・勾留まで比較的早く進みます。

逮捕された場合の実名報道リスクも相当あります。

略式命令となることもありますが、公判請求も念頭に置きましょう。

被疑者が「被害者に悪いことをした」といえないことも多いのですが、せめて「被害者ともう関わらない」と真剣に（検察官の前で）約束できるかどうかが重要だと思います。

（服部　啓一郎）

3　「DV・ストーカー歴の情報、警察官がその場で照会可能に」朝日新聞2019年８月30日

Ⅷ

交通事故事案

Ⅶ　交通事故事案［概論］

1　構成要件

⑴　過失運転致死傷罪

過失運転致死傷罪（自動車の運転により人を死傷させる行為等の処罰に関する法律（以下、「自動車運転処罰法」という）５条）は、「自動車の運転上必要な注意を怠り、よって人を死傷させた」場合に成立します。法定刑は、７年以下の懲役若しくは禁錮又は100万円以下の罰金です。ただし、「その傷害が軽い」ときは、「情状により」その刑を免除することができます。

自動車運転処罰法における「自動車」とは、自動車[1]及び原動機付自転車[2]を意味し、自転車に代表される軽車両は含みません。自転車の事故の場合、過失傷害（刑法209条）、過失致死（刑法210条）及び重過失致死傷（刑法211条後段）が検討されます[3]。

無免許運転の場合には、法定刑は、10年以下の懲役となります（自動車運転処罰法６条４項）。

⑵　危険運転致死傷罪等

危険運転致死傷罪等（自動車運転処罰法２～４条、６条）は、自動車の運転行為のうち、類型的に極めて危険が高いとされるものにより、人を死傷させた場合に成立します。「自動車」の意義は、過失運転致傷罪と同様、自動車及び原動機付自転車です。

危険運転致死傷罪において、処罰対象となる運転行為の類型は、次の６つであり、法定刑は、人を負傷させた場合は15年以下の懲役、人を死亡させた場合は１年以上の有期懲役です（自動車運転処罰法２条）。

1　道路交通法２条１項９号

2　道路交通法２条１項10号

3　近年、スマートフォンを操作しながら自転車に乗り、歩行者と衝突して死亡させた事案につき、重過失致死罪が適用され、禁錮２年執行猶予４年の判決が言い渡されました（横浜地川崎支判平成30・８・27平成30年（わ）166号公刊物未登載〔28264882〕）。

① アルコール又は薬物の影響により、正常な運転が困難な状態で自動車を走行させる行為（1号）

② その進行を制御することが困難な高速度で自動車を走行させる行為（2号）

③ その進行を制御する技能を有しないで自動車を走行させる行為（3号）

④ 人又は車の通行を妨害する目的で、走行中の自動車の直前に進入し、その他通行中の人又は車に著しく接近し、かつ、重大な交通の危険を生じさせる速度で自動車を運転する行為（4号）

⑤ 赤色信号又はこれに相当する信号を殊更に無視し、かつ、重大な交通の危険を生じさせる速度で自動車を運転する行為（5号）

⑥ 通行禁止道路を進行し、かつ、重大な交通の危険を生じさせる速度で自動車を運転する行為（6号）

アルコール又は薬物の影響については、自動車の走行中に正常な運転に支障が生じるおそれがある状態[4]で運転し、結果として、正常な運転が困難な状態に陥り、人を死傷させた場合にも処罰対象となります。この場合、法定刑は、人を負傷させたときは12年以下の懲役、人を死亡させたときは15年以下の懲役です（自動車運転処罰法3条1項）。アルコール又は薬物ではなく、自動車の運転に支障を及ぼすおそれがある病気として政令で定めるもの[5]の影響による場合も、同様に処罰対象となります（自動車運転処罰法3条2項）。

また、アルコール又は薬物の影響により、自動車の走行中に正常な運転に支障が生じるおそれがある状態で運転し、運転上必要な注意を怠り、結果として、人を死傷させた場合において、アルコール又は薬物の影響の有無又は

4　道路交通法117条の2第1号「アルコールの影響により正常な運転ができないおそれがある状態」との関係性については、「正常な運転が困難な状態」＞「正常な運転ができないおそれがある状態」＞「正常な運転に支障が生じるおそれがある状態」と解されています。しかし、いずれの文言も一義的に明確ではなく、実際の判定は非常に難しいことから、争点となりやすいと考えられます。

程度が発覚することを免れる行為をしたときも処罰対象となり、法定刑は、12年以下の懲役となります（自動車運転処罰法4条）[6]。

さらに、無免許運転の場合には、罪が加重されます（自動車運転処罰法6条）[7]。

(3) 道路交通法違反

道路交通法は、違反と結果の程度に応じて、10年以下の懲役から科料まで、幅広く罰則を定めています。

自動車運転処罰法は、人を死傷させた場合を対象としており、人を死傷させていない場合には、道路交通法等[8]の違反に基づく責任が問題となります。

なお、救護義務違反については、当該車両等の交通による人の死傷が当該運転者の運転に起因するものである場合の法定刑が、10年以下の懲役又は100万円以下の罰金であり（道路交通法117条2項、72条1項前段）、過失運転致死傷罪より重い法定刑が定められています。

2 厳罰化傾向

交通事故事案は、飲酒運転に関する議論を中心として、約20年の間に、厳

---

5 対象の病気としては、①自動車の運転に必要な認知、予測、判断又は操作のいずれかに係る能力を欠くこととなるおそれがある症状を呈する統合失調症、②意識障害又は運動障害をもたらす発作が再発するおそれがあるてんかん（発作が睡眠中に限り起こるものを除く）、③再発性の失神、④自動車の運転に必要な認知、予測、判断又は操作のいずれかに係る能力を欠くこととなるおそれがある症状を呈する低血糖症、⑤自動車の運転に必要な認知、予測、判断又は操作のいずれかに係る能力を欠くこととなるおそれがある症状を呈するそう鬱病（そう病及び鬱病を含む）及び⑥重度の眠気の症状を呈する睡眠障害が定められています。低血糖症を除き、運転免許の欠格事由と同様であり、低血糖症については、運転免許の欠格事由においては、「無自覚性の低血糖症（人為的に血糖を調節できるものを除く）」に限定されています。

6 本罪は、自動車運転処罰法2条1項及び3条1項の補充を目的とするものであり、同法2条1項又は3条1項が成立する場合、本罪は成立しません。

7 自動車運転処罰法2条（3号を除く）については、6月以上の有期懲役（同法6条1項）、同法3条については、人を負傷させた場合は15年以下の懲役、人を死亡させた場合は6月以上の有期懲役（同法6条2項）、同法4条については、15年以下の懲役（同法6条3項）となります。

8 道路交通法違反以外には、例えば、車両の保安、点検及び整備等に関し、道路運送車両法違反が成立する場合が考えられます。

罰化の法改正が繰り返されてきました。

従来、自動車運転により人を死傷させた場合、業務上過失致死傷罪（刑法211条）が適用されていました。

平成11年11月28日、東名高速道路において、飲酒運転のトラックが乗用車に衝突し、乗用車の後部座席に乗っていた幼児２人が死亡する事故が発生しましたが、トラックの運転者に対し、業務上過失致死罪等を問われるにとどまりました。この事故を契機として、飲酒運転に対する刑事罰の不十分さが、社会的に大きく問題提起されました。

これを受けて、平成13年12月に改正刑法が施行され、危険運転致死傷罪が新設され[9]、また、平成14年６月に改正道路交通法が施行され、酒気帯び運転の基準が引き下げられ、飲酒運転の行政上の違反点数が増やされ、飲酒運転をして死亡事故を起こした者等の極めて悪質な運転を理由とした免許取消等の欠格期間の上限が５年に引き上げられました。さらに、平成17年１月に改正刑法が施行され、危険運転致傷罪の法定刑が、10年以下の懲役から15年以下の懲役となりました。

このような中、平成18年８月25日、福岡市で飲酒運転の自動車に衝突された乗用車が海に転落し、乗用車に乗っていた大人２人が負傷、子ども３人が死亡する事故が発生しました。飲酒運転の運転者は、負傷者の救護等の必要な措置を講じず、その場を離れて水を大量に飲む等し、「逃げ得」[10]を目論んでおり、悪質とされましたが、従来の業務上過失致死傷罪と救護義務違反の併合罪が適用され、危険運転致死傷罪は適用されませんでした。

これに対して、飲酒運転に対する社会的な批判が高まり、平成19年６月に改正刑法が施行され、自動車運転過失致死傷罪が新設され、危険運転致死傷罪の対象に自動二輪車や原動機付自転車が追加され、同年９月に改正道路交

9　同時に、自動車運転による業務上過失傷害について、傷害の程度が軽い場合に刑を免除することも定められました。

10　飲酒運転で死傷事故を起こした際に、救護義務を尽くし、飲酒運転として危険運転致死傷罪で処罰された場合（負傷させた場合：10年以下の懲役（平成17年改正後は15年以下の懲役）、死亡させた場合：１年以上の有期懲役）より、轢逃げをし、業務上過失致死傷罪と救護義務違反の併合罪で処罰された場合（７年６月以下の懲役）の方が、刑罰が軽くなることを指して、「逃げ得」といわれていました。

通法が施行され、飲酒運転の罰則が強化され、飲酒運転の幇助行為を行った者に対する処罰規定が新設され[11]、飲酒運転を理由とする免許取消しの欠格期間の上限が10年に引き上げられました。

その後、平成26年５月に自動車運転処罰法が施行され、危険運転致死傷罪の類型が整理され、準危険運転致死傷罪及びアルコール等影響発覚免脱罪が新設され、無免許運転の場合に罪が加重されることとなりました。

平成11年11月	東名高速道路で乗用車が飲酒運転のトラックに衝突され、幼児２名が死亡
平成13年12月	改正刑法施行。危険運転致死傷罪を新設
平成14年６月	改正道路交通法施行。厳罰化及び酒気帯び運転の罰則適用対象見直し
平成17年１月	改正刑法施行。危険運転致死傷罪の厳罰化
平成18年８月	福岡市内の橋上で乗用車が飲酒運転の車に追突され、海上へ転落し、幼児３名が死亡
平成19年６月	改正刑法施行。自動車運転過失致死傷罪を新設
平成19年９月	改正道路交通法施行。厳罰化及び飲酒運転の助長行為についての処罰を新設
平成21年６月	改正道路交通法施行。行政処分の強化
平成26年５月	自動車運転処罰法施行。危険運転致死傷罪の類型の整理、準危険運転致死傷罪及び過失運転致死傷アルコール等影響発覚免脱罪の新設並びに無免許運転による刑の加重

11　飲酒運転を行うおそれがある者に対して、車両や酒類を提供する行為、飲酒運転の依頼や要求をして当該車両に同乗する行為等について独立の処罰規定が設けられました。

飲酒死亡事故件数は、平成10年から平成20年にかけて、約４分の１に大きく減少し、その後も緩やかに減少を続けています[12]。

法整備については、少し落ち着いたように思われますが、悪質な運転行為による事故や重大な結果を招いた事故に対しては、注目が集まり、厳しい処分が求められる傾向に変わりはありません[13]。情状に関する主張をする際には、反省が不十分であると指摘されたり、被害者及び遺族の感情を悪化させたりしないように、意識をしておく必要があります。

3　在宅事案

交通事故事案は、従来、過失犯を前提としており、一定の重大な結果を生じた場合や特に逃亡又は罪証隠滅のおそれが認められる場合を除き、在宅事案となることが多いです。

在宅事案の場合、その後の身体拘束を避けるべく、捜査への一定の協力姿勢を示すべき場面もあります。特に、被疑事実に争いのある事案においては、被疑事実に関する防御と、身体拘束の回避のための捜査への協力との間で、捜査機関に対し、どのような範囲で話をすべきかが微妙なことがあります。微妙な問題ほど、結果が読めないものであり、異なる選択をした場合に、どのような結果が導かれるかはわからないものですので、①被疑者及び関係者の意見を十分に聴取する、②必要な調査をする、③一定の時期までに判断をする等の形式面を整えておくことが重要となります。

なお、在宅事案においては、起訴後に国選弁護人が選任されますので、国選弁護人は、捜査段階に弁護活動ができなかった分、可能な限り速やかに、被告人と連絡をとり[14]、事件記録を閲覧謄写し、状況把握をし、公判に向け

12　平成10年は1,268件、平成15年は781件、平成20年は305件、平成25年は238件、平成30年は198件でした（警察庁「飲酒運転による死亡事故件数の推移」(https://www.npa.go.jp/bureau/traffic/insyu/img/insyujiko1.pdf)）。

13　近年、危険ドラッグによる暴走やあおり運転等が注目されています。

14　住所は起訴状や事件記録に、電話番号は事件記録に記載されていることが多いですが、検察官に電話をかけて確認することが、最も速く連絡先を把握する手段であると思います。なかなか被告人と連絡がとれない場合には、日程調整や出頭確保の関係もありますので、裁判所には、状況の報告をしておくとよいでしょう。

た準備を進めていく必要があります。

4 保険

交通事故事案においても、被害弁償が情状において果たす役割が大きいことは、他の事案と同様ですが、保険により被害者に対する損害賠償が支払われる可能性がある点は、意識をする必要があります。

自動車を運転するに際しては、強制保険である自動車損害賠償責任保険（以下、「自賠責保険」という）に加入するとともに、任意保険に加入することが社会的に強く要請されています。被疑者が任意保険に加入していない又は無保険であることもありますが、保険会社（保険共済を含む。以下同様）による対応がされていることも多数ありますので、必ず被疑者が自動車保険に加入しているか否かを確認する必要があります。

被疑者が任意保険に加入していた場合、保険会社の担当者に連絡をし、情報及び資料の提供を依頼し、今後の方針につき、確認をしておくとよいでしょう[15]。なお、保険会社は、基本的には、契約者である被疑者の利益を尊重してくれますが、保険会社の利益と被疑者の利益が必ず一致するわけではない点は、個別の事案において、注意しなければなりません。

被疑者が強制保険のみに加入していた場合、強制保険の担当者は、交渉の窓口となりませんので、主に、損害賠償の支払額を確認するにとどまるでしょう。

5 事故状況を分析するための基礎知識

交通事故の事故態様や過失を争っていく場合、現場状況や損傷状況等の実態を理解するとともに、事故状況を分析するための最低限の物理法則の理解が必要となります。専門家による説明を前提として、分析結果の理解ができれば足りる面もありますが、自身で主張の方向性を十分に検討するためにも、可能な限り理解を深めておくことが望ましいです。

15　任意保険会社においては、基本的には、被害者の傷害については、人身損害の担当者が対応し、事故態様や過失割合については、物的損害の担当者が対応しています。

また、示談に際しては、交通事故における損害賠償の算定基準や過失割合の判断方法についても、最低限の理解をしておく必要があります。

加えて、保険の仕組みについても、一定の理解をしておく方がよいでしょう。

（島 幹彦）

1 過失運転致傷・致死傷罪

事例 Ⅶ-1-1

被疑者は、自動車を運転していたところ、脇道から出てきた自転車と衝突した。自転車に乗っていたAは、加療10日間の傷害を負った。

1 事例の見通し

本事例は、自動車を運転し、自転車と衝突した人身事故の事案です。被疑者の安全確認が不十分であった可能性が高く、自動車の運転上必要な注意を怠り、Aを負傷させたものとして、過失運転致傷罪が成立する可能性があります。また、安全運転義務違反により道路交通法違反も成立する可能性がありますが、この場合、主として、過失運転致傷罪が問題となるでしょう。

過失運転致傷罪については、身体拘束を受けることが比較的少なく、特に、本事例においては、Aの負傷の程度は、加療約10日間にとどまり、交通事故による傷害としては、軽微であると解されますので、身体拘束を受ける可能性は低いです。

また、Aの負傷の程度に鑑みると、不起訴となる可能性も高いです[1]。

2 身体拘束の回避・解放に向けた弁護活動

前述のとおり、身体拘束を受ける可能性は低いものと思われますが、身体拘束を受けた場合には、身体拘束からの解放に向けた弁護活動をしっかり行っていく必要性が高いです。

逮捕段階においては、勾留を阻止すべく、検察官及び裁判官に意見を述べ、

1 平成30年度において、過失運転致傷罪の起訴率は11.0%であり、公判請求率は0.8%、略式命令請求率は10.3%でした（法務省「2018年版検察統計統計表」（表番号18-00-09））。

勾留段階においては、勾留に対する準抗告や勾留取消しを申し立てます。

被疑者の居住、家族及び就労の状況を確認し、親族の身元引受書等を取得する等して、被疑者の身元を明らかにします。加えて、事故後の通報の有無、認否の状況及び保険への加入状況等を確認し、被疑者に逃亡のおそれがないことを主張します。

また、被疑者及び検察官と話をして、証拠の収集状況と証拠構造を想定しつつ、被疑者に罪証隠滅のおそれがないことを主張していきます。例えば、事故状況がはっきりと映ったドライブレコーダーの映像があり、捜査機関がこれを証拠として収集済みであれば、罪証隠滅の客観的可能性がないといえるでしょう。その他にも、被疑者、A及び目撃者の各供述調書、事故現場における実況見分調書、Aの傷害についての診断書、被疑者の自動車及びAの自転車の損傷状況についての写真撮影報告書等、立証に必要な証拠が既に収集済みであれば、罪証隠滅の客観的可能性はないことを主張していきます。さらに、自白事件であれば、罪証隠滅の主観的可能性がないことを主張していきます。

3　終局処分に向けた弁護活動

⑴　自白事件

被疑者が任意保険に加入している場合、当該保険会社が、損害賠償についての交渉の窓口となっている可能性が高いです。被疑者加入の任意保険会社に連絡がされていない場合、直ちに、被疑者に確認し、当該保険会社に連絡しましょう。被疑者が自身の加入する任意保険会社を把握していない場合は、保険証書や通知等の書類、通販型保険（ダイレクト保険）であれば、メール履歴やインターネットの閲覧履歴等を確認し、代理店型保険であれば、当該代理店に連絡する等して、被疑者加入の任意保険会社を特定します。任意保険会社と連絡をとれた場合、任意保険会社の把握している事故関連情報の開示を依頼します。受任時期にもよりますが、保険会社が一定の資料を収集している可能性があります。

自白事件の場合、被疑者としては、刑事事件との関係において、早期にかつ十分な損害賠償を、保険会社に支払ってもらうことが利益となります。保険会社は、一方において、早期解決と契約者の満足を目指しますが、他方において、保険会社からみて適当な解決を目指します。そのため、被疑者が、刑事事件との関係上、過失割合や損害内容を争わず、早期に損害賠償を支払うことを希望した場合であっても、保険会社としては、これを受け入れられないとの態度を示す場合もあります。しかし、保険会社としても、契約者の意向は無視できない点や、事故当事者である契約者から協力が得られないと、十分に争うことができない事項もある点からすると、最終的には、契約者である被疑者の意向を重視するものと思われます[2]。なお、保険による損害賠償の内容と、被害者の求める損害賠償の内容とに差異がある場合、被疑者において、保険とは別途に支出をして、その差異を埋めることも考えられますが、一般的には、保険会社が断るような内容の損害賠償をすることは、あまり望ましくないと思われます[3][4]。

被疑者が強制保険である自賠責保険のみに加入している場合、同保険から、被害者に支払われた損害賠償を確認します。被疑者において、自身が加入している自賠責保険会社を認識していることは少なく、自賠責保険証明書や交通事故証明書を確認することとなります。

自賠責保険による保険金の支払は、自賠責保険の定める基準に基づいて支払われますので、十分な損害賠償とならないことも多く、この場合、被疑者は、本来支払われるべき損害賠償額との差額を支払うべきこととなります[5]。しかし、任意保険に加入していない場合、その保険料を支払えない又は支払

2　過失割合については、契約者の協力なしに十分な争いをすることが難しいため、契約者の意向をより重視する傾向にあります。損害額については、合理的な算定根拠がない限り、契約者に支払の意向があっても、支払を拒絶することもあります。

3　交渉の窓口が複数となることにより、混乱が生じる危険もあります。

4　保険会社の判断がおかしい場合、後に保険会社に保険金を支払うように請求する余地はあります。

5　自賠責保険及び任意保険の支払基準に基づく損害賠償額は、本来支払われるべき裁判所が認定する損害賠償額と比較すると、少額であることがほとんどです。ただし、被害者側の過失が大きい場合、自賠責保険による損害賠償額の方が、本来支払われるべき損害賠償額より高いことがあります。自賠責保険においては、被害者側に過失があったとしても、過失割合が５割を超えなければ、過失に基づく損害賠償の減額をせず、過失割合が５割を超えても、過失に基づく損害賠償の減額は、最大でも５割とされているからです。

いたくないという理由がほとんどですから、そのような被疑者において、別途、被害者に対する損害賠償の支払をすることは、あまり期待できません。被疑者において、別途、被害者に対する損害賠償を支払う場合、現実的に実践できる内容をしっかり検討する必要があります。

被害弁償（損害賠償）のみでなく、被害者に対し、謝罪や見舞いに行くことも大切です。保険会社が窓口になっている事案においては、最初の謝罪や見舞いの後は、被害者との直接の接触がないことも多いですが、被害者側からは、「被疑者が、一度謝りに来た後は、謝りにも様子伺いにも来ない」と不満を言われることがしばしばあります。本事例の傷害で、どの程度の通院をするかはわかりませんが[6]、被害者側の意向を確認しつつ、謝りや見舞いの申入れを検討する必要があります。

また、過失の存否を認めている場合においても、情状として、過失の程度について主張をする余地はあります。被疑者の過失を軽減する事情については、十分に考慮してもらう必要がありますので、適切に主張をしなければなりません。しかし、被疑者が反省していないとの評価を受ける可能性がありますので、被疑者自身に語らせず、弁護人においてのみ主張する等、主張の仕方については注意が必要です。

⑵　否認事件

自動車と自転車の事故においては、自動車側に相対的に高い注意義務が課されることから、自動車側の過失を否定することは容易ではありませんが、事故態様によっては、被疑者の過失が否定される可能性もあります。

被疑者の過失を否定するためには、十分な情報収集と分析が必須となります。

当該事故の損害賠償につき、話合いが行われている場合、その資料等が手に入る可能性があります。特に、保険会社が介入している場合、保険会社の担当者又は調査会社による現場状況及び車両損傷状況の確認並びに関係者の供述の聴取等が実施されていることがあり、これらの資料は、有益な情報と

6　「加療10日間」や「全治２週間」等とする診断書が提出されていたとしても、実際には、診断書記載の期間より長期にわたり治療を継続する場合は多数あります。

なります[7]。

また、近年、ドライブレコーダーが普及し[8]、これが事故態様につき、決め手となる場合もあります。事業用自動車の場合、タコグラフの装着義務が課されているものが多く、タコグラフから、事故態様を想定できる場合もあります。

その他には、インターネット上の地図サービスや航空写真、Googleストリートビュー等も参考資料となります。ただし、現場を直接見ると、図面や写真とは違った印象を受けることもありますので、可能であれば、実際に、事故現場に足を運んでみるとよいでしょう。

捜査機関による鑑定や分析については、一定の信頼性はあるかもしれませんが、あくまで、捜査機関（又はその依頼を受けた者）が、一定の目的をもって実施するものであり、絶対的に正しいものではありません。前提条件の見落としはないか、計算等のミスはないか、論理の飛躍はないか、憶測が含まれていないか、根拠を欠いていないか等といった観点から、丁寧に検討をする必要があります。

事例 Ⅶ-1-2

被疑者は、自動車を運転し、信号交差点において、対面信号が赤色を表示していたにもかかわらず、これを見落とし、そのまま交差点に進行した結果、交差道路から交差点へ進行してきたAが運転する車両と衝突し、Aは死亡した。

7　調査会社は、保険会社から調査依頼を受ける際、調査内容につき、開示を禁止していることが多く、調査会社の調査内容については、情報を得られなかったり、証拠資料として利用できなかったりすることがあります。

8　特に、事業用自動車については、設置されていることが多いです。

1　事例の見通し

本事例は、赤色信号の見落としによる自動車同士の事故で、被害者が死亡した事案です。

自動車の運転上必要な注意を怠り、Aを死亡させたものとして、過失運転致死罪が成立します。なお、「赤色信号を殊更無視をした」といえる場合、危険運転致死罪が成立することとなりますが、信号を見落とした場合や信号の変わり際で赤色信号につき未必的な認識しかなかった場合には、危険運転致死罪は成立しません[9]。本事例において、被疑者は、赤色信号を見落としたものであり、「赤色信号を殊更無視した」とまではいえず、過失運転致死罪が検討されることになるでしょう。赤色信号に従っていませんので、道路交通法違反も成立しますが、事例Ⅶ－１－１同様、主として、過失運転致死罪が問題となるでしょう。

死亡事案においては、その結果の重大性に鑑み、身体拘束を受ける可能性が比較的高く、また、終局処分については、多くが起訴されますが、不起訴となることもあります[10]。

2　身体拘束の回避・解放に向けた弁護活動

死亡事案においては、前述のとおり、身体拘束を受ける可能性が比較的高いです。

しかし、身元がしっかりしており、悪質性が高くない場合は、在宅事案となる場合も十分にあります。

捜査段階において、身体拘束から解放されなかった場合、起訴後の保釈に向けた準備を進めておく必要があります。身元引受人の確保や保釈保証金の準備をしておき、できる限り起訴当日に保釈の請求ができるようにしましょう。

9　赤色信号である認識がなくとも、赤色信号であってもおよそ従う気がなかった場合には、「赤色信号を殊更無視した」に該当するとされています。

10　平成30年度において、過失運転致死罪の起訴率は69.3％であり、公判請求率は42.7％、略式命令請求率は26.6％でした（法務省「2018年版検察統計統計表」（表番号18-00-09））。

3　終局処分に向けた弁護活動

本事例は、信号を見落とした事案であり、被疑者に過失がないという争い方は、あまり現実的ではありません[11]。ただし、過失の程度については、争う余地があります。刑事事件においては、罪の成否の判断においては、過失の有無が問題となり、過失割合による責任の分担という判断枠組は用いられませんが、量刑上は、過失の内容を考慮されることとなります。そのため、見落としの理由や被害者側の過失についての検討は必要です[12]。ただし、被疑者が反省していないと理解されると、むしろ不利益に評価される可能性があるので、何を主張するかの取捨選択は重要となります[13]。

被害弁償（損害賠償）については、事例Ⅶ-1-1と同様です。

死亡事案においては、遺族への謝罪や墓参りの申入れを必ずするべきでしょう。あまりしつこく申し入れると、遺族の気分を害してしまう可能性がありますが、一度断られたら後は何もしないということでは、反省や謝罪の気持ちが伝わりませんので、繰り返し申入れをすることは重要であると思われます。

（島　幹彦）

11　当該信号の確認が困難な状況が発生しており、信号を見落としたことがやむを得ないといえる場合には、過失がないといえます。

12　例えば、被疑者が赤色信号で交差点に進入したとしても、そのタイミングが黄色から赤色への変わり際であった場合、交差道路を進行してきたAの対面信号も赤色を表示していた可能性もあり、Aにも、交差点の状況を十分に把握せず、対面信号が青色を表示する前に見切発車で進行した過失があったということも考えられます。

13　被疑者ではなく、弁護人の意見として主張することも考えられます。

2 道路交通法違反

事例 Ⅶ-2-1

被疑者は、かつて自動車事故を起こし、自動車運転免許を取り消されたが、同免許を再取得せずに、自動車を運転した。

1 事例の見通し

本事例は、無免許運転の事案です。

無免許運転の法定刑は、３年以下の懲役又は50万円以下の罰金です（道路交通法117条の２の２第１号、64条１項）。無免許運転は、免許制度の根幹に対する違反行為であり、交通反則通告制度[1]（道路交通法125条以下）の対象となっていませんので、道路交通法違反事件の中では、刑事責任を問われる可能性が高い違反類型の１つです[2]。なお、自動車運転処罰法違反に問われる場合、無免許であったことは加重事由となり、多くの場合、同法違反の罪と併せて評価されることとなるでしょう。

身体拘束を受けることは、比較的少ないですが、自動車運転免許による身元確認ができないこと等から、身体拘束を受けることもあります。

無免許運転については、初犯の場合、略式命令による罰金となる可能性が高いですが、本事例の被疑者については、自動車運転免許を取り消された事

---

1 警察官又は交通巡視員が、軽微な交通違反行為（反則行為）を認めたとき、告知・通告手続を経て、反則行為者が、反則金を納付すれば、同人が公訴提起又は家庭裁判所の審判に付されないこととする制度です。青い紙に書式が印刷された交通切符（青切符）が交付されます。これに対し、反則制度の対象でない場合や反則金を納付しない場合には、赤い紙に書式が印刷された交通切符（赤切符）が交付されます。

2 検挙件数は、平成20年は40,087件、平成25年は25,746件、平成30年は19,413件と減少傾向にあります（警察庁「平成25年版警察白書」統計資料表番号４-21、警察庁「令和元年版警察白書」統計資料表番号５-24）。

情と取消後の期間によっては、公判請求される可能性があります。

2 身体拘束の回避・解放に向けた弁護活動

交通事案については、身体拘束を受けることが少ないため、身体拘束を受けた場合には、直ちに、身体拘束からの解放に向けた弁護活動を行っていく必要性が高いです。逮捕段階においては、勾留を阻止すべく、検察官及び裁判官に意見を述べます。勾留段階においては、勾留に対する準抗告や勾留取消しを申し立てます。

身元を明確にし、逃亡のおそれがないことを示すため、被疑者の居住、家族及び就労等の状況を確認します。そのうえで、被疑者の誓約書を取得し、さらに、協力が得られる場合、同居親族等の身元引受書を取得します。自動車運転免許の有無は、捜査機関において、容易に把握して立証できる事項であるため、被疑者による運転行為自体が明らかである場合、罪証隠滅のおそれが特に低いといえますので、この点を踏まえつつ主張をしていきます。

捜査段階において、身体拘束から解放されなかった場合、起訴後の保釈に向けた準備を進めておく必要があります。身元引受人の確保や保釈保証金の準備をしておき、できる限り起訴当日に保釈の請求ができるようにしましょう。

3 終局処分に向けた弁護活動

(1) はじめに

無免許運転については、初犯の場合、略式命令による罰金となる可能性が高いですが、２度目以降の場合、公判請求される可能性がかなり高くなります。そこで、初犯の場合は不起訴を、２度目以降の場合は略式命令による罰金を目指していくこととなります[3]。

無免許運転行為自体には、直接的な被害者はいませんので、本件に至るまでの経緯全般を通しての反省をし、再犯防止に向けて、自動車の運転をしな

3 平成30年度において、道路交通法違反の起訴率は56.8％であり、公判請求率は3.0％、略式命令請求率は53.8％でした（法務省「2018年版検察統計統計表」（表番号18-00-10））。

い（できない）生活環境の整備が重要となります[4]。

⑵　反省

どのような経緯で無免許運転をするに至ったかは、反省の対象と内容を明らかにするうえで重要となります。本事例は、自動車運転免許を取り消された後、同免許を再取得せずに、自動車を運転した事案です[5]。まずは、被疑者がどのような事情で自動車運転免許を取り消されたかと、それにもかかわらず、今回、同免許を再取得しないまま、自動車を運転するに至ったかを確認する必要があります。免許取消処分を受けるような重大な違反をし、さらに、無免許運転をしたことからすると、捜査機関側からは、交通法規の遵守に対する意識の低さを指摘されるでしょう。この点については、何らかのケアをする必要があります。素直に認めて反省することも重要であり[6]、また、やむにやまれぬ事情があった場合には、この点の説明をすることとなります。ただし、事情を説明する際には、言い訳がましいと評価されないように気をつけなければなりません。

反省状況については、被疑者の反省文を取得したり、弁護人において、意見書を作成したりして、検察官に主張していくこととなります。

⑶　環境整備

ア　無免許運転をすると、自動車運転免許を有する者については、25点の違反点数が加算され、２年以上の欠格となります[7]。自動車運転免許を有し

4　事故を起こした場合において、保険に加入していたときは、被害者に対しては、基本的に、保険による損害賠償の支払が可能です。しかし、同乗者に対しては、事情によって、保険による損害賠償の支払がされない可能性や減額される可能性があります。

5　無免許運転となる場合としては、他にも、自動車運転免許を全く取得したことがないまま運転した場合、自動車運転免許停止中に運転した場合、更新を失念等して自動車運転免許が失効した状態で運転した場合、普通免許で大型自動車を運転した場合や眼鏡等の条件を満たさずに運転した場合等が考えられます。なお、自動車運転免許が期限切れであることを失念して自動車を運転した場合、無免許運転に過失処罰規定がない以上、罪は成立しません。

6　本事例において、被疑者は、自動車運転免許を取得したことがあり、運転技能を有していることも考えられます。このような被疑者の中には、運転技能を有している以上、無免許運転をしても、実際上の問題はないという感覚を有している人もいます。免許を取得して運転するという根本的なルールを守れない者には、交通法規の遵守を期待できないことをしっかりと理解させる必要があります。交通事案に限りませんが、被告人段階で国選弁護人に選任されると、反省の態度が感じられないために公判請求されたのではないかと疑われる事案もまれにあります。

ない人については、違反点数制度はありませんが、自動車運転免許を取得する際に、一定期間の受験制限等を受けることとなります。そのため、被疑者は、いずれにせよ、当面は自動車を運転することができません。

イ　そこで、自動車を運転しない生活環境を整備しなければなりません。特に、地方においては、自動車は、生活を維持するための重要な移動手段となっていますので、生活に必要な移動を、公共交通機関等の利用や家族の協力で賄えるようにする必要があります。また、被疑者が、自動車を通勤に利用していた場合や運転を伴う業務に従事していた場合には、就労を継続し得ないこともありますので、就労先に事情を説明し、勤務地や勤務内容の変更及び調整が可能かを話し合い、場合によっては、就労先を変えることも検討する必要があります。これらの点を調整し、各関係者から、被疑者の生活環境の整備に協力する内容の書面を取り付けることとなります。

ウ　被疑者が運転した自動車が誰のものであったかについても、確認しておく必要があります。再犯防止のためには、被疑者が、再度、運転をすることができない環境にすることも重要です。

被疑者の自動車であった場合、被疑者は、当面は自動車の運転ができない以上、当該自動車については、処分を検討した方がよいでしょう[8]。処分した場合には、下取りや廃車の証明書を、処分の見込みがついた場合には、買付証明書等を取得することとなります。

他者の自動車であった場合、その者に対しても、刑事上及び行政上の責任が追及される可能性があります[9]。厳しく監督する旨を述べる者自身が、無免許運転幇助行為をしていたのでは説得力がありませんので、家族や就労先による監督を考える際には、自動車の貸与者であるか否かを十分に意識して

7　眼鏡等の条件に違反した場合等

8　自動車運転免許の取消処分から長期間が経過しているときは、車検や整備、保険加入の点でも問題がある可能性が高いです。

9　運転者が無免許であることを知りながら、同人に車両を貸与した者には、無免許運転の幇助行為として、3年以下の懲役又は50万円以下の罰金と科されます（道路交通法117条の2の2等2号、64条2項）。また、運転者が無免許であることを知りながら、当該車両に同乗した者には、2年以下の懲役又は30万円以下の罰金となります（道路交通法117条の3の2第1号、64条3項）。さらに、これらの者が自動車運転免許を有している者である場合、免許取消処分（欠格期間2年以上）となります。

おく必要があります。そのうえで、各関係者から、被疑者には、自動車運転免許を再取得しない限り、絶対に自動車を運転させないこと、これを実現できる自動車の管理をすることを誓約する内容の書面を取り付けます。前記イと同じ関係者については、同じ書面に併せて記載することになるでしょう。

事例 Ⅶ-2-2

　被疑者は、飲酒のうえ、自動車を運転し、コンビニエンスストアの駐車場において、アクセルとブレーキを踏み間違え、コンビニエンスストアの店舗に、自身の運転していた自動車を衝突させた。

1　事例の見通し

　本事例は、飲酒運転による物損事故の事案です。

　飲酒運転には、酒酔い運転と酒気帯び運転があります。酒酔い運転とは、正常な動作や判断ができないおそれがある状態で運転した場合であり、法定刑は５年以下の懲役又は100万円以下の罰金です（道路交通法117条の２第１号、65条１項)。酒気帯び運転とは、呼気１リットル中のアルコール量が0.15ミリグラム以上の状態で運転した場合であり、法定刑は３年以下の懲役又は50万円以下の罰金です（道路交通法117条の２の２第３号、65条１項)。飲酒をすると、運動能力、認知能力、判断能力等が低下しますので、飲酒運転は、非常に危険性の高い違反行為です。そのため、飲酒運転も、無免許運転同様、交通反則通告制度の対象となっていません。近年の飲酒運転への社会的批判の高まりにより、検挙件数自体は減少傾向にあります[10]。

　人を死傷した場合には、自動車運転処罰法が適用される可能性があります。

10　検挙件数は、平成20年50,236件、平成25年28,869件、平成30年26,602件と減少傾向にありますが、平成25年以降、減少は鈍化しています（警察庁「平成25年版警察白書」統計資料表番号４-21、警察庁「令和元年版警察白書」統計資料表番号５-24)。

2　身体拘束の回避・解放に向けた弁護活動

酩酊の度合いや被害の程度によっては、身体拘束を受けることがあります。

身体拘束をした理由として、酩酊の度合いが大きく影響しているときは、酩酊状態から回復していることを主張していきます。記憶がない場合の認否は悩ましいですが、検察官と話をして、証拠状況等を可能な限り把握し、方針を定めることとなります。

また、物的損害を受けたコンビニエンスストアに対し、損害賠償を試みます。コンビニエンスストアの責任者の連絡先については、捜査機関に確認しましょう[11]。店舗の修繕については、捜査段階においては、損害額等が定まらない可能性も高いので、ある程度の見込みで示談等ができるかを検討することになるでしょう[12]。被疑者が、任意保険に加入していた場合、被害者に対する損害賠償については、保険による支払が可能ですので、被疑者が加入する任意保険会社の担当者と連絡をとり、今後の方針につき、協議をすることとなります[13]。この場合、担当者から、保険会社において、適切な損害賠償をする旨の書面を取得することが考えられます。被疑者が、自身の加入する任意保険会社を把握していない場合、家族の協力等を求めつつ、保険証書等から、保険会社を特定し、事故の報告をすることとなります。

捜査段階において、身体拘束から解放されなかった場合、起訴後の保釈に向けた準備を進めておく必要があることは、無免許運転の場合と同様です。

3　終局処分に向けた弁護活動

(1)　物損事故についての損害賠償

過失による器物損壊罪等は、法定されていませんので、物損事故自体につ

11　交通事故証明書にも、連絡先の記載はありますが、捜査機関を通じて連絡先を確認した方が、早期かつスムーズに連絡がとれることが多いと思われます。

12　適切な賠償をする旨の合意書を交わすことや、過失を争わない旨の合意書を交わすこと等も考えられます。

13　保険会社としても、契約者である被疑者の意向確認が必要なことが多いため、弁護人との連絡を望んでいる場合があります。

いては、刑事上の責任は発生しません。しかし、民事上の損害賠償責任は発生しますので、その賠償をする必要があります。本事例のコンビニエンスストアの被害は、被疑者の飲酒運転の結果として生じたものですので、同店の損害につき、賠償し又は賠償の見込みを立てることは、重要な情状事実となります。損害賠償に向けた弁護活動の内容は、身体拘束からの解放の場面と同様になります。

⑵　環境整備

酒酔い運転の違反点数は35点、酒気帯び運転のうち、呼気１リットル中のアルコール量が0.25以上の場合は25点、0.25未満の場合は13点です。行政処分は、最も軽い場合でも[14]、酒酔い運転については免許取消し（欠格期間３年）、酒気帯び運転のうち、呼気１リットル中のアルコール量が0.25以上の場合は免許取消し（欠格期間２年）、0.25未満の場合は免許停止（90日間）となります。そのため、被疑者は、一定期間、自動車の運転ができないこととなります[15]。

そこで、行政処分又は行政処分の見込みに応じて、今後の自動車運転についての方針を考える必要があります。すなわち、短期間の免許停止にとどまる場合、一時的に、自動車の運転をしないで済むような生活環境を整え、その後、従前の生活環境に戻すことも考えられますが、免許取消しになるような場合には、長期的に、自動車の運転をしないで済むような生活環境を整える必要があります。家族や就労先の理解と協力を得て、日常生活及び就労につき、自動車の運転をしないで済む環境を整備する必要があるのは、無免許運転の場合と同様です[16]。

14　他の違反行為や過去３年間の免許停止回数により、より重い処分となることもあります。

15　免許停止処分者講習を受け、一定の成績を収めると、免許停止期間が短縮されます。例えば、免許停止期間が90日間の場合、試験成績が優のときは45日、良のときは40日、可のときは35日短縮されることとなります（試験成績が不可のときは、短縮されません）。

事例 Ⅶ-2-3

被疑者は、深夜、自動車を運転し、信号交差点において、対面信号が青色に点灯していたことから、同交差点を直進したが、Aが赤色信号を無視して左方から同交差点に飛び出してきたため、同人を轢いてしまった。被疑者は、怖くなってしまい、いったん、そのまま事故現場を離れたが、家族に報告及び相談し、15分後に現場に戻り、負傷して現場で倒れていたAの応急措置をしつつ、救急車を呼び、さらに、警察に通報し、自身が交通事故を起こしてしまったことを告げた。

1　事例の見通し

本事例は、いわゆる轢逃げの事案です。

被疑者は、Aを轢いてしまったにもかかわらず、いったんその場を離れてしまいました。被疑者は、この点につき、救護義務違反[17]（道路交通法117条、同法72条1項前段）及び報告義務違反（道路交通法119条1項10号、同法72条1項後段）に問われる可能性があります。被疑者は、15分後に現場に戻り、Aに対する応急措置をしつつ、救急車を呼んでいますが、これにより救護義務を果たしたといえるか、また、その後、警察に通報していますが、報告義務を果たしたといえるかが問題となります。救護義務違反の法定刑は、事故が運転に起因する場合は、10年以下の懲役又は100万円以下の罰金（道路交通法117条2項）、事故が運転に起因しない場合は、5年以下の懲役又は

16　飲酒運転についても、幇助行為者に対する処罰があります。酒酔い運転の場合、車両提供者には、5年以下の懲役又は100万円以下の罰金（道路交通法117条の2第2号、65条2項）、酒類提供者及び同乗者には、3年以下の懲役又は50万円以下の罰金が科されます（酒類提供者につき、同法117条の2の2第5号、65条3項、同乗者につき、同法117条の2の2第6号、65条4項）。酒気帯び運転の場合、車両提供者には、3年以下の懲役又は50万円以下の罰金（道路交通法117条の2の2第4号、65条2項）、酒類提供者及び同乗者には、2年以下の懲役又は30万円以下の罰金が科されます（酒類提供者につき、同法117条の3の2第2号、65条3項、同乗者につき、同法117条の3の2第3号、65条4項）。

17　道路交通法72条1項前段は、①直ちに車両等の運転を停止して、②負傷者を救護し、③道路における危険を防止する等必要な措置を講じることを要求しています。

50万円以下の罰金（同条１項）です。運転に起因しない場合とは、運転者の無過失の場合です。報告義務違反の法定刑は、３月以下の懲役又は５万円以下の罰金です（道路交通法119条１項10号）。なお、救護義務違反と報告義務違反の関係は、観念的競合とされています[18]。

Ａは、被疑者の運転する自動車に轢かれて、傷害を負っており、被疑者には、この点につき、過失運転致傷罪が成立する可能性があります。ただし、Ａは、赤信号を無視して、交差点に飛び出しており、被疑者に過失がなく、同罪は成立しない可能性もあります。救護義務違反及び報告義務違反と過失運転致死傷罪とは、併合罪となります。

2　身体拘束の回避・解放に向けた弁護活動

轢逃げの事案においては、逃亡又は罪証隠滅のおそれがあるとして、身体拘束を受ける可能性が高いです。

被疑者の居住、家族及び就労の状況を確認し、被疑者の身元を明らかにし、被疑者に対する監督状況を整備し、捜査への協力姿勢を示します[19]。また、いったんは現場を離れてしまったものの、罪証隠滅行為はせずに、現場に戻って、救護及び報告をしていることから、逃亡又は罪証隠滅のおそれがないことを主張していきます。

3　終局処分に向けた弁護活動

(1)　救護義務違反及び報告義務違反の成否

救護義務は、負傷者の生命及び身体を保護するための重要な義務であることから、事故発生後、直ちに、負傷者を救護し、危険防止措置を講じることが強く要求されています[20]。運転者が、負傷者の存在を認識し、救護をし得る状況にある場合は、直ちに救護をしなければ、救護義務違反が肯定されます。現実には、事故による動揺等により、瞬時に救護に当たることができな

18　最大判昭和51・９・22刑集30巻８号1640頁〔27661975〕

19　この時点で、被疑者に過失がないと積極的に主張するかは悩ましいところです。Ａが赤信号で交差点に飛び出した事実や被疑者には回避できなかった事実を主張するにとどめておくことも考えられます。

いこともありますが、他の行為に優先して、救護や危険防止等の措置を講じるべきですので、救護義務違反が成立するまでに、多少の猶予があったとしても、基本的には、他の行為をしている時間はなく、その猶予はごく短時間に限定されていると解されます。

本事例において、被疑者は、現場から離れた後、家族に報告及び相談して現場に戻ってきましたが、①現場を離れていること、②現場に戻ってくる前に、家族に電話をしていること、③現場に戻ってくるまで15分が経過していることからすると、事故による動揺等を考慮しても、救護義務違反が肯定される可能性が高いものと思われます。

また、報告義務については、救護義務がより優先するものの、報告までに他の行為をすることを容認しているわけではなく[21]、本事例においては、報告義務違反も肯定される可能性が高いものと思われます。

したがって、本件においては、基本的には、救護義務違反及び報告義務違反については争わず、現場に戻って救護及び報告をしたことを主張しつつ、事故直後に現場を離れてしまったことについての反省を示すこととなるでしょう。

⑵ 過失運転致傷罪の成否

Aは、赤信号を無視して、交差点に飛び出しており、被疑者に過失がない可能性があります。ただし、被疑者において、Aの事前の動きから、交差点に飛び出してくることを予想し得た場合、被疑者にも過失が認められる可能性があります。

過失の有無につき、十分に検討するとともに[22]、検察官から話を聴き、被

---

20 裁判例においては、①本人の申出に従い、重傷の負傷者を自宅に送り届け、救急車を呼ばなかった場合（札幌高判昭和41・10・6刑事裁判資料208号250頁）、②第三者が呼んだ救急車に負傷者が運び込まれる時、何も手助けせずに傍観していた場合（仙台高判昭和46・6・3刑裁月報3巻6号741頁〔27915790〕）、③負傷者を抱き起こして通行人に救急車の手配を頼んだが、救急車の到着前に現場を立ち去った場合（東京高判昭和57・11・9判タ489号128頁〔27682419〕）等に、救護義務違反が肯定されています。

21 大阪高判昭和41・9・20高裁刑集19巻5号612頁〔24004701〕は、報告義務違反につき、「同条1項後段の『直ちに』とは右にいう救護等の措置以外の行為に時間を藉してはならないという意味であつて、例えば一旦自宅へ立帰るとか、目的地で他の用務を先に済すというような時間的遷延は許されないものと解すべき」であると判示しています。

疑者に過失があるか否かにつき、どの程度の心証を抱いており、過失運転致傷罪による責任追及をどの程度重視しているかを把握することが重要となります。このとき、検察官が心証を形成するに際し、事実の見落としや誤認、評価の誤りがあると思われる場合には、検察官に、その点の指摘をすることとなります。検察官が、事故発生状況に鑑み、被疑者がAの動きを十分に予見できた可能性が高いと考えている場合には、被疑者の過失の存否を争えば、公判請求をされる可能性があり、軽度の過失を認め、略式請求される場合に比して、身体拘束が長くなる可能性があります。逆に、検察官が、事故発生状況に鑑み、被疑者がAの動きを十分に予見できなかった可能性が高いと考えている場合には、過失運転致傷罪については不起訴となり、救護義務違反及び報告義務違反のみで略式請求される可能性があります。保釈の見込みや公判の負担等をも考慮しつつ、どのような方針で進めていくかを慎重に判断する必要があります。

⑶　環境整備

救護義務違反の違反点数は35点であり、被疑者は、免許取消し（欠格期間３年以上）となりますので、これを前提とした生活環境を整備していく必要があります。

救護義務違反は、無免許運転や飲酒運転のように、自動車を運転してはいけない状態で運転したものではありませんが、救護義務のみではなく、交通法規全般を遵守する姿勢を示すため、免許取消しを踏まえた生活環境を整備していくことは、情状として、一定の意味があります。

そこで、無免許運転や飲酒運転の場合と同様に、自動車を運転しない生活環境を整備していくこととなります。

（島　幹彦）

22　現場状況（道路の形状、明るさ、各関係者の位置関係、各関係者の視認状況等）、信号サイクル、各関係者の供述状況、事故又はその前後をとらえたドライブレコーダーや防犯カメラの有無、自動車の安全装備等を丁寧に検討する必要があります。

VIII 薬物事案

Ⅷ　薬物事案［概論］

1　主な薬物関係法とその違反類型

【覚醒剤取締法・大麻取締法・麻薬及び向精神薬取締法の概観】

覚醒剤取締法（覚醒剤原料の場合は除く）

規制対象行為	法定刑（営利目的なし）	法定刑（営利目的あり）
使用・所持・譲渡・譲受	10年以下の懲役	1年以上の有期懲役 500万円以下の罰金併科の場合あり
輸入・輸出・製造	1年以上の有期懲役	無期又は3年以上の懲役 1,000万円以下の罰金併科の場合あり

大麻取締法

規制対象行為	法定刑（営利目的なし）	法定刑（営利目的あり）
所持・譲渡・譲受	5年以下の懲役	7年以上の有期懲役 200万円以下の罰金併科の場合あり
輸入・輸出・栽培	7年以下の有期懲役	10年以下の懲役 300万円以下の罰金併科の場合あり

麻薬及び向精神薬取締法
1．ヘロインの場合

規制対象行為	法定刑（営利目的なし）	法定刑（営利目的あり）
使用・所持・譲渡・譲受	10年以下の懲役	1年以上の有期懲役 500万円以下の罰金併科の場合あり
輸入・輸出・製造	1年以上の有期懲役	無期又は3年以上の懲役 1,000万円以下の罰金併科の場合あり

2．ヘロイン以外（MDMA・コカイン等）の場合

規制対象行為	法定刑（営利目的なし）	法定刑（営利目的あり）
使用・所持・譲渡・譲受	7年以下の懲役	1年以上10年以下の懲役 300万円以下の罰金併科の場合あり
輸入・輸出・製造	1年以上10年以下の懲役	1年以上の有期懲役 500万円以下の罰金併科の場合あり

※麻薬原料植物は輸出・輸入・栽培・譲渡・譲受・所持・使用が規制対象行為。
向精神薬は輸出・輸入・製造・譲渡・譲渡目的所持が規制対象行為。
いずれも法定刑は省略する。

⑴　覚醒剤取締法

覚醒剤取締法における覚醒剤とは、フェニルアミノプロパン、フェニルメチルアミノプロパン及び各その塩類等のことをいいます（同法2条1項1号）。

同法は、覚醒剤及び覚醒剤原料（同法別表記載の物）について、その輸入・輸出・製造・譲渡・譲受・所持・使用を規制するものです。また、それらの違反行為を営利目的で行った場合には、営利目的でない場合と比べて法定刑が重くなっています。違反行為とその罰則については上図表のとおりです。

覚醒剤取締法14条における「所持」とは、覚醒剤を事実上自己の実力支配内に置くことをいい[1]、「必ずしも覚せい剤を物理的に把持することは必要でなく、その存在を認識してこれを管理しうる状態にあるをもつて足りる」とされています[2]。

⑵　大麻取締法

大麻取締法における大麻とは、大麻草（カンナビス・サティバ・エル）及びその製品をいいます（大麻取締法1条）。ただし、大麻草の成熟した茎及びその製品（樹脂を除く）並びに大麻草の種子及びその製品は除かれていま

1　最大判昭和30・12・21刑集9巻14号2946頁〔27760544〕
2　最二小判昭和31・5・25刑集10巻5号751頁〔27680729〕

す（同条ただし書）。

大麻取締法で規制されているのは、栽培・輸入・輸出・譲渡・譲受・所持であり、使用は含まれていません。営利目的の場合に法定刑が重くなることについては覚醒剤取締法と同様です。

「所持」「使用」などの解釈については、覚醒剤取締法の場合と同様に考えてよいでしょう。

(3) 麻薬及び向精神薬取締法

コカインやヘロインなどの麻薬と向精神薬に関する法律です。近年では、MDMAなどの合成麻薬が急増しており、種類や名称も多岐にわたっています。

違反行為の態様は規制対象薬物によって分かれています。なお、営利目的によって法定刑が重くなるのはこれまでの薬物と同様です。

2 勾留の現状

(1) 勾留請求

覚醒剤取締法違反全体の統計では、逮捕後の勾留請求率は99.6％で勾留請求後の勾留率は99.2％、大麻取締法違反全体では96.2％、麻薬及び向精神薬取締法違反全体では98.6％と、他の犯罪類型と比べて高めの勾留率となっています。

なお、逮捕後の勾留請求率は、覚醒剤取締法違反では99.6％、大麻取締法違反全体では98.4％、麻薬及び向精神薬取締法違反全体では99.4％と、これも非常に高い割合となっています[3]。

被疑者段階における早期の身柄解放が非常に難しい犯罪類型ですが、そうであるからこそ、安易に被疑者に対して供述調書作成などを勧める合理的な理由に乏しい犯罪類型ともいえます。

様々な否認の種類があり、違法収集証拠の問題も生じやすい犯罪類型です

3　法務省「2018年版検察統計統計表」（表番号18-00-41）

ので、処分の見通しなどを見据えて慎重に方針を検討しましょう。

(2) 勾留期間

覚醒剤取締法違反の勾留期間は、15日以上20日以内が55.2%、5日以上10日以内が40.6%です[4]。したがって、勾留延長の可能性が比較的高いといえるでしょう。もっとも、捜査が終わっているにもかかわらず漫然と勾留期間だけが徒過してしまうことのないよう、被疑者から取調べ状況等を聴取したうえで必要に応じては勾留延長に対する準抗告などを検討しましょう。

大麻取締法違反の勾留期間は、15日以上20日以内が68.2%、麻薬及び向精神薬取締法違反全体では15日以上20日以内が72.3%と、これらも勾留延長後の満期勾留の割合が非常に高いですが、覚醒剤取締法違反の場合と同様に考えることができるでしょう。

3 否認の場合

(1) 否認の種類

使用の場合は「全く身に覚えがない」「第三者に打たれた」「飲み物に入っていたのを知らずに飲んだ」「脱法ドラッグだと思っていた」など、様々な種類があるでしょう。

所持については、共同所持の事案では「一緒に住んでいる夫（妻）の物で自分は家にあるのを知らなかった」「人からもらった鞄に入っていたので知らなかった」などが考えられます。

他には、営利目的の否認や、被疑事実自体は認めるが、入手経路などは言いたくないなど、様々なものがあります。

まず大事なのは、どれも勝手に弁護人が「どうせ不合理な虚偽弁解でしょ」などと決めつけたり、「どうせそういう弁解は通らない。身体拘束期間が長くなるだけだ。保釈も通りにくくなる」など述べて安易に認めるよう説得したりしないようにすることです。

4　法務省「2018年版検察統計統計表」（表番号18-00-42）

被疑者段階の弁護人は捜査機関が入手している証拠を見ることが難しい状況です。まずは慎重に対応しましょう。

(2) 取調べへの対応

否認であれば特に供述調書を作成するメリットも乏しいことから、原則は黙秘を検討しましょう。もっとも、被疑事実自体は認めているが、入手経路等について話したくないというような場合については、保釈を目指す場合などにおいて供述調書を作成するメリットがないわけでもないので、被疑者とメリット・デメリットを十分に検討しましょう。

4 違法捜査について

薬物事件では、違法収集証拠排除による無罪判決などが散見されます。尿を採取する過程での違法な留めおきや、採尿手続の違法など、証拠能力が否定された件もありますので、自白事件であったとしても、捜査の過程については被疑者から十分聴取する必要があります。

また、違法な留めおきなどが自宅外でなされた場合には、周囲の防犯カメラに状況が録画されていることもあります。一般的に防犯カメラの映像は長期間保存されているわけではないので、早期の段階から弁護人において取得する必要がある場合もあるでしょう。

5 処分の見通し

平成28年における起訴率は、覚醒剤取締法違反では79.9%、大麻取締法違反では54.9%、麻薬取締法違反では50.5%でした[5]。起訴率については、覚醒剤取締法違反が高く、その他については覚醒剤と比較すると高くありません。

覚醒剤の場合、初犯でも起訴され、懲役１年６月、執行猶予３～４年辺りの判決となることが多いでしょう。もっとも当然、個別のケースではこの範

5　法務省「平成29年版犯罪白書」第４編第２章第３節１

囲外の判決が出ることもありますので、十分注意する必要があるでしょう。再犯であっても、前刑からの期間などによっては執行猶予が得られる場合もありますので、油断は禁物です。

6　再犯の防止

薬物事件は非常に再犯率の高い事件類型です。保釈や情状はもちろん、被疑者・被告人の今後の人生のためにも、再犯防止については検討する必要があるでしょう。

主な再犯防止策としては、病院での治療によって依存症から回復するよう目指す、ダルクなどのグループへ参加することで回復を目指す、などが考えられるでしょう。

もっとも、身体拘束されている被疑者・被告人であれば、病院に入院して治療を受けることもできません。この点、入院治療のための保釈が認められる場合もありますので、被疑者やその支援者らと十分に協議し、必要に応じて被疑者段階から準備しておくべき場合もあるでしょう。

（森山　直樹）

1　覚醒剤（単純所持・使用）

はじめに

覚醒剤その他薬物事案は全国的に件数も再犯率も高い事件類型です。また、違法収集証拠排除による無罪判決も出ており、自白事件であっても捜査の過程について検討することが不可欠となります。

また、覚醒剤の営利目的輸入など一部には裁判員裁判対象事件もあり、被疑者段階から複数選任を検討する必要がある場合もあるでしょう。

本項では、薬物事犯のうち、覚醒剤取締法違反を中心に検討します。

事例　Ⅷ-1-1

被疑者は、自宅に覚醒剤１袋が入った鞄を置いていたところ、自宅の捜索を受けた際にそれが発覚して逮捕された。

1　事例の見通し

被疑者は覚醒剤の単純所持罪（覚醒剤取締法41条の２第１項）に当たり得るでしょう。

営利目的所持の場合（同条２項）、法定刑が「１年以上の有期懲役」となり、裁判員裁判対象事件になります。

初犯であっても起訴されて執行猶予判決を受けるのが一般的だと考えられます。

2　身体拘束の回避・解放に向けた弁護活動

⑴　逮捕・勾留後に受任した場合

前述したように勾留請求率・勾留請求後の勾留率ともに非常に高いですが、勾留延長等については準抗告などで適切に対応する必要があります。

被害者のいない犯罪であり、意見書や準抗告申立書では、取調べのスケジュールや実況見分の状況等を被疑者から聞き取ったうえで、捜査は既に終わっているはずであることなどを具体的に主張します。

⑵　在宅で受任した場合

捜査機関発覚前に相談を受けたときは、自首も検討します[1]。他方、職務質問や所持品検査を受けた、尿を任意提出したなどの相談を受けた場合は、その過程を詳細に聞き取り、弁面調書を作成したり、関係証拠を収集したりする必要がある場合もあるでしょう。

3　終局処分に向けた弁護活動

⑴　自白事件

ア　供述方針、再犯防止策

自白事件では、被疑事実に関する範囲では供述すべきとも考えられます。もっとも、概論でも述べたとおり、起訴率の高さからすると、「認めて捜査に協力することで不起訴を狙う」ということが比較的難しい犯罪ともいえます。そうすると、自白事件であっても供述調書を作成する積極的な意義は相対的に低いとも考えられるでしょう。もちろん、勾留延長を避けたい、保釈を狙いたい、などという場合には供述調書を作成することに一定の意味があるとは考えられます。ただし、積極的に供述することで同種余罪や覚醒剤の使用が発覚したり、さらには営利目的の疑いを持たれたりすることもあるため、供述をすることによるリスクは十分に検討したうえで供述か黙秘かを判断します。

1　自首の方法は、『捜査弁護術』16頁以下参照

なお、自白事件であったとしても、違法収集証拠排除で無罪を主張する場合もあり得ますので、被疑者の留めおきの問題や採尿・鑑定の正確性、適法性等については十分な検討が必要でしょう。仮に留めおきや任意同行の違法性を争う場合、防犯カメラ映像等が証拠となり得ますが、一般的に防犯カメラは数週間でデータがなくなってしまうため、捜査段階で確保しておくことも検討する必要があるでしょう。

覚醒剤事件は被害者のいない犯罪であり、所持にせよ使用にせよ比較的見通しもつきやすい犯罪類型だと思います。

もっとも、安易に一般的な見通しのみに沿った弁護活動をしてしまうと、再犯事案であっても、公判段階で執行猶予をとれる事案であったにもかかわらず実刑判決となってしまう可能性もあります。個別の事案に応じた活動が必要となるでしょう。

イ　起訴後の保釈に向けた活動

前述したように、起訴率も高めの犯罪類型ですが、保釈が全く認められないというわけではありません。起訴後の保釈に向けた活動には被疑者段階からできるものもあります。近年は保釈率も上昇しており、平成30年度の覚醒剤取締法違反の第１審での保釈率は31.2％と、一審全事件平均（29.4％）を上回っています[2]。被告人が望んでいるのに保釈の検討をしないということはすべきではありません。

当然保釈は起訴後の活動ではあるものの、保釈のための準備は被疑者段階からできることもありますので、被疑者段階から検討しておくべきことでしょう。

被疑事実への認否や前科の有無、共犯者の有無（共同所持など）や接見禁止がついているか否かなどは保釈にも影響を与える事情ではありますが、保釈以外にも当然重要な影響を与える事情であるため、相当早期の接見で聴取していることだと思います。これらに加え、適切な監督者の確保は早期の段階から調整することができるでしょう。

2　最高裁判所事務総局編「司法統計年報２　刑事編　平成30年」法曹会（2019年）32表

なお、被疑事実自体は認めているものの、入手経路など周辺事情を供述していない場合は保釈が難しくなる可能性もあります。もっとも、保釈のために悪情状となり得る事情をすべて供述するように指示するのもリスクがありますので、被疑者にリスクを十分に説明して供述する範囲を検討すべきと考えられます。

また、否認事件であっても、保釈ができる余地はありますので、否認事件であることのみから保釈を諦めさせるようなアドバイスを軽率にしないようにしましょう。

(2) 所持の否認

【設問】被疑者は配偶者と同居していたところ、その鞄が配偶者のものであった場合はどうか。

自宅から発見された覚醒剤等の薬物について、同居していた夫婦が共同所持で逮捕されるということは珍しくありません。

覚醒剤取締法における「所持」については概論で述べたとおりですが、共同所持の場合であっても、「2人以上の者がそれぞれ意思を通じ合い、覚醒剤を自己らの実力支配内に置いている場合」などがそれに当たります[3]。

逆にいえば、共同生活をしている家の中に覚醒剤があったとしても、その覚醒剤に対する実力支配が及ばない場合や、そもそも覚醒剤が家にあることを知らなかった場合などには、共同所持が成立しないこともあり得るでしょう。

弁護人としては、自宅内で覚醒剤（の入った鞄）が置いてあった場所はどこか、日常的に自宅内の物について共有している状態だったか否か、特定人しか認識も処分もできない部屋、場所はあったかなどの事情を聞き出し、記録しておく必要があるでしょう。

取調べにおいて、被疑者自身から話をさせてしまうと、管理・処分し得る状態であったかのような調書を作成される危険があるため、黙秘のうえで必

3　安西温『改訂　特別刑法３』警察時報社（1993年）161頁

要に応じて弁面調書の作成などを検討した方がよいでしょう。

事例 Ⅷ-1-2

被疑者は、覚醒剤を使用したという被疑事実で逮捕された。

1　事例の見通し

被疑者は覚醒剤の使用罪（覚醒剤取締法41条の3第1項1号）に当たり得るでしょう。

覚醒剤の使用は、尿検査等で発覚します。採尿を拒んでいた場合は強制採尿をされることもあります。採尿過程や簡易試験などに誤りがあったり、違法捜査が行われたりすることもありますので、被疑者段階でも被疑者からの十分な聞き取りが必要でしょう。

なお、初犯であっても公判請求されて執行猶予判決となるのが一般的です。

2　身体拘束の回避・解放に向けた弁護活動

概論で述べたように、覚醒剤事件の勾留率・起訴率は比較的高く、身体拘束からの解放が難しい事件類型といえます。

弁護活動のポイントは事例Ⅷ-1-1で述べたところと基本的に同様です。

3　終局処分に向けた弁護活動

(1)　自白事件

ア　供述方針

余罪や同種前科の有無や入手経路等を確認します。自白事件であっても、余罪等について取調べで話して再逮捕や追起訴につながるリスクなどについては十分に説明をしておく必要があるでしょう。

前述のように、覚醒剤取締法違反は起訴率が高いため、不起訴のために積極的に供述するということは多くないでしょう。もっとも、起訴後の保釈を望む場合はそれを見据えて被疑者段階の供述方針も検討しましょう。

イ　再犯防止策等

再犯率の高い事件類型であることから、再犯防止については具体的に検討する必要があるでしょう。

再犯防止に向けた活動は被疑者段階から進めることができます。被疑者が覚醒剤という薬物のことを知り、なぜ薬物と接点を持ってしまったかを知り、どうすればもう二度と利用しないで生活できるかを考える必要があるでしょう。

その過程では、家族の監督等周囲の手助けが必要になることもあるでしょう。また、病院やダルクなどの施設の利用も検討する必要がある場合もあると思います。必要に応じて被疑者等と相談のうえ、準備を進めましょう。

なお、自白事件の場合、公判は一回結審が通常です。起訴から第一回公判まで十分な時間があるわけではないため、情状証人の確保や身体拘束からの解放後の住居・監督者の確保などは被疑者段階から準備しておくことも検討すべきでしょう。

再犯の人で、前刑後に薬物治療のために病院へ通っていたり、ダルクなどの団体でサポートを受けていた場合などは、起訴後の情状弁護で利用できる可能性があるので、被疑者段階からコンタクトをとることも検討すべきでしょう。

⑵　否認事件

> 【設問】被疑者が「知り合いに無理やり注射を打たれた」と主張している場合はどうか。

覚醒剤の使用事案では、様々な種類の否認事件があります。被疑者段階では、基本的には捜査側の持っている証拠を見ることができない状況ですので、安易に自分で被疑者の弁解の合理性を判断して、被疑者に自白に転じるように説得すると冤罪を生みかねないため、慎重になる必要があるでしょう。特に、覚醒剤事件であれば、自白に転じても起訴自体は免れることができないケースが多く、被疑者段階で弁護人が自白に転じさせるメリットは大きくないでしょう。なお、保釈との関係で供述をするか否かを検討する場合については前述したとおりです。

「知り合いに無理やり注射を打たれた」という否認の場合、当該知り合いの名前や連絡先などを被疑者から聞き出し、連絡をしてみることも考えられるでしょう。「押収された携帯電話を見れば番号がわかる」と被疑者が言う場合もあります。これは、家族などと連絡がとりたい場合などに比較的よく遭遇する問題です。これについては、警察官に相談したら教えてもらえる場合もありますし、場合によっては捜査が終わっているからという理由で押収物の還付請求をすることも検討しましょう。

ただし、当該知り合いも逮捕されていたり、接見禁止がついていたりする場合もあるため、その点には十分注意が必要です。

また、お店など居宅以外の場所で打たれたと主張している場合などは、前述したように、被疑者の供述を裏付ける防犯カメラ映像等があれば、期間経過でデータが消去される前に取得を試みた方がよいでしょう。

事例 Ⅷ-1-3

被疑者は、職務質問から任意同行の求めには応じた。警察署では、警察官がひたすら尿を採取させることを要求し続けてきたため、何度も帰りたいと述べたが帰らせてもらえず、5時間後に被疑者は我慢できずにやむを得ず尿を排出したところ、それを採取された結果、覚醒剤使用の罪で逮捕された。

1　事例の見通し

被疑者が覚醒剤を使用したこと自体認めていたとしても、証拠である尿を採取する過程に重大な違法がある可能性があり、当該尿が違法収集証拠として排除された結果、無罪となる可能性もあるでしょう。

もっとも、被疑者自身が初犯である場合などは「どうせ執行猶予になるし争いたくない」などと述べる場合もあるでしょう。違法収集証拠で争う事件の場合、被疑者自身としては被疑事実自体を認めていることもあり、さらに違法収集証拠排除を主張したとしてもその結果が保証されているものでもないため、「そうであれば争わずに早く出たい」という被疑者がいても不思議ではありません。

弁護人としては、結果自体は保証できなくとも、不正確な知識に基づくアドバイスをしたり、ネガティブな情報だけを与えてポジティブな情報を与えることもなく被疑者を諦めさせるなどということはあってはなりません。正確な知識と類似事例の調査をしたうえで、しっかり被疑者と話し合って弁護方針を決めましょう。

違法収集証拠排除を主張する方針が決まったのであれば、供述調書を作成するメリットはありませんので、取調べには黙秘でよいでしょう。弁護方針が決まるまでの間も、無罪主張の可能性がある以上黙秘をしておくべきでしょう。

なお、証拠能力を否定した裁判例としては福岡高判平成6・10・5判時1520号151頁〔27827841〕、否定されなかった事例としては札幌高判平成13・2・20判タ1292号83頁〔28085516〕などがあります。

2　身体拘束の回避・解放に向けた弁護活動

概論で述べたとおり、覚醒剤事件の勾留率・起訴率は比較的高く、身体拘束からの解放が難しい事件類型といえます。

弁護活動のポイントは事例Ⅷ-1-1で述べたところと基本的に同様です。

3　終局処分に向けた弁護活動

起訴自体は避けられない可能性が高いので、公判を見据えた弁護活動が中心になると考えられます。被疑者の記憶が鮮明なうちに採尿に至るまでの過程を詳細に聴取しておき、必要に応じて弁面調書を作成しておくことも検討しましょう。

違法捜査に対するクレームについては、当該警察署の署長・地検の検事正等に内容証明郵便を送ることや、公安委員会に対して警察法79条に基づく苦情申出をすることなどが考えられます（公安委員会に対する苦情申出は一応の調査結果が届きます）。もちろん、公判での証拠採否の判断に直接的な影響を与えるわけではないため、クレームを入れる目的によって手段を検討しましょう。

無罪主張であるため、保釈が難しくなる可能性もありますが、被疑事実自体を争っているわけではないので、罪証隠滅のおそれがないとも考えられます。安易に被疑者を諦めさせるのではなく、被疑者段階からできる準備があれば進めておくべきでしょう。

参考資料

・井上堯子＝田中謙『覚せい剤Q＆A　捜査官のための化学ガイド〈改訂版〉』東京法令出版（2008年）
・平野龍一＝佐々木史朗＝藤永幸治編『注解特別刑法5　医事・薬事編(2)〈第2版〉』青林書院（1992年）
・小森榮『もう一歩踏み込んだ薬物事件の弁護術』現代人文社（2012年）

（森山　直樹）

2　覚醒剤（営利目的所持・輸入）

事例 Ⅷ-2-1

被疑者は、営利目的で自宅に覚醒剤１キログラムを所持していたことが発覚して逮捕された。

1　事例の見通し

被疑者は覚醒剤の営利目的所持罪（覚醒剤取締法41条の２第２項）に当たり得るでしょう。

営利目的とは、「単に財産上の利益を得る目的をもつてなされたことを意味し、一回限りのものでも差し支えなく必ずしも反覆継続的に利益を図るためになされることを要しない」とされています[1]。

法定刑は１年以上の有期懲役（500万円以下の罰金が併科されることあり）であり、裁判員裁判対象事件となります。

2　身体拘束の回避・解放に向けた弁護活動

(1)　逮捕・勾留後に受任した場合

裁判員裁判対象事件であるため、国選であっても複数選任の準備をしましょう。複数選任については、裁判所に申入書を提出して行います（刑訴法37条の５）。自白事件であったとしても、不起訴は難しいと考えられるため、積極的に調書を作成するメリットは乏しいと考えられます。録音・録画もされていると考えられるため、署名押印拒否だけでは、公判段階で当該録音・録画媒体を実質証拠として証拠請求される可能性も否定できません。ですの

1　最二小判昭和35・12・12刑集14巻13号1897頁〔27681087〕

で、否認事件はもとより、自白事件であっても黙秘の検討をしましょう。

⑵ 在宅で受任した場合

在宅で受任するケースはあまりないとは思いますが、捜査機関発覚前に相談を受けたときは、自首も検討しましょう[2]。

3 終局処分に向けた弁護活動

⑴ 自白事件

ア 供述方針

前述したように、裁判員裁判対象事件であり、自白事件でも不起訴処分となるのは難しいと考えられるため、否認事件か自白事件かを問わず、黙秘の検討が必要と考えられます。

保釈との関係で自白調書がいると考える人もいるでしょうが、その点については、余罪発覚や不利な情状の調書をつくられるリスク、弁面調書の作成や公判前整理手続における予定主張及び証拠意見で足りるかどうか、などの事情を考慮したうえで決めましょう。

イ 再犯防止等

営利目的所持であっても、自らも覚醒剤を使用している場合も当然あるでしょう。そのような場合は、自らが覚醒剤を絶つことも不可欠となってきます。

具体的な再犯防止策についてはⅧ－1に記載したようなことが考えられるでしょう。

⑵ 営利目的の否認

営利目的の否認であっても、営利目的の存在は、覚醒剤の数量・価格、犯行の手口・態様、包装状況等を総合し、情況証拠によっても認定できるとされています[3]。

捜査段階では、これらの点を中心に被疑者から具体的な聴取をする必要がありますが、捜査機関がどのような証拠を収集できているのかわからない以

---

2 自首の方法は、『捜査弁護術』16頁以下参照
3 安西温『改訂 特別刑法３』警察時報社（1993年）174頁

上、暗に被疑者から聴取した事項のみから営利目的の有無を弁護人が断定するのはリスクがあるでしょう。否認を貫くのであれば、黙秘についての検討が重要です。

事例 Ⅷ-2-2

被疑者は、海外から覚醒剤１キログラムの入った鞄を持ち込んだことが空港で発覚して逮捕された。

1　事例の見通し

被疑者は覚醒剤の営利目的輸入罪に当たり得るでしょう。営利目的輸入罪は裁判員裁判対象事件です。

輸入事案では、後述するような、「覚醒剤が中に入っているとは知らなかった」というような知情性否認の事件も少なくありません。また、外国人が被疑者であることも珍しくなく、通訳人確保の必要など外国人事件特有の準備が必要になってくることもあるでしょう。

2　身体拘束の回避・解放に向けた弁護活動

前述したように、覚醒剤事件の勾留率・起訴率は比較的高く、身体拘束からの解放が難しい事件類型といえます。

弁護活動のポイントは事例Ⅷ－１－１で述べたところと基本的に同様です。

3　終局処分に向けた弁護活動

(1)　自白事件

自白事件における弁護活動としては事例Ⅷ－２－１と基本的に同様です。前述したとおり、被疑者が外国人であることも珍しくないことから、外国人で有罪判決を受けたときの流れについては説明しておく方がよいと考えられます。

覚醒剤などの薬物事件の場合、執行猶予が付いたとしても退去強制事由となるため（出入国管理及び難民認定法24条４号チ）、退去強制手続に付されますので、在留資格がある外国人の被疑者などにはその旨の説明が必要でしょう。

⑵　否認事件

【設問】被疑者が「鞄の中に覚醒剤が入っているのは知らなかった」と主張している場合はどうか。

ア　供述方針

輸入事案では、「外国で他人に荷物を運ぶことを頼まれ、中身を知らなかった」というような知情性否認の事案は珍しくありません。知情性否認といっても、「法禁物が入っているなど全く知らなかった」という事例から、「銃が入っていると思っていたが薬物が入っているとは思わなかった」という事例まで様々です。実際に知情性が否定された裁判例もあり、裁判員裁判において無罪判決も複数出ていますので、被疑者に暗にネガティブな見通しを伝えるのは危険でしょう。被疑者段階においては黙秘をさせつつ、荷物を運搬するに至った経緯や運搬状況、その後の被疑者の行動等について詳細に聞き取り、場合によっては弁面調書の作成を検討しましょう。

イ　知情性否定例

知情性が否定された裁判例としては、以下のようなものなどがあります。どのような間接事実から知情性が否定されたのかを確認したうえで、被疑者から具体的事情を聴取しましょう。

①　東京高判平成24・８・28東高刑時報63巻170頁〔28222448〕

知情性を否定する根拠として

・被告人が覚醒剤の隠匿された石像が到着する予定の数日前から、運送状の配送先であるホテルにとどまり続けたが、その際大量のビールを飲むなどして過ごしていたこと

・被告人は逮捕された際、日本で宿泊したホテルのレシート等をそのまま保持しており、自らの行動の痕跡を隠そうとする意図は全くうかがわれな

かったこと

・被告人のホテルにおける行動が、あまりに無警戒かつ無防備であって、違法薬物の運搬に関与している者の行動としてはあまりに緊張感に欠けるものであること

・被告人の交際相手からのメール内容が、薬物運搬に関するものではないことを前提としたものと解する余地が十分にあること

などを挙げています。

② 東京地判平成23・1・24平成22年（合わ）165号公刊物未登載〔28175830〕

知情性を否定する根拠として

・郵便物を受領した後、被告人がこれを開封することなく無造作に部屋に置いたまま、部屋を無人にして弟と外出しようとしたこと

・被告人は資産をそれなりに有している節がうかがわれ、覚醒剤密輸入に関与する動機が全く不明であること

などを挙げています。

（森山 直樹）

3　危険ドラッグ（薬機法違反）

はじめに

危険ドラッグは、医薬品、医療機器等の品質、有効性及び安全性の確保等に関する法律（以下「薬機法」という。旧称「薬事法」）又は麻薬及び向精神薬取締法で規制されます。輸入する行為は、関税法にも違反します。

危険ドラッグとは、「犯罪白書」によれば、規制薬物（覚醒剤、大麻等）又は指定薬物（薬機法２条15項、平成19年厚生労働省令第14号）に化学構造を似せてつくられ、これらと同様の薬理作用を有する物品をいい、規制薬物及び指定薬物を含有しないことを標ぼうしながらこれらを含有する物品を含みます。

近年の代表例[1]は製品名「Spice」、「K2」等の脱法ハーブ[2]であり、植物乾燥片に合成カンナビノイドを混ぜたものです。摘発件数では、亜硝酸イソブチル等の亜硝酸エステルを有する製品名「ラッシュ」「リキッド」等が多いです。ただし、亜硝酸エステルには中枢神経への作用がないとして薬機法２条15項への該当を否定する意見もあります。

危険ドラッグは、在宅事件が約70％[3]です。危険ドラッグは、化学構造を変えながら販売されることもあり、簡易検出キットは現時点ではないとされます[4]。鑑定に時間を要し、１年以上の在宅捜査が珍しくありません。

事例 Ⅷ-3-1

被疑者は、ハッテン場として知られる公園で男性と出会った際に、快

1　舩田正彦『危険ドラッグの基礎知識』講談社（2016年）24頁以下
2　小森榮＝牧野由紀子『あぶないハーブ　脱法ドラッグ新時代』三一書房（2012年）
3　法務省「2018年版検察統計統計表」（表番号18-00-41）
4　前掲注１・88頁

感を得られるとして瓶２本を譲り受けた。それを所持していたところ職務質問を受け、瓶を任意提出した。後に、瓶の中身はラッシュと判明した。

1　事件の見通し

危険ドラッグの所持事例（自己使用目的）です。

危険ドラッグを、厚生労働省令指定の医療等の用途以外に所持した場合、３年以下の懲役又は300万円以下の罰金、若しくはこれらの併科です（薬機法84条26号、76条の４）。

統計上、身柄事件の起訴率が約46％、このうち公判請求が約62％です[5]。

本事例の終局処分は、自白している場合、起訴猶予や略式命令も十分あり得ます。公判請求事案では、懲役１～１年６月、執行猶予と想定されます。比較的少量所持でも公判請求であったりするなど終局処分にはばらつきが大きいです。

2　弁護活動のポイント

在宅であっても、身元引受書の提出等は行う必要があります。

捜査機関には、瓶の取得経緯を聞かれるでしょう。ハッテン場[6]の利用者は、互いに初対面だったり名前を知らないことも多いので、譲渡者の氏名や素性を知らないことは自然といえます。

とはいえ、被疑者が性的指向を捜査機関に供述したくなかったり、弁護人にも言わないことがあります。被疑者の意思を尊重してください。

本事例において被疑者に指定薬物所持の認識がなかった場合、供述するメ

5　法務省「2018年版検察統計統計表」（表番号18-00-42）

6　ハッテン場は、不特定のゲイ等が性行為を主たる目的で集まる場です。かつて脱法ドラッグが使用されていたことがありましたが、現在では違法薬物は販売されていないとされます。前園進也「ハッテン場について」季刊刑事弁護89号（2017年）61頁参照。同号27頁以下の「特集　セクシュアルマイノリティの刑事弁護」も参考となります。

リットがあまりないので（ハッテン場でもらったことを供述すれば性的指向や薬物の知識をしつこく追及されるおそれもある）、黙秘を原則とします。

ただし、拘束のリスクも考えると、出頭自体はさせた方がよいと考えます。

事例 Ⅷ-3-2

被疑者は、国外のサイト経由でとあるドラッグを約２年間個人輸入した。輸入できなかったことが１度あったため、当該ドラッグは法に触れるのか知人の薬剤師に聞いたことがあったものの「一概にはいえない」と言われた。

輸入を続けたところ、税関と警察から合同で自宅の捜索を受けた。

1　事件の見通し

危険ドラッグの輸入、所持事例（いずれも自己使用目的）です。

輸入行為について関税法違反・薬機法違反（観念的競合）、所持行為について薬機法違反となり、両行為は併合罪となります[7]。

輸入量、頻度等によっては、譲渡目的・営利目的を疑われるため注意を払う必要あります。

後記のとおり、税関の犯則調査中は、基本的に在宅の進行です。

終局処分としては、関税法違反について税関の通告処分による追徴金納付にとどまれば、薬機法違反についても起訴猶予が考えられます。

他方、税関から懲役刑相当で告発されれば、公判請求が原則であり、初犯で執行猶予付き懲役２年６月程度です。ただし、指定薬物の認識について争った結果、嫌疑不十分や（一種の妥協で）略式命令となることもあります。

7　事例の１つとして、金沢地判平成29・12・21平成29年（わ）177号等公刊物未登載〔28260064〕

2　関税法違反と犯則調査手続

⑴　罰則

輸入してはならない貨物を輸入する行為は関税法109条１項により、10年以下の懲役又は3,000万円以下の罰金、これらの併科です。未遂も処罰されます（同条３項）。

薬機法上の指定薬物は、医療等の用途に供するときを除いて輸入してはならない貨物となります（関税法69条の11第１項１号の２）。

⑵　犯則手続

関税法違反の刑事処分は、税関職員又は税関長の検察官に対する告発によって論じることになっています（関税法148条１項）。

税関職員は、令状による臨検・捜索・差押えの権限を有しますが（同法121条）、取調べは任意に限られ（同法119条）、逮捕権はありません。

この点、薬機法違反については警察の捜査が並行するため、量が多い場合などは警察による逮捕の可能性はあります。また、税関が告発した後、検察が逮捕・勾留することも法的には可能です。

税関長は、犯則嫌疑事件で心証を得て、罰金相当と判断した場合は、追徴金及び差押物件の運搬・保管に要した費用の納付を命ずる通告処分（行政処分）を命じることができます（同法146条１項）。

犯則嫌疑者が原則20日以内に通告処分を履行すれば、検察官への告発はなされず、同一事件について公訴提起されません（同条４項）。

税関長が懲役相当と判断した場合や犯則嫌疑者が通告処分を履行しなかった場合は、検察官に告発がなされます（同法147条１項）。

3　弁護活動のポイント

⑴　身柄関係

捜索を受けた時点で身体拘束がなされてはいませんが、捜査が進展した段階での拘束もあり得るので、身元引受人の確保、誓約書の提出等を行います。

⑵　故意否認（指定薬物の認識・認容）

規制薬物である覚醒剤の故意については「覚せい剤を含む身体に有害で違法な薬物類であるとの認識があったというのであるから、覚せい剤かもしれないし、その他の身体に有害で違法な薬物かもしれないとの認識はあった」として、いわゆる概括的故意を認定する判例が存在します[8]。

他方、指定薬物である危険ドラッグは、厚生労働省令ではその化学的成分が記載されているにすぎず、似たような薬理作用があっても規制対象となるかどうか分かれることがあるので、あらかじめ自身の所持・輸入するものが規制薬物であるか判断はしにくいという特徴があります。

現時点で裁判例に一致した見解があるとはいえませんが、いわゆる危険ドラッグであるという認識・認容があれば故意が推定されるとか、当該薬物が指定薬物と同様に規制され得る薬理作用を有するものであるとの認識があれば故意を認定できると説示するものがあります。

結局のところ、被疑者がドラッグを輸入・所持する際にどの程度、違法性を認識・認容していたのか（そのような事情の有無）が重要となりそうです。

本事例でいえば、１度薬物の輸入ができなかったという点は不利であり、その後の輸入・所持に未必の故意が認定される可能性があります。他方、具体的な処分の内容・根拠は聞かされていないこと、その後も輸入が継続できていたことは反論の材料となり得ます。その他、輸入したドラッグの記載や形状等、購入のために利用したサイトの記載文言や体裁等が着目されます。

取調べ等の対応方針は、判断が難しいところです。

既にある客観的証拠の推認力が強く、公判請求の可能性が高いのであれば供述するメリットは薄れます。しかし、被疑者の方で主張できる（かつ主張しないと捜査機関には把握してもらえない）事情があれば、供述する、あるいは弁護人から意見書等の提出の方策が考えられるところです。

例えば、被疑者が当該ドラッグの成分を具体的に調べたり問い合わせをするなどして指定薬物を回避するための積極的努力を行っていたのであれば、

8　最二小決平成２・２・９裁判集刑254号99頁〔27808573〕

主張する意味があります。ただし、「違法かもしれないと思ったから調査をしたのではないか」という捜査側の反論も想定されるため、単に調べたというだけでなく、努力の程度も重要と考えられます。

また、完全黙秘では被疑者の反省も出しにくいことは事実ですから、情状面をより重んじる場合には、故意否認はするが反省の意思を示すために供述をすることは考えられます。

（服部 啓一郎）

4 その他（大麻取締法違反、麻薬及び向精神薬取締法違反）

はじめに

大麻については大麻取締法、ヘロインやコカイン、MDMAなどといった麻薬と向精神薬については麻薬及び向精神薬取締法によって規制されています。

近年、若年者に多い犯罪類型で、初犯者が多いのも特徴です。

本章概論の図表をみればわかるとおり、麻薬であってもヘロインとヘロイン以外で法定刑に差があるので注意が必要です。

事例 Ⅷ-4-1

被疑者は、自宅に乾燥大麻0.5グラムを袋に入れて置いていたところ、自宅の捜索を受けた際にそれが発覚して逮捕された。

1　事例の見通し

被疑者は大麻の単純所持罪（大麻取締法24条の２第１項）に当たり得るでしょう。法定刑は５年以下の懲役です。

営利目的所持の場合（同条２項）、法定刑が７年以下の懲役となり、200万円以下の罰金が併科されることもあります。

「所持」の解釈については、覚醒剤の場合と同様に考えてよいでしょう。概論で述べたとおり、大麻取締法も麻薬及び向精神薬取締法違反も、起訴率は覚醒剤取締法違反と比べれば低く、覚醒剤取締法違反と同様の見通しを持っていると危険です。

本事例でも前科や余罪の状況次第では不起訴も十分に狙えると考えられます。

2　身体拘束の回避・解放に向けた弁護活動

⑴　逮捕・勾留後に受任した場合

概論で述べたとおり、覚醒剤取締法違反と比較すると起訴率は低く、不起訴処分もあり得るため、起訴率の高い覚醒剤の場合と同様に考えるのは危険です。少量の所持の場合（本事例の乾燥大麻0.5グラムは１回分の使用量に相当すると考えられます）などは不起訴処分も十分に考えられるため、所持していた量にも注意しましょう。

⑵　在宅で受任した場合

捜査機関発覚前に相談を受けたときは、自首も検討します[1]。なお、大麻取締法は大麻の使用に罰則がありませんが、尿の任意提出を求められることはあるでしょう。これは、大麻所持を推認させる間接事実として尿を利用しようとしている場合もあるでしょうが、覚醒剤など他の薬物使用を疑われている場合もあるので注意が必要でしょう。

単に大麻所持を推認させる間接事実として利用しようとしている場合であれば、大麻所持さえ認めてしまえば任意提出の必要はないでしょうし、強制採尿令状が出ない可能性もあります。他方で、尿を任意提出したばかりに覚醒剤の利用まで発覚する可能性もありますので、任意提出に応じるか否かについては被疑者と十分に検討しましょう。

3　終局処分に向けた弁護活動

⑴　供述方針

覚醒剤と比較すれば起訴率は低いので、不起訴を目指した活動も検討しましょう。なお、同種余罪等が発覚する端緒ともなり得るため、供述をする範囲や供述することによるリスクは十分に検討したうえで判断しましょう。

自白事件であったとしても、違法収集証拠排除で無罪を主張する場合もあります。この点は前述Ⅷ-２のとおりです。

1　自首の方法は、『捜査弁護術』16頁以下参照

⑵　再犯防止等

大麻取締法違反は覚醒剤と比較して量刑は軽めであり、起訴されても執行猶予判決となるケースが多いと思います。

もっとも、再犯者になってくれば当然実刑判決の可能性は高まる以上、十分な再犯防止策等を検討する必要があるでしょう。大麻にとどまらず、覚醒剤など他の薬物を使用し始める危険性もあります。

再犯防止に向けた活動は覚醒剤などと同様の検討方法が考えられます。

事例 Ⅷ-4-2

被疑者は、MDMA 7キログラムを輸入したという被疑事実で逮捕された。

1　事例の見通し

被疑者は、麻薬の輸入罪（麻薬及び向精神薬取締法65条1項1号）若しくは営利目的輸入罪（同条2項）に当たり得るでしょう。法定刑は輸入罪で1年以上10年以下の懲役、営利目的輸入となると、1年以上の有期懲役で500万円以下の罰金が併科されることもあります。輸入量的には営利目的輸入となり得る事案といえます。営利目的の解釈については覚醒剤の場合と同様に考えてよいでしょう。

MDMAとは錠型の合成麻薬であり、近年急増している麻薬です。合成麻薬はエクスタシー、MDAなど様々な呼称のものがあり、所持者・使用者自身が、自分が使っているものが何なのか正確に把握していないケースも散見されます。「脱法ドラッグだと思っていた」という被疑者も少なくありません。違法性の認識の問題についてはⅧ-3で書かれているとおりです。

2　身体拘束の回避・解放に向けた弁護活動

概論で述べたとおり、勾留率・起訴率は比較的高く、身体拘束からの解放が難しい事件類型といえます。

弁護活動のポイントは事例Ⅷ-4-1で述べたところと基本的に同様です。

3　終局処分に向けた弁護活動

余罪や同種前科の有無を確認します。自白事件であっても、余罪等について取調べで話した場合は再逮捕や追起訴につながるリスクについては十分に説明をしておく必要があるでしょう。

再犯率の高い事件類型であり、覚醒剤など他の薬物使用に発展する可能性もあることから、再犯防止策については具体的に検討する必要があるでしょう。

麻薬及び向精神薬取締法違反全体では、保釈率は61.5%とかなり高くなっていますので[2]、保釈の検討は不可欠でしょう。

（森山　直樹）

2　最高裁判所事務総局編「司法統計年報2　刑事編　平成30年」法曹会（2019年）32表

COLUMN 8

主な薬物の使用方法と証拠

1　薬物の使用方法

種々の規制薬物がありますが、その使用方法はすべての薬物において全く同じというわけではありません。使用方法が違えば、客観証拠も異なってきます。そこで、薬物ごとの主な使用方法とそこから残される客観証拠について紹介します。

⑴　覚醒剤

覚醒剤は、水に溶かして静脈に注射する方法や、アルミホイルなどに結晶を置いて、下から火であぶって煙をストローで吸引する方法が知られています。前者の場合は注射器が自宅から発見されたり、腕にある注射痕を撮影されて保全されたりします。後者の場合は、ストローが多数自宅から発見されることなどがあります。

⑵　大麻

大麻については、タバコのように大麻を紙で巻いて火をつけて煙を吸ったり、パイプなどの吸引機で喫煙したりすることがあります。

この場合、注射器や注射痕などはありません。吸引機などが発見され、その中から大麻の成分が検出されたりすることはあるでしょう。

なお、自宅で大麻を栽培しているケースもあるので、その場合は大麻の種子や大麻草が自宅から発見されることがあります。

⑶　麻薬

ヘロインなどの麻薬は、覚醒剤などのように水に溶かして静脈に注射するのが一般的な使用方法でしょう。

MDMAなどの合成麻薬については、錠型の物を服用したり、粉末を鼻から吸い込んだり、注射を使用したりすることもあります。ですので、注射器が見つかったからといって、直ちに使用していた薬物は覚醒剤であると断定できるものではありません。

2　覚醒剤の検査方法

⑴　予備検査

予備検査とは、科学捜査研究所へ尿資料を送る前に警察署などで実施される簡易な検査方法です。シモン試薬などが利用され、陽性であれば特定の反応を示すというものです。

もちろん、簡易な検査方法ですので、これのみが証拠として利用されることはないでしょう。

⑵　本鑑定

科学捜査研究所でなされるもので、まず尿資料から覚醒剤を抽出し、複数の分析方法で試験し、すべてで陽性反応が出るかを解析します。

本鑑定であったとしても、各過程において誤りは起こり得るので、鑑定結果が出ているからといって絶対に被疑者・被告人の言い分が間違いであるとは言い切れません。当該尿資料が被告人の排泄したものかどうか、捜査官が当該尿を適切に保管して鑑定に付されたかどうか、などが疑われて実際に無罪判決が出ていますので（釧路地帯広支判平成14・３・27無罪事例集８集237頁、東京高判平成15・４・14平成14年（う）1847号公刊物未登載）、被疑者・被告人の言い分を聞いたうえで争い方を検討しましょう。

⑶　毛髪鑑定

一般的には、毛髪から覚醒剤が検出されるのはある程度使用歴が長い場合であるといわれています。ですので、毛髪鑑定は被疑者・被告人の常習性を示す証拠として使われることが多いと考えられます。

参考資料

・井上堯子＝田中謙『覚せい剤Ｑ＆Ａ　捜査官のための化学ガイド〈改訂版〉』東京法令出版（2008年）

・小森榮先生のブログ「覚せい剤使用事件と鑑定」（https://blogos.com/article/91087/）

（森山　直樹）

参考書式

参考書式一覧

1　弁護人選任届

2　供述録取書

3　誓約書

4　身元引受書

5　意見書（勾留請求、検察官又は裁判官宛て）

6　準抗告申立書（勾留決定に対する）

7　準抗告申立書（勾留延長決定に対する）

8　接見等一部解除申請書

9　勾留執行停止申立書

10　保釈請求書

11　ご連絡（被害者宛て）

12　示談書

13　告訴状

14　告訴取消書

15　預託契約書

16　不起訴処分告知書交付請求書

参考書式1　弁護人選任届

弁護人選任届

令和○年○月○日

○○検察庁　御中[1]

氏名　　　　　　　　　　　　㊞

被疑者○○に対する○○被疑事件について下記弁護士を弁護人に選任いたしましたので、連署をもってお届けします。[2]

記

〒　　－　　　　○○県○○市○○

○○法律事務所

電話　○○　　ＦＡＸ　○○

○○弁護士会所属（登録番号○○）　　弁護士　○○㊞

1　警察署宛ての場合は、○○警察署御中となります。

2　被疑者以外の者が選任する場合は、続柄の記載をすることも考えられます。

参考書式2　供述録取書

供述録取書

供 述 録 取 日　令和○年○月○日
供述録取場所　○警察署留置施設
供　　述　　者　住　所　東京都○区○町○○
　　　　　　　　氏　名　○○
　　　　　　　　　　　（電話番号○○）
供 述 録 取 者　弁護士○○

1　私は、
2
3

1／○　　　　　　㊞［指印］

（中略）

以　上

供述者　○○［自署］　㊞［指印］

当職は、以上のとおり録取して、令和○年○月○日、供述者○○に対し、本供述録取書を交付し、その内容を口頭で読み上げ、供述者○○にそれを聞かせたうえ、改めて自身で本供述録取書を読んだところ、その内容に誤りがないとして、各葉の欄外に指印したうえ、本文末尾に署名指印した。

令和○年○月○日
弁護士　○○［自署］　㊞

○／○

参考書式3　誓約書

誓　約　書

令和○年○月○日

○○　御中

　私は、現在、○○被疑事件により身柄拘束中ですが、釈放された場合は、貴庁の指示に従って生活し、取調・裁判のために呼び出された場合には、指定の場所に、必ず出頭することを固く約束します。
　また、被害者事件関係者とは、弁護人を介さない限り一切架電、手紙その他の方法で接触しないことも、併せて約束します。
　なお、事件の場となりました、○○鉄道○○線には、事件終了まで決して乗車いたしません。

住　所　○○

氏　名　○○　　　　　　　　　　　　　㊞

参考書式4　身元引受書

身　元　引　受　書

令和○年○月○日

○○　御中

今般、○○について、貴庁において○○被疑・被告事件が係属しておりますが、今後は、私が責任をもって同人の身元を引き受け、裁判所、検察庁、警察署への出頭を確保し、下記住所において同居し、同人が罪証隠滅行為、逃亡及び関係者への接触等を行わぬよう厳重に監督することを誓約し、ここに身元引受書を差し入れます。

住　　所　○○

（電話番号　　　　　　　　　　　　　　　　）

氏　　名　○○　　　　　　　　　　　　　　㊞

（関　　係　○○　　　　　　　　　　　　　）

職　　業　○○

参考書式5　意見書（勾留請求、検察官又は裁判官宛て）

被疑者　○○

意　見　書

令和○年○月○日

○○検察庁　御中[1]

弁護人　弁護士　○○　㊞

面接または電話面接を希望致します。携帯電話　○○

上記被疑者に対する○○被疑事件について、下記のとおり意見を述べる。

記

第1　意見の趣旨

被疑者の勾留を請求せず、在宅捜査に切り替えられたい[2]。

第2　意見の理由

1　逮捕手続の違法

2　罪を犯したと疑うに足りる相当な理由がないこと

3　罪体及び重要な情状事実について罪証を隠滅すると疑うに足りる相当な理由がないこと[3]

4　逃亡し又は逃亡すると疑うに足りる相当な理由がないこと

5　勾留の必要性がないこと

以上

添付資料

身元引受書、誓約書…

1　勾留請求後は、「○○裁判所　裁判官」宛てになります。

2　勾留請求後は、「勾留請求を却下する、との裁判を求める」となります。

3　罪証隠滅の対象となり得る証拠を想定した上で、隠滅の客観的可能性、隠滅の主観的可能性がないことを論じます。かかる可能性については、抽象的可能性ではなく、現実的可能性を問題とすべきでしょう。

参考書式6　準抗告申立書（勾留決定に対する）

被疑者　○○

準抗告申立書

令和○年○月○日

○○地方裁判所　御中

弁護人　弁護士　○○　㊞

裁判官との面接または電話面接を希望致します。電話○○

上記被疑者に対する○○被疑事件について、令和○年○月○日、○○裁判所裁判官がした勾留決定について、下記のとおり、準抗告を申し立てる。

記

第１　申立の趣旨

１　原裁判を取り消す

２　本件勾留請求を却下する

との裁判を求める。

第２　申立の理由

１　逮捕手続の違法

２　罪を犯したと疑うに足りる相当な理由がないこと[1]

３　罪体及び重要な情状事実について罪証を隠滅すると疑うに足りる相当な理由がないこと[2]

４　逃亡し又は逃亡すると疑うに足りる相当な理由がないこと

５　勾留の必要性がないこと

以上

添付資料

身元引受書、誓約書…

1　準抗告審で主張できるかどうか争いはありますが、大阪地決昭和46・6・1判タ264号347頁〔27940380〕は肯定します。

2　なお、原決定後の示談成立等の事情があれば、それも記載します。

参考書式７　準抗告申立書（勾留延長決定に対する）

被疑者　○○

準抗告申立書

令和○年○月○日

○○地方裁判所　御中

弁護人　弁護士　○○　㊞

裁判官との面接または電話面接を希望致します。電話○○

上記被疑者に対する○○被疑事件について、令和○年○月○日、○○裁判所裁判官がした勾留期間延長の裁判に対し、下記のとおり、準抗告を申し立てる。

記

第１　申立の趣旨

１　原裁判を取り消す

２　本件勾留延長請求を却下する

との裁判を求め、予備的に

１　原裁判中、勾留延長期間が「令和○年○月○日まで」とあるのを「令和○年○月○日まで」と変更する

との裁判を求める。

第２　申立の理由

１　やむを得ない事由が認められない

(1)　適正な終局処分を決するに足りる証拠は収集済みである

(2)　罪証隠滅、逃亡の現実的可能性は低く、在宅捜査に切り替えても適正な終局処分を決することは可能である

２　勾留延長による被疑者の不利益は重大である

３　予備的申立について

前記事情を踏まえると、仮に勾留を延長するとしても、令和○年○月○日まで延長すれば十分である（それまでに、被疑者の責めに帰すべき事由により必要な捜査が終結しなかったのであれば、検察官は、再度の延長請求が可能である）。

以上

参考書式8　接見等禁止一部解除申請書

被疑者　○○

接見等禁止一部解除申請書[1]

令和○年○月○日

○○裁判所　裁判官　御中

弁護人　弁護士　○○　㊞

上記被疑者の○○被疑事件における接見等禁止決定について、下記のとおり、その一部を解除されるよう申請する。

記

第1　申立ての趣旨

原決定中、下記の者との接見並びに信書、公刊物、衣類及び寝具の授受[2]を禁止する部分を取り消す、との裁判を求める。

予備的に、原決定中、下記の者との接見（下記の日時の間に限る）並びに信書（下記の信書に限る）、公刊物、衣類及び寝具の授受を禁止する部分を取り消す、との裁判を求める。

氏　　名　　○○（○年○月○日生）
住　　所　　○○
関　　係　　○
接見日時　　○年○月○日の午前9時から午後5時までの20分間
信　　書　　○

第2　申立ての理由

1　接見等禁止の必要性がない

(1)　罪証隠滅の客観的可能性がない

(2)　罪証隠滅の主観的可能性がない

(3)　接見等を禁止する必要性がない

2　接見、信書等の授受をする必要性が高い

3　接見等禁止が解除されないと防御に支障が生じる

以上

添付資料

身分証明書、誓約書、信書（写し）…

1　接見等禁止に対する準抗告については、本書式及び参考書式6を参考にしてください。

2　公刊物、衣類、寝具の授受を原則禁止しない庁もあります。

参考書式９　勾留執行停止申立書

被疑者　○○

勾留執行停止申立書

令和○年○月○日

○○裁判所　裁判官　御中

弁護人　弁護士　○○　㊞

上記被疑者の○○被疑事件にについて、下記のとおり、勾留執行停止を申し立てる。

記

第１　申立ての趣旨[1]

１　被疑者に対する勾留の執行を令和○年○月○日から同年○月○日まで停止する

２　制限住居を○県○市○○の○○方と定める

との裁判を求める。

第２　申立ての理由[2]

１　刑訴法95条の「適当と認めるとき」には家族が危篤に陥ったことが含まれるところ、被疑者の父である○○は、危篤状態にある…

２　○○の入院場所は○○病院である。制限住居は、身元引受人（被疑者の母）が居住する第１記載の場所とされたい。

３　勾留場所から制限住居及び○○病院までの往復については、身元引受人が同道する。

以上

添付資料

入院診療計画書（写し）、身元引受書、身分証明書…

1　本書式は、家族の危篤の事案です。葬儀や告別式等への出席事案では、日時場所を具体的に記載します。

2　定期試験や入学試験の受験の事案では、申立てが認容されないことも相当あります。受験の必要性はもとより、罪証隠滅や逃亡の現実的可能性が低いことを論述します。

参考書式10　保釈請求書

保釈請求書

令和○年　○月　○日

○○　裁判所　御中

被告人　　　　○○

弁護人　弁護士　○○　　㊞

上記被告人の○○被告事件について、下記のとおり保釈を請求する。

記

第１　権利保釈除外事由の不存在

１　刑訴法89条１号ないし３号及び５号、６号に該当しない…

２　刑訴法89条４号に該当しない

(1)　罪体について罪証隠滅をすると疑うに足りる相当な理由はない…

(2)　犯行に至る経緯など、重要な情状事実について罪証隠滅をすると疑うに足りる相当な理由はない…

第２　裁量保釈事由

１　被告人は定職に就いて稼働している…

２　事案軽微であり、執行猶予の見通しである…

３　公判準備のため、被告人と打合せの必要がある…

第３　保証金額

200万円を希望する。

うち150万円は被告人の預金、50万円は身元引受人が提供する…

第４　制限住居、身元引受人

身元引受人は被告人の母とし、以下の住所を制限住居とすべきである。

住　所　○○

氏　名　○○

添付書類

身元引受書、運転免許証写し、被告人の預金通帳写し…

参考書式11　ご連絡（被害者宛て）

ご　連　絡

令和○年○月○日

○○　様

弁護士　○○　㊞

冠省

小職は、○弁護士会所属の弁護士で、現在、○○の弁護人を務めております。

○○は、貴女に対し性的暴行を働いた犯人ですが、現在、○警察署に逮捕・勾留されております。小職は、○○の弁護人に選任され、同人の指導や被害回復を含む全般的な弁護活動に当たっております。

この度、○○から○○様に対する謝罪文を預かりましたが、性的な暴行を含むという事案の性質に鑑みると、先ずは小職よりご連絡を差し上げるべきと考え、本書面を送付させていただきます。

上記の通り、小職の役割は、単に○○の罪を軽くするといったものではなく、本件に関して生じた被害を一部なりとも回復することもまたその役割です。そこで、○○様が拒絶されない限り謝罪文を送付させていただく所存でありますし、また、無論金銭で償えるような被害でないことは重々承知しておりますが、損害賠償金についても可能な範囲でお支払いする用意もございます。

このような、○○側からの接触を一切拒まれるのであれば、それもまた当然のことと理解いたしますが、小職としては、上記のような被害回復の観点から何卒受け入れていただきたく思っております。

なお、本件につきましては、○○に小職の知り得た○○様の個人情報（電話番号、住所等）を教えることは一切いたしません。ご連絡いただけるのであれば、お手数でも末尾記載の連絡先までお願いいたします。

草々

（連絡先）
〒○○－○○
○○県○○市○○
○○法律事務所　　弁護士　○○
電　　話　○○－○○－○○
ＦＡＸ　○○－○○－○○

参考書式12　示談書

示　談　書

甲と乙代理人との間で、本日、以下のように示談が成立したので、示談成立の証として本書面２通を作成し、甲と乙で各１通ずつ保管する。

記

第１条　乙は、令和○年○月○日、○○において甲に○○を行い、○○罪で検挙された件（以下「本件」という。）について、甲に深く謝罪する。

第２条　乙は、甲に対し、本件に関する一切の損害賠償として、金○○円の支払義務があることを認める。

第３条　乙代理人は、甲に対し、本日、前条の金員を支払い、甲はこれを受領した。

第４条　乙は、今後、甲またはその親族に対し、弁護士である代理人以外の者を介して、面会、電話、メール等の接触を一切行わない。

第５条　乙は、今後、本件と同様の行為に及ばないことを誓約する。

第６条　甲は、乙の刑事処罰を求めないこととし、告訴を取り消す。

以上

令和○年○月○日

〔甲〕　　　　氏名　　　：○○　　　　㊞

〔乙〕　　　　氏名　　　：○○

〔乙代理人（弁護人）〕　○○県○市○

○○法律事務所　　弁護士○○　　㊞

【その他の条項例】

１　行為態様に争いがあり抽象化する場合

第１条　乙は、令和○年○月○日、○○において甲にわいせつな行為をしたとして○○罪で検挙された件（以下「本件」という。）について、甲に深く謝罪する。

第２条　甲は、乙に対し、本件の解決金として金○○円の支払義務があることを認める。

２（傷害事件）後遺障害による追加請求を遮断する場合

第○条　甲は、後日、本件による後遺障害が確認されたとしても、乙に対し、第２条の金員に追加して損害賠償を請求しない。

３（傷害事件）被害者が労災保険等の給付を受けたことの確認

第○条　甲は、本件に関する治療費、休業損害について、労災保険に請求手続を行い、本日までに金○○円の保険給付を受けた。

4　示談金の分割払い・振込み・期限の利益喪失条項

第3条　乙は、乙代理人を通じて、甲に対し、前条の金員を次のとおり分割して、甲名義の普通預金口座（○○銀行○○支店、口座番号○○）に振込んで支払う。ただし振込手数料は乙の負担とする。

(1)　令和○年○月○日限り、金○○円

(2)　令和○年○月から令和○年○月まで毎月末日限り金○○円ずつ

第4条　乙が前条の分割金の支払を怠り、その遅滞額が○万円に達したときは、当然に前条の期限の利益を失い、前条の金員から既払い金を控除した残額を一括して支払う。

5　（痴漢事件等）乗車等の禁止

第○条　乙は、今後、やむを得ない事由がある場合を除き、○○線○○駅から同線○○駅間に乗車せず、前記区間内の駅構内に立ち入らない。

6　（盗撮事件等）画像等の消去

第○条　乙は、本件で使用した携帯電話機が還付されたとき、甲に関する画像・動画・音声を、ただちに消去する。

7　被害者が未成年の場合（共同親権）

〔甲〕　氏名：○○

〔甲法定代理人親権者父〕　氏名：○○　㊞

〔甲法定代理人親権者母〕　氏名：○○　㊞

8　被害者氏名秘匿

〔甲〕　○○検察庁令和○年検第○○号事件の被害者

9　被疑者への示談書正本の不交付

第○条　本書の写しを乙本人に交付する場合は、甲の氏名・口座等の個人情報を抹消することとし、乙本人に本書の正本は交付しない。

参考書式13　告訴状

告　訴　状

令和○年○月○日

警視庁○○警察署長殿[1]

代理人弁護士　　○○　○○　㊞

〒○○○－○○○○　東京都○○○
告訴人　　株式会社○○
上記代表者代表取締役　○○　○○

（連絡先）〒○○○－○○○○　東京都○○○
○○法律事務所
ＴＥＬ　○○○－○○○－○○○
ＦＡＸ　○○○－○○○－○○○
上記代理人弁護士　○○　○○

告訴人は、次のとおり業務妨害事件の被害がありましたので、被告訴人○を訴追されたく告訴します。

1　被告訴人
〒○○○－○○○○　東京都○○○
○○　○○

2　告訴事実
被告訴人は、令和○年○月○日、東京都○所在の告訴人の本社建物において、○し、告訴人の業務の遂行を困難にさせ、もって、偽計を用いて人の業務を妨害したものである。

3　罪名・罰条
業務妨害・刑法233条

4　事実関係
○

5　告訴に至る経緯
○

6　証拠資料
○

7　添付書類
（1）証拠資料写し　各1通
（2）告訴委任状　1通
（3）告訴人の履歴事項全部証明書　1通

以　上

1　検察官宛ての場合には、「○○地方検察庁検察官殿」とします。

参考書式14　告訴取消書

告訴取消書

令和○年○月○日

○○地方検察庁検察官殿[1]

代理人弁護士　　○○　○○　㊞

〒○○○－○○○○　東京都○○○
告訴人　　株式会社○○
上記代表者代表取締役　○○　○○

（連絡先）〒○○○－○○○○　東京都○○○
○○法律事務所
ＴＥＬ　○○○－○○○－○○○
ＦＡＸ　○○○－○○○－○○○
上記代理人弁護士　○○　○○

当職は、告訴人株式会社○の代理人として、本日、当職が告訴人株式会社○の代理人として令和○年○月○日付けで○警察署長宛てにした被告訴人○に対する業務妨害事件の告訴を取り消します。

以上

添付書類

1　告訴取消委任状　　1通
2　告訴人の履歴事項全部証明書　　1通

1　告訴事件が検察官に送致される前であれば、「○○警察署長殿」とします。

参考書式15　預託契約書

預託契約書

依頼者○○（以下、「甲」という）は、弁護士○○（以下、「乙」という）に対し、甲の○○被疑事件（被告事件となった場合も含む）に関し、被害者○○（以下、「丙」という）に対する損害賠償債務を支弁するため、下記のとおり、金銭を預託する。

記

第１条　甲は、乙に対し、本日、金○万円を交付して預託した。

第２条　乙は、丙の請求があったとき、前条の預託金を丙に引き渡す。引渡しのために生じた費用は、預託金から控除する。

第３条　甲は、乙に対し、本契約中、預託金の返還を求めない。

第４条　乙は、善良なる管理者の注意義務をもって預託金を保管する。

第５条　本契約は、下記各号に定める事由が生じたときは、終了する。

①　乙が、丙に対し、預託金を全て引き渡したとき

②　丙が、甲に対し、頭書事件に係る損害賠償債務を免除したとき

③　丙が、甲若しくは乙に対する書面、又は裁判官、検察官若しくは警察官の面前での供述その他丙の意思を確認できる方法によって、今後一切、預託金を受け取らない旨述べたとき

④　消滅時効の援用、除斥期間の経過その他の事由により、甲の丙に対する損害賠償債務が消滅したとき

第６条　本契約が終了したとき、乙は、甲に対し、預託金の残額を返還する[1]。返還のために生じた費用は、甲の負担とする。

２　本契約の終了までに預託金に生じた利息は、乙のものとする。

第７条　甲乙は、第１条規定の金銭の預託を受ける行為が、信託業法施行令１条の２第１号の「弁護士又は弁護士法人がその行う弁護士業務に必要な費用に充てる目的で依頼者から金銭の預託を受ける行為」に該当することを確認する。

1　預託金を被疑者に返還せず、しょく罪寄付に充てる例もあります。

参考書式16　不起訴処分告知書交付請求書

被疑者　○○

不起訴処分告知書交付請求書[1]

令和○年○月○日

○○検察庁　検察官　殿

弁護人　弁護士　○○　㊞

上記被疑者の○○被疑事件（令和○年検第○号）について、刑訴法259条に基づき、令和○年○月○日付け不起訴処分の告知書の交付を請求します[2]。

以上

請　書

令和○年○月○日

上記不起訴処分告知書を１通受領しました。

弁護人　弁護士　○○　㊞

1　郵送の請求も可能です。なお、東京地検は、従前、請求者の来庁を求めていましたが近時は要求しません。
2　検番や不起訴処分の日付けは必要ではありませんが、事件の特定に用いることがあります。不起訴処分が確定する前に告知書の交付を請求することも可能です。

事項索引

（五十音順）

た　行

あとがき

『先を見通す捜査弁護術』を執筆してから２年が過ぎました。

刑事弁護分野の出版は途切れる様子もなく、関心の高さをうかがわせます。

その背景には、協議・合意制度や刑法改正といった制度の進展のみならず、著名人の薬物犯罪、性犯罪の不起訴・無罪に対する批判運動、保釈中の被告人の逃走といった事象の存在が挙げられるでしょう。弁護士がメディアやSNSでニュースを解説する機会も増えました。「事件報道のエンタメ化」という憂慮すべき事態も見受けられますが、同時に、刑事弁護に対する社会の理解は深化しつつあるように思います。

刑事弁護人には、最新の動向を把握し、根拠を持った弁護活動を行うことが一層求められることでしょう。

本書は、前著と同じく、若手弁護士や刑事弁護に携わる機会の少ない弁護士の方を想定して執筆しておりますが、『犯罪類型別』と題するとおり、事件の類型に沿ってより多くの情報を記載するように努めました。取り上げられなかった犯罪類型も少なからずあるため、今後の課題としたいと思います。

前著は、発刊後、多数の方からご反響をいただき、大変勉強になりました。

本書につきましてもご叱正を賜りたいと存じます。

本書では、新たに、森山直樹弁護士及び島幹彦弁護士に執筆者としてご参加いただきました。一方で、前著の執筆者である深澤諭史弁護士及び菱沼秀樹弁護士から引き続きご協力をいただきました。

編集担当である第一法規株式会社の宗正人氏、村木大介氏、小林千紘氏には、執筆を進めていく中で、温かく見守っていただきました。

関係各位に御礼申し上げるとともに、本書が、刑事弁護活動の発展に少しでも寄与することを祈念して、本書の結びと致します。

2020年（令和２年）２月

弁護士　服部　啓一郎

執筆者紹介

【編著者】

● 服部 啓一郎（はっとり けいいちろう）

弁護士（新63期、東京弁護士会）。服部啓法律事務所。明治大学専門職大学院法務研究科教育補助講師。2006年明治大学法学部卒業。2009年早稲田大学大学院法務研究科修了。

著書に『先を見通す捜査弁護術』（編著、第一法規、2018年）。

● 髙木 小太郎（たかぎ こたろう）

弁護士（旧60期、神奈川県弁護士会）。横浜ユーリス法律事務所。神奈川県弁護士会人権擁護委員会副委員長、日本弁護士連合会人権救済調査室嘱託。2006年早稲田大学法学部卒業。

著書に『先を見通す捜査弁護術』（共著、第一法規、2018年）。

● 淺井 健人（あさい けんと）

弁護士（新64期、東京弁護士会）。髙野・五百田法律事務所。2007年東京大学法学部卒業。2009年東京大学法科大学院修了。

著書に『改訂増補版　弁護士が弁護士のために説く　債権法改正』（共著、第一法規、2018年）、『証拠収集実務マニュアル〈第３版〉』（共著、ぎょうせい、2017年）、『ネット取引被害の消費者相談〈第２版〉』（共著、商事法務、2016年）、『先を見通す捜査弁護術』（編著、第一法規、2018年）など。

● 後藤 晃輔（ごとう こうすけ）

弁護士（新62期、第二東京弁護士会）。中村・角田・松本法律事務所。2006年東京大学法学部卒業。2008年東京大学法科大学院修了。

著書に『コンプライアンス・内部統制ハンドブック』（共著、商事法務、2017年）、『先を見通す捜査弁護術』（共著、第一法規、2018年）、『コンプライアンス・内部統制ハンドブックⅡ』（共著、商事法務、2019年）、論文等に、「株主総会における議事運営」旬刊商事法務2193号（2019年）、「令和元年６月総会想定問答Ｑ＆Ａ」週刊経営財務3407号（共著、2019年）、「2018・2019年の政策保有株式の比較－コーポレートガバナンス・コード改訂の影響－」資料版商事法務426号（2019年）など。

●　森山　直樹（もりやま　なおき）

弁護士（新63期、広島弁護士会）。森山法律事務所。日弁連刑事弁護センター委員会委員、広島弁護士会刑事弁護センター委員会広報研修部会長。2005年中央大学法学部法律学科卒業。2008年広島大学大学院法務研究科修了。

著書に『Ｑ＆Ａ弁護士のためのSNSの正しい活用術』（共著、第一法規、2019年）。

●　島　幹彦（しま　みきひこ）

弁護士（新64期、愛知県弁護士会）。弁護士法人柴田・中川法律特許事務所。2006年東京大学法学部卒業。2009年東京大学法科大学院修了。

サービス・インフォメーション

通話無料

①商品に関するご照会・お申込みのご依頼
TEL 0120(203)694／FAX 0120(302)640

②ご住所・ご名義等各種変更のご連絡
TEL 0120(203)696／FAX 0120(202)974

③請求・お支払いに関するご照会・ご要望
TEL 0120(203)695／FAX 0120(202)973

●フリーダイヤル(TEL)の受付時間は、土・日・祝日を除く9:00～17:30です。

●FAXは24時間受け付けておりますので、あわせてご利用ください。

先を見通す捜査弁護術
犯罪類型別編

2020年3月15日　初版発行

編著者　服部啓一郎
　　　　髙木小太郎
　　　　淺井健人
　　　　後藤晃輔
　　　　森山直樹
　　　　島幹彦

発行者　田中英弥

発行所　第一法規株式会社
〒107-8560　東京都港区南青山2-11-17
ホームページ　https://www.daiichihoki.co.jp/

装丁　篠隆二

捜査弁護術犯罪　ISBN 978-4-474-06873-5 C3032 (4)